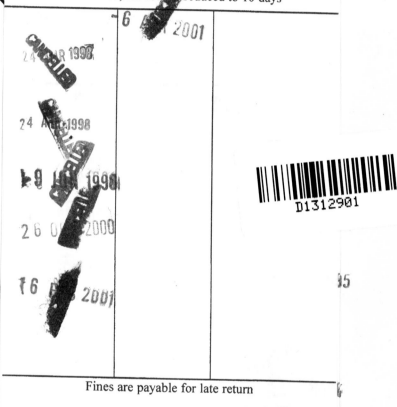

METHUEN'S TWENTIETH CENTURY
FRENCH TEXTS

Founder Editor: W.J. STRACHAN, M.A. (1959–78)
General Editor: J.E. FLOWER

ANOUILH: *L'Alouette* ed. Merlin Thomas and Simon Lee
ANOUILH: *Le voyageur sans bagage* ed. Leighton Hodson
BAZIN: *Vipère au poing* ed. W.J. Strachan
BERNANOS: *Nouvelle Histoire de Mouchette* ed. Blandine Stefanson
CAMUS: *Caligula* ed. P.M.W. Thody
CAMUS: *La Chute* ed. B.G. Garnham
CAMUS: *L'Étranger* ed. Germaine Brée and Carlos Lynes
CAMUS: *La Peste* ed. W.J. Strachan
DE BEAUVOIR: *Une Mort très douce* ed. Ray Davison
DUHAMEL: *Souvenirs de la Grande Guerre* ed. A.C.V. Evans
DURAS: *Moderato cantabile* ed. W.J. Strachan
DURAS: *Le Square* ed. W.J. Strachan
ERNAUX: *La Place* ed. P.M. Wetherill
ETCHERELLI: *Élise ou la vraie vie* ed. John Roach
GENET: *Le Balcon* ed. David Walker
GIDE: *Les Faux-Monnayeurs* ed. John Davies
GIRAUDOUX: *Electre* ed. Merlin Thomas and Simon Lee
GISCARD D'ESTAING: *Démocratie française* ed. Alan Clark
LAINÉ: *La Dentellière* ed. M.J. Tilby
MAURIAC: *Destins* ed. Colin Thornton-Smith
OUSMANE: *Ô Pays, mon beau peuple!* ed. P. Corcoran
ROBBE-GRILLET: *La Jalousie* ed. B.G. Garnham
ROBBE-GRILLET: *Le Rendez-vous* ed. David Walker
SARTRE: *Huis clos* ed. Keith Gore
SARTRE: *Les Jeux sont faits* ed. M.R. Storer
SARTRE: *Les Mains Sales* ed. W.D. Redfern
SARTRE: *Les Mots* ed. David Nott
TROYAT: *Grandeur nature* ed. Nicholas Hewitt
VAILLAND: *Un Jeune Homme seul* ed. J.E. Flower and C.H.R. Niven
CLARK (ed.): *Anthologie Mitterrand*
CONLON (ed.): *Anthologie de Contes et Nouvelles modernes*
HIGGINS (ed.): *An Anthology of Second World War French Poetry*
KING (ed.): *Albert Camus: Selected Political Writings*
MORTELIER (ed.): *Anthologie Prévert*
HARGREAVES (ed.): *Immigration in Post-war France: A documentary anthology*
NETTELBECK (ed.): *War and Identity: The French and the Second World War*
SCOTT (ed.): *Anthologie Éluard*

METHUEN'S TWENTIETH CENTURY TEXTS

IMMIGRATION IN POST-WAR FRANCE

A DOCUMENTARY ANTHOLOGY

Selected and edited by
Alec G. Hargreaves

Lecturer in French
Loughborough University

METHUEN EDUCATIONAL LTD

First published in 1987 by
Methuen & Co. Ltd
11 New Fetter Lane, London EC4P 4EE

Filmset by Mayhew Typesetting, Bristol
Printed in Great Britain by Richard Clay Ltd, Bungay,
Suffolk

British Library Cataloguing in Publication Data
Immigration in post-war France : a
   documentary anthology. – (Methuen's
   twentieth century texts).
   1. North Africans – France – Social
   conditions – Sources 2. France – Social
   conditions – 1945- – Sources
   I. Hargreaves, Alec G.
   305.8′93′044   DC34.5.N67
   ISBN 0-423-51610-3

Contents

Preface

Immigration in post-war France is a complex and multi-faceted process. As such, it may be studied in a great variety of ways. The present volume attempts to offer a manageable package of documentary materials without undue over-simplifications. Three criteria in particular have shaped the selection of materials. Firstly, instead of attempting to cover the whole of France's foreign population, the book focuses primarily on North Africans and on French attitudes towards them. North Africans have been the most dynamic and debated elements in post-war migratory flows. By concentrating on them, the anthology aims to cover all the key issues in French immigration policy during this period without becoming excessively diffuse or unwieldy. Secondly, to maintain a balance between the general and the particular, the book is organized as follows. The first four chapters offer an overview of the North African community and of French attitudes towards it, using a variety of approaches. Chapter 1 outlines a historical and statistical picture of the immigrant population drawing on the latest available census figures. Chapter 2 puts flesh on these bones by presenting the life stories of individuals whose experiences typify those of North African migrants and their families. Chapter 3 examines the confrontation between different cultural systems arising from North African immigration. Chapter 4 illustrates some of the main trends in public opinion and summarizes the principal arguments which have been used for and against France's new ethnic minorities. These synthesizing chapters are complemented in the remainder of the book by a more detailed treatment of four particular themes: family life, employment, housing, and politics. A third principle governing the composition of the anthology has been a concern to ensure that it reflects a wide diversity of opinions and perspectives, as well as a good variety of linguistic registers; it will be seen that these range from academic and journalistic analyses to interviews, letters, political leaflets, and creative writings.

The commentaries which introduce each chapter are designed to contextualize the anthology documents while leaving plenty of scope for further analysis and discussion. Punctuation, particularly where the presentation of direct speech and the use of capital letters are concerned, varies considerably among the different sources drawn on in the anthology. Except for clear errors or internal inconsistencies, which have been corrected, each document is reproduced here as originally punctuated. Editorial ellipses are indicated between square brackets.

Many individuals and organizations have helped in the preparation of this book. John Flower's vision and encouragement were fundamental to the whole enterprise. I owe a great deal to the scores of immigrant organizations who assisted me by supplying information and documents. Some of these are reproduced in the anthology; all were gratefully received. The ever helpful staff at the Centre d'Information et d'Études sur les Migrations Internationales and at the Bureau de Documentation Migrants of the Centre National de Documentation Pédagogique gave me access to a veritable treasure-trove of materials. Anyone who has used the services of the Centre Parisien d'Études et de Documentation pour l'Enseignement et le Rayonnement du Français will, I am sure, agree that David Bancroft and Annie Frolet deserve a medal for their indefatigable efforts on behalf of researchers whose home base is outside France. During their year abroad, students on the Modern European Studies and Humanities degree courses at Trent Polytechnic also turned their hands to the pump and winkled out materials for me in far-flung corners of the French provinces; in particular, Lynne Ansell, Josephine Bell, Fiona Driver, Theresa Hampton, Liz Merrick, and Joe Taggart should be mentioned.

I am immensely indebted to the following specialists for giving very generously of their time during my visits to France, offering advice, assisting me with materials, and reading various drafts: Catherine Wihtol de Wenden of the CNRS, Jacques Barou of SONACOTRA, Maria Llaumett at the CIEMI, and Jean-Paul Tauvel of CNDP-Migrants. My colleagues at Trent Polytechnic, Geoff Sheldon, Catherine Baraton, and Eric Turani, gave me the benefit of their linguistic skills and Roger Sexton helped to clarify a number of legal issues, while Val Cliffe did photographic wonders in the darkroom and Linda Clarke turned my seemingly impossible requests into precisely the maps and diagrams I was after. Sincere thanks are also due to Paul White at the University of Sheffield, Marie-Laurence Boisneau at the Préfecture de Nantes, Gabrielle Bertrand of the Association Nationale 'Défense des Enfants Enlevés', Christian Delorme of CIMADE, André Videau at the Ministère de la Culture, and François Charbonnier of Inter Service Migrants. For any inaccuracies or imperfections which remain I am, of course, solely responsible.

AGH
November 1986

Acknowledgements

The editor and publishers would like to thank the following for their kind permission to reproduce copyright material:

PLATES

Bureau International du Travail (p. 20)
Périphérie: Centre Régional de Création Cinématographique en Île-de-France/André Lejarre (pp. 25–6)
Les Cahiers de la Nouvelle Génération/Moberak (p. 36)
Lounis Lounes/Éditions Mélanges/Pascal Jourda (p. 44)
Association Nouvelle Génération Immigrée (p. 44)
Radio Beur (p. 46)
Centre National de Documentation Pédagogique/Pierre Allard (p. 66)
Confédération Française et Démocratique du Travail/Gérald Bloncourt (p. 84)
Central National de Documentation Pédagogique/Jean Suquet (p. 88)
Confédération Française et Démocratique du Travail/Didier Maillac/Réa (p. 97)
SONACOTRA/F. Gaillardot (p. 98)
SONACOTRA/H. Guérard (p. 100)
Les Cahiers de la Nouvelle Génération/Moberak (p. 103)
Fédération de Solidarité avec les Travailleurs Immigrés/Smaïn Mebarki/Rachid N'haoua (p. 114)
SOS Racisme (p. 115)
Front National (p. 119)
Fédération des Associations pour la Promotion, L'Action et la Coordination (p. 121)

FIGURES

1.1–1.7 Our thanks are due to the Institut National de la Statistique et des Études Économiques

TABLES

1.1–1.7 Institut National de la Statistique et des Études Économiques
4.1 Fondation Nationale des Sciences Politiques/Institut National d'Études Démographiques
4.2, 4.3 *Croissance des jeunes nations*
4.4–4.7 *Actuel*/SOFRES
4.8, 4.9 *Population*
4.10, 4.11 SOFRES

TEXTS

2.1 Éditions Sans Frontière
2.2 Confédération Française et Démocratique du Travail
2.3 *El Bayane*
2.4 *Les Enfants de l'Immigration*, Centre Georges Pompidou/Centre de Création Industrielle
2.5 Le Groupe Jeune Afrique
2.6 Service Social d'Aide aux Emigrants, Branche Française du Service Social International
2.7 Le Secours Catholique
2.8 Centre d'Information et d'Études sur les Migrations Internationales
2.9 Régie Nationale des Usines Renault
2.10 Périphérie: Centre Régional de Création Cinématographique en Île-de-France
2.11 *Croissance des jeunes nations*
2.12 Centre National de Documentation Pédagogique – Migrants

PART ONE

1

Introduction

During the 1980s, immigration became a major political issue in France. Behind its emergence into the forefront of public debate lay a long and complex set of experiences. For many years after the Second World War, and indeed throughout much of the twentieth century, the French economy relied heavily on foreign workers. Many of those who came from European countries settled permanently in France, but immigrants from Third World countries were generally seen as temporary residents who would eventually return to their countries of origin, where their families usually remained. Foremost among these were North Africans, generally referred to in French as 'Maghrébins'. Contrary to initial expectations, they gradually began to bring in their families, and this trend accelerated during the economic recession which began in the mid-1970s. In response to this recession, France, in common with other West European states, closed its borders to further immigration from Third World countries and attempted to reduce its foreign labour force. Paradoxically, the effect of this was that many North Africans, fearing they would be unable to return to France if they left the country, resolved to stay on and to bring in their wives and children too if they had not already done so. Increasingly, Third World immigrant communities in France ceased to appear narrowly economic in character, and took on the complexion of full-blown ethnic minorities.

With families to be housed, children to be educated, and a separate sense of collective identity making itself felt in many parts of everyday life from food and clothes to music and religion, immigrants became a much more visible part of French society. Indeed, although they were still commonly referred to as 'immigrés', an increasing proportion of France's new ethnic minorities had in fact been born

and spent all their lives there. It became less and less appropriate to talk of immigration, though for shorthand purposes the term was retained, and more and more urgent to recognize that what France now faced were the immensely varied problems of a multicultural society.

Population movements of various kinds have occurred throughout human history. In modern times, the principal impetus behind migration has been economic: people have moved in search of jobs that will give them better living standards. As European states industrialized during the nineteenth century, large numbers of country-folk who had previously earned their living on the land moved to take up factory jobs in the rapidly expanding towns. France suffered from a comparatively low birth-rate and, as the nineteenth century wore on, these internal population movements no longer sufficed to meet the growing needs of industries such as coal, iron and steel, and textiles. Foreigners from neighbouring countries, particularly Belgium and Italy, were drawn in to fill the gap: see figure 1.1, which shows the proportion of foreigners in the population of France at every census conducted since 1851. France's heavy population losses during the First World War led to increased reliance on immigrant labour, and the recruitment net widened to include large numbers of Spaniards and Poles. The foreign population fell during the economic recession of the 1930s, but after the Second World War France again looked abroad in order to overcome serious labour shortages.

Until then, the overwhelming majority of immigrants had come from European countries. Since the beginning of the twentieth century, comparatively small numbers of immigrants had been recruited in various parts of the French empire,

3

notably Algeria. In 1947, mainly for political reasons, Algeria was given a new statute under which its Muslim inhabitants were allowed to move freely between North Africa and France. Largely against the intentions of the authorities in Paris, who had hoped that Europeans would continue to dominate migratory flows, this resulted in a huge increase in Algerian emigration to France. The pressure to grant independence to Algeria, which the 1947 statute had been designed to deflect, became unstoppable with the guerrilla war that began in 1954. Besides granting Algeria independence, the agreements which ended this war in 1962 stipulated that her citizens would continue to enjoy free access to France. An agreement signed with Portugal in 1963 led to a spectacular increase in emigration to France from that country. Nevertheless, similar agreements reached the same year with Morocco and Tunisia, which had both gained their political independence from France in 1956, meant that, when these two countries were taken together with Algeria, North Africa stood out as by far the most dynamic source of emigration to France during the post-war period. By 1982, the census figures showed for the first time that Europeans, with only 47.6 per cent of the total foreign population, were now outnumbered by immigrants of other nationalities, among whom North Africans were dominant (figures 1.2 and 1.3).

These migratory flows were a consequence of differing levels of economic development: basically, people moved from low-income, mainly rural, areas, where unemployment was often high, to industrialized cities experiencing labour shortages. As the geographical sources of emigration to France widened, so too did the cultural differences between the sending and receiving countries. Despite language and other differences, France shared a long heritage of Christian belief with her European neighbours, which, even in the more secular world of the twentieth century, was reflected in many aspects of ordinary life. Prior to nineteenth-century colonization, however, most Third World countries had been formed in cultural moulds that were completely separate from Europe. Thus in North Africa the Islamic religion had been a fundamental part of life for over a thousand years. Emigrants

from that area consequently carried with them to France all manner of previously unfamiliar customs and beliefs.

These contrasts were accentuated by the fact that migrants generally came from the very poorest parts of North Africa, those which had been least touched by modernizing influences during the colonial period. Thus in Algeria, the main source of emigration was Kabylia, a mountainous region to the east of Algiers. Its inhabitants are Berbers, descended from the remnants of North Africa's original population prior to the arrival of the Arabs in the seventh century; while the majority of Algerians now speak Arabic, the Kabyles still speak their own version of the Berber language.

On moving to France, migrants became heavily concentrated in the country's major conurbations. In 1982, 65 per cent of them (as compared with 40 per cent of the French) lived in towns with 100,000 inhabitants or more. Whereas almost 30 per cent of the French population still lived in areas officially classified as rural, this applied to less than 10 per cent of immigrants. As figure 1.4 shows, more than half the foreign population is concentrated in just three of France's twenty-two administrative regions: Île-de-France (including Paris), Rhône-Alpes (centred on Lyon), and Provence-Alpes-Côte d'Azur (where the main city is Marseille). Concentrations of immigrants in particular departments (figure 1.5) correspond broadly to the presence there of large conurbations, but within individual cities there are marked variations in the distribution of foreign inhabitants. In Paris, for example, the heaviest concentrations of foreigners are in the north-eastern parts of the inner-city area (figure 1.6). There are also significant variations in the areas where different nationalities have settled. In well-to-do districts such as the seventh and sixteenth 'arrondissements' of Paris, a large proportion of the foreign population is accounted for by Spanish and Portuguese domestic staff, whose work requires them to be housed in the homes of their employers. Comparatively few North Africans are employed in this capacity. Instead, they are particularly prominent in run-down working-class districts such as la Goutte d'or, in the eighteenth 'arrondissement', and Belleville, in the area where the tenth, eleventh, nineteenth, and twentieth 'arrondissements' meet (figure 1.7).

While their place of work will often be in a different part of the conurbation from that in which they live, the concentration of immigrants in large cities is basically a reflection of their reliance on employment in the industrial sector of the French economy: see table 1.1, where this sector is subdivided between construction and other industrial jobs. Industry used to be the main source of employment for the French themselves, but in recent decades they have been transferring in large numbers to jobs in the service sector, which now occupies close to 60 per cent of the French work-force. The speed at which this transfer has been effected has been facilitated in part by the willingness of immigrants to step into factory and other jobs regarded as less desirable by the French.

According to the 1982 census, foreigners now account for 6.2 per cent of the total work-force in France, or about one job in sixteen. But in the construction sector, which includes house-building as well as civil engineering projects such as the construction of new roads, this proportion rises to 17 per cent, or one job in six. The car industry is not far behind, with 14.5 per cent or one in every seven jobs occupied by immigrants. Within individual industries, the foreign population is not spread evenly across all grades of the work-force. On the contrary, it is heavily concentrated in unskilled, poorly paid jobs (table 1.2). Less than a third of the French are now officially classed as 'ouvriers' ('manual workers'), while getting on for half of them are employed in office work or other white-collar jobs covered in the 1982 census categories of 'employés' and 'professions intermédiares' respectively. Unskilled workers are traditionally known in France as 'OS' ('ouvriers spécialisés'), though in the 1982 census they appear under the heading of 'ouvriers non qualifiés'. They account for a particularly high proportion of the North African work-force. Translated into shop-floor terms, the figures mean that immigrant workers are often in an actual majority and sometimes occupy the totality of jobs in the least desirable parts of the production process – in car assembly lines and paint shops, for example, at the coal-face in mines, and in the most

physically strenuous areas of construction sites. The concentration of North Africans in the least skilled areas of production is partly a reflection of their low levels of education. Most were illiterate when they emigrated, and many remained so in France. But there is little doubt that these men, particularly Algerians, have also suffered from discrimination in the labour-market because of their nationality.

This has also applied where job losses have been concerned. Unemployment among the French increased by two and a half times between the 1975 and 1982 censuses, and at a slightly faster rate among the foreign population. But it was very unevenly spread among the immigrant work-force. While the unemployment rate among Europeans was very similar to that prevailing among the French, it was far higher among North Africans, and highest of all among Algerians (table 1.3). If this was partly due to a reduction in unskilled jobs arising from the introduction of new technology in industries employing a high proportion of immigrants – vehicle manufacture was a case in point – it also reflected a tendency among employers to sack foreign rather than French workers when faced with recession. Algerians, as the least liked foreigners in France (see chapter 4), have been particularly vulnerable to this trend.

The general rise in unemployment seen in France was of course a consequence of the world economic recession, which gathered speed after the first oil crisis of 1973. It was in the hope of combating unemployment that the French government halted immigration in 1974; Algeria had in fact already suspended emigration by its own citizens in September 1973, following a series of racist attacks against North Africans in southern France earlier that year. Until then, most immigrants from North Africa had been 'single' men. The inverted commas are necessary because, although this term is conventionally used to describe migrants who travelled and lived alone, many in fact had wives and children in their countries of origin, whom they supported by sending home a substantial portion of their wages. It was generally expected that most North Africans would eventually return home for good. But after 1974, rather than run the risk of losing their livelihood, an increasing proportion of them stayed put, and the only new immigrants allowed in from these countries were the dependants of workers already in France. They came to join their bread-winners because it seemed the only way in which they could re-establish family life without forfeiting the material benefits derived from emigration. The trend towards family immigration had been gradually growing among North Africans during the post-war period. As this trend accelerated during the 1970s, so too did the number of people from North African backgrounds looking for work, at precisely the time when the overall job market was shrinking. This was probably a further contributory factor in their high levels of unemployment, which reached quite staggering proportions among women.

Although men still outnumber women (table 1.4), the growing presence of wives and children has transformed the North African community in France, which now has a much younger age profile than is found among the French themselves (table 1.5). Third World countries like Algeria have much higher birth-rates than those found in European states such as France. In the long run, the size of families from ethnic minority backgrounds tends to fall in line with those of the host society, but the immediate effect of family immigration among the North African community has been to guarantee it a sharply increased impact on French society. 'Single' immigrants had been largely confined to the workplace and comparatively localized parts of the housing market. Family immigration led to a large influx of children from North African backgrounds in French schools, where, by the mid-1980s, they accounted for more than half the primary school pupils of foreign origin. It also entailed huge changes in housing patterns. Most 'single' immigrants had lived in rented rooms, called 'meublés' or 'garnis', situated in lodging-houses officially known as 'hôtels', or in hostels specially constructed to house them, and to a large extent this kept them away from ordinary French-men. The growth of family immigration increased the demand for rented apartments in residential districts, and led to a sharp increase during the 1970s in the number of North Africans living in HLMs, the French equivalent of British council housing; this pattern is reflected in table 1.6.

The presence of large immigrant families on hous-ing estates in many cities inevitably made a deep impression on their French neighbours. The children in these families were generally known as second-generation 'immigrants'; inverted commas are again required around the last word in this phrase, because an increasing proportion of them had in fact been born in France, so they were not in a literal sense immigrants at all. But their parents naturally passed on to them the language of their country of origin, together with many customs and beliefs, and in this sense they were clearly part of the immigrant community. Youths from North African backgrounds, who started to call themselves 'Beurs', came increasingly to the attention of the public. This was partly a consequence of the publicity given to high crime rates among North Africans, which frightened many law-abiding citizens.

Valid comparisons of the crime rates among the French and foreign communities are difficult to draw. At the beginning of 1986, 28 per cent of the prison population were foreign, despite the fact that in the 1982 census immigrants accounted for just under 7 per cent of the population as a whole. Some 53 per cent of the foreigners in prison were North Africans, though according to the census this group accounted for only 38 per cent of the immigrant population. But a larger proportion of immigrant than of French inmates were simply being held on remand – the authorities were far more reluctant to release foreigners awaiting trial than they were Frenchmen – and their guilt or innocence had yet to be proved. Foreigners accounted for only about 15 per cent of those against whom police proceedings were taken. This may still seem high when compared with the size of the immigrant community, but its age and sex structure is also very different from that of the French population, containing a much larger proportion of males in the age groups with the highest propensity for crime. Moreover, crime is particularly prevalent among the most materially disadvantaged in society, and a much higher propor-tion of immigrants, particularly North Africans, falls into this category than is the case for the population as a whole. With the highest rates of unemployment, the lowest paid jobs, and bigger than average families, living standards per head are generally much lower among members of the North African *crime*

community than among the French, a fact which is clearly reflected in their poor housing conditions (table 1.7). Viewed in this light, the large number of North African men in French prisons may seem less aberrant than it might initially appear.

It would be utterly wrong to suggest that most immigrants lead a life of crime. The vast majority are as law-abiding as most of their French neighbours.

Their relatively high crimes rates are, however, an indication of the seriousness of the social problems which characterize the situation of immigrants in France, particularly North Africans. While these sometimes flare up in criminal activities, far more commonly they are met with fortitude and enormous self-discipline on the part of individual immigrants, as the life histories collected in chapter 2 show.

DOCUMENTS

Figure 1.1 *Proportion d'étrangers (exprimée en %) dans la population totale de France, 1851–1982. Source: D'après INSEE,* Recensement général de la population de 1982, sondage au 1/20, France métropolitaine: Les Étrangers, *Paris, La Documentation Française, 1984*

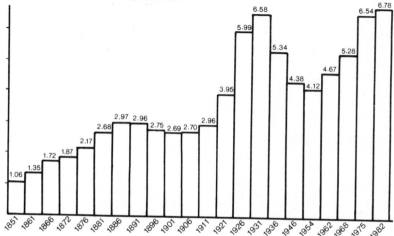

Figure 1.2 *Population étrangère en France par nationalités regroupées, 1946–1982. Source: D'après INSEE,* Recensement général de la population de 1982, sondage au 1/20, France métropolitaine: Les Étrangers, *Paris, La Documentation Française, 1984*

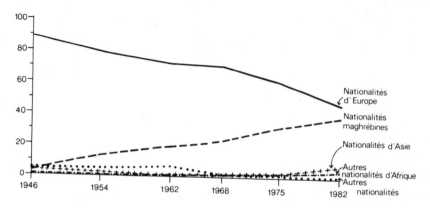

7

Immigration in Post-War France

Figure 1.3 *Nationalités sélectionnées dans la population étrangère en France, 1946–1982. Source: D'après INSEE,* Recensement général de la population de 1982, sondage au 1/20, France métropolitaine: Les Étrangers, *Paris, La Documentation Française, 1984*

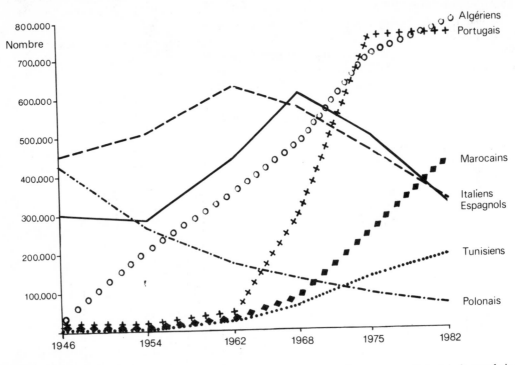

Figure 1.4 *Population étrangère par région, 1982. Source: D'après INSEE,* Recensement général de la population de 1982, sondage au 1/20, France métropolitaine: Les Étrangers, *Paris, La Documentation Française, 1984*

Les chiffres indiquent la part (exprimée en %) de chaque région dans la population étrangère totale de France.

A	Île-de-France	36,3	L	Franche-Comté	2,2
B	Rhône-Alpes	12,4	M	Picardie	2,2
C	Provence-Alpes-Côte d'Azur	8,8	N	Champagne-Ardenne	2,0
D	Lorraine	5,1	O	Auvergne	1,7
E	Nord-Pas-de-Calais	5,1	P	Haute-Normandie	1,5
F	Alsace	3,4	Q	Pays de la Loire	1,1
G	Languedoc-Roussillon	3,4	R	Corse	0,7
H	Aquitaine	3,3	S	Poitou-Charentes	0,7
I	Centre	3,1	T	Basse-Normandie	0,6
J	Midi-Pyrénées	3,0	U	Bretagne	0,5
K	Bourgogne	2,4	V	Limousin	0,5
				Total	100

——— Limite de région

Lyon   Centre administratif

Figure 1.5 *Proportion d'étrangers (exprimée en %) par rapport à la population totale de chaques département, 1982. Source: D'après INSEE,* Recensement général de la population de 1982, sondage au 1/20, France métropolitaine: Les Étrangers, *Paris, La Documentation Française, 1984*

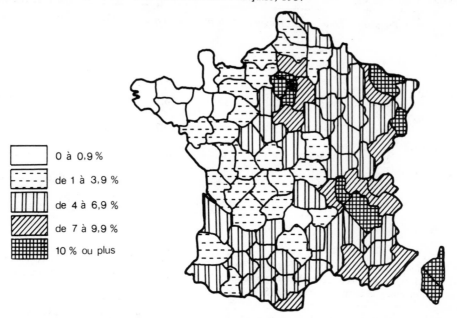

	0 à 0,9 %
	de 1 à 3,9 %
	de 4 à 6,9 %
	de 7 à 9,9 %
	10 % ou plus

Figure 1.6 *Proportion d'étrangers (exprimée en %) dans la population totale de Paris par arrondissement, 1982. Source: D'après INSEE,* Recensement général de la population de 1982, sondage au 1/20, France métropolitaine: Les Étrangers, *Paris, La Documentation Française, 1984*

Figure 1.7 *Proportion de Maghrébins (exprimée en %) dans la population étrangère de Paris par arrondissement, 1982. Source: D'après INSEE,* Recensement général de la population de 1982, sondage au 1/20, France métropolitaine: Les Étrangers, *Paris, La Documentation Française, 1984*

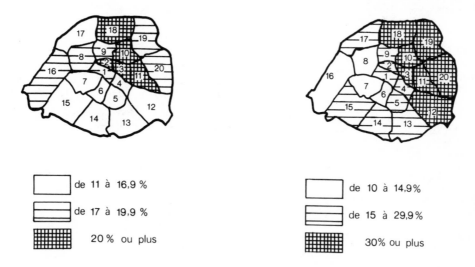

	de 11 à 16,9 %
	de 17 à 19,9 %
	20 % ou plus

	de 10 à 14,9 %
	de 15 à 29,9 %
	30 % ou plus

Tableau 1.1 *Population active (exprimée en %) par secteur économique et nationalité sélectionée, 1982. Source: D'après INSEE,* Recensement général de la population de 1982: Résultats définitifs, sondage au 1/4, France métropolitaine par catégorie de commune, *Paris, INSEE, 1985*

	Français	Étrangers (toutes national-ités)	Espagnols	Italiens	Portugais	Algériens	Marocains	Tunisiens
Commerce, transports, services	58,8	39,0	42,1	32,3	36,2	37,4	25,3	41,0
Bâtiment, génie civile et agricole	7,3	22,8	21,8	29,1	29,7	25,3	20,3	26,8
Industrie, sauf bâtiment, génie civil	25,4	33,8	28,1	34,4	31,0	36,6	41,8	28,0
Agriculture, sylviculture, pêche	8,5	4,4	8,0	4,2	3,1	0,7	12,6	4,2
Total	100	100	100	100	100	100	100	100

Tableau 1.2 *Population active (exprimée en %) par catégorie socioprofessionnelle et nationalité sélectionnée, 1982. Source: D'après INSEE,* Recensement général de la population de 1982: Résultats définitifs, sondage au 1/4, France métropolitaine par catégorie de commune, *Paris, INSEE, 1985*

	Français	Étrangers (toutes national-ités)	Espagnols	Italiens	Portugais	Algériens	Marocains	Tunisiens
Agriculteurs, exploitants	6,8	0,7	1,0	2,2	0,1	0,0	0,1	0,1
Artisans, commerçants, chefs d'entreprise	8,2	4,0	4,8	10,6	1,4	3,8	2,1	4,0
Cadres, professions libérales	8,5	3,3	1,7	2,9	0,2	0,7	0,9	2,0
Professions intermédiaires	17,8	5,3	6,1	9,6	2,4	2,8	1,7	4,1
Employés	27,6	17,4	23,0	13,7	19,6	14,6	10,7	15,3
Ouvriers qualifiés	16,8	25,8	28,5	31,8	28,9	27,5	22,4	26,8
Ouvriers non qualifiés	13,2	40,1	28,1	27,4	44,5	50,0	50,5	43,9
Ouvriers agricoles	1,1	3,4	6,8	1,8	2,9	0,6	11,6	3,8
Total	100	100	100	100	100	100	100	100

Tableau 1.3 *Taux de chômage par nationalité sélectionnée, 1982. Source: D'après INSEE*, Recensement général de la population de 1982: Résultats définitifs, sondage au 1/4, France métropolitaine par catégorie de commune, *Paris, INSEE, 1985*

	Français	*Étrangers (toutes national- ités)*	*Espagnols*	*Italiens*	*Portugais*	*Algériens*	*Marocains*	*Tunisiens*
Les deux sexes	8,4	14,0	9,9	9,5	7,7	21,9	15,0	17,6
Sexe masculin	6,2	12,1	8,6	7,4	6,3	18,3	12,3	15,5
Sexe féminin	11,4	20,3	12,7	17,0	10,3	45,1	36,3	35,4

Note: Les chiffres indiquent le pourcentage de chômeurs dans la population active, celle-ci étant la somme de ceux qui ont un emploi et de ceux qui en recherchent un.

Tableau 1.4 *Proportions de Français et d'étrangers par sexe (exprimée en %), 1982. Source: D'après INSEE*, Recensement général de la population de 1982: Résultats définitifs, sondage au 1/4, France métropolitaine par catégorie de commune, *Paris, INSEE, 1985*

	Français	*Étrangers (toutes national- ités)*	*Espagnols*	*Italiens*	*Portugais*	*Algériens*	*Marocains*	*Tunisiens*
Sexe masculin	48,2	57,1	52,8	56,7	52,9	61,4	60,9	62,2
Sexe féminin	51,8	42,9	47,2	42,3	47,1	38,6	39,1	37,8

Tableau 1.5 *Structure par groupes d'âge de la population française et étrangère (en % du total), 1982. Source: D'après INSEE*, Recensement général de la population de 1982: Résultats définitifs, sondage au 1/4, France métropolitaine par catégorie de commune, *Paris, INSEE, 1985*

	Français	*Étrangers (toutes national- ités)*	*Espagnols*	*Italiens*	*Portugais*	*Algériens*	*Marocains*	*Tunisiens*
65 ans ou plus	14,3	7,5	19,1	21,8	1,3	1,9	0,8	1,9
25–64 ans	49,5	51,8	52,8	57,4	52,7	50,3	48,9	51,0
15–24 ans	15,9	14,9	14,0	10,1	17,6	16,1	13,9	12,7
0–14 ans	20,3	25,8	14,1	10,7	28,4	31,7	36,4	34,4
Total	100	100	100	100	100	100	100	100

Tableau 1.6 *Catégories de logement (en %) par nationalité sélectionnée, 1982. Source: D'après INSEE,* Recensement général de la population de 1982, sondage au 1/20, France métropolitaine: Les Étrangers, *Paris, La Documentation Française, 1984*

	Français	Étrangers (toutes national-ités)	Espagnols	Italiens	Portugais	Algériens	Marocains	Tunisiens
Propriétaire	52,7	20,9	29,4	48,0	14,5	8,6	5,2	7,6
Locataire d'un local loué vide non HLM	25,2	39,3	37,7	27,5	46,3	37,4	37,4	50,8
Locataire d'un local loué vide HLM	12,8	23,6	18,4	13,9	22,9	34,3	37,6	29,1
Locataire en local loué meublé, hôtel ou garni	1,1	6,0	2,1	1,3	3,0	13,8	7,2	5,9
Logé par l'employeur	3,8	7,3	8,6	4,8	11,3	4,6	10,7	5,0
Logé à titre gracieux	4,4	2,9	3,8	4,5	2,0	1,3	1,9	1,6
Total	100	100	100	100	100	100	100	100

Tableau 1.7 *Densité de peuplement et caractéristiques de confort des ménages par nationalité sélectionnée, 1982. Source: D'après INSEE,* Recensement général de la population de 1982, sondage au 1/20, France métropolitaine: Les Étrangers, *Paris, La Documentation Française, 1984*

	Français	Étrangers (toutes national-ités)	Espagnols	Italiens	Portugais	Algériens	Marocains	Tunisiens
Pourcentage des logements classés comme surpeuplés	14,0	42,8	31,5	21,8	45,5	61,2	54,7	58,2
Pourcentage des ménages sans eau chaude	10,6	18,4	14,2	11,3	21,6	25,1	21,2	17,1
Pourcentage des ménages sans baignoire ni douche	14,7	23,1	19,9	13,5	25,7	32,6	25,4	23,4
Pourcentage des ménages sans WC à l'intérieur du logement	14,5	23,9	20,1	13,2	26,5	33,0	26,7	24,7
Pourcentage des ménages sans téléphone	24,0	49,7	41,4	28,7	59,2	62,4	69,1	59,1

2
Life histories

In 1945, the French government set up the Office National d'Immigration (ONI). The intention was that it would organize the recruitment of immigrant labour to assist in the reconstruction of post-war France. For many years, however, the ONI failed to establish more than very limited control over migratory flows. There were two main reasons for this. Firstly, because of the special status granted to Algeria in 1947, its Muslim inhabitants were exempted from ONI controls; the dominance of Algerians among immigrants entering France during the 1950s meant that at this time only a minority of foreign workers came under the ONI's jurisdiction. Secondly, even where countries other than Algeria were concerned, employers in France often preferred to avoid going through normal ONI procedures when recruiting foreign workers. In principle, companies seeking immigrant labour would inform the ONI, which would then supervise the necessary recruitment arrangements abroad. In practice, most emigrants travelled to France at their own initiative without obtaining the prior approval of the ONI, looked for jobs when they got there, and subsequently regularized their situation by obtaining the necessary work and residence permits once they had found employment.

Technically, this meant that they had initially been illegal immigrants. But in the expansionary climate of the 1950s and 1960s the demand for labour was so buoyant that the government saw no difficulty in endorsing these arrangements. Beginning in the early 1960s, the authorities in Paris did try to establish clearer controls over migratory flows through a series of bilateral agreements with foreign governments under which the latter undertook to vet the health and help regulate the numbers of emigrants leaving for France. But throughout the 1960s the vast majority of entrants from countries subject to ONI controls were technically illegal immigrants who regularized their situation after finding jobs.

It is important to emphasize that the regularization procedure effectively carried with it the approval of the government for this method of recruitment. The phrase 'illegal immigrants' ('clandestins' in French) carries an emotive charge which is not always justified. During the 1960s, few immigrants actually entered the country secretly. Their most common method of entry into France was perfectly legal: they simply presented themselves as tourists, though the authorities knew full well that they intended to seek employment, for which they would in due course require the appropriate permits. From 1968 onwards, this method of obtaining work and residence permits was officially frowned upon by the French government, and those entering the country in this manner found it much more difficult to regularize their situation, even when they had found jobs. The 'clandestin' label consequently took on a more serious meaning, and this trend was accentuated with the official cessation of all further immigration from Third World countries in 1974. 'Clandestins' already in the country found themselves trapped with no prospect of regularization, and, for anyone not yet in the country (apart from the dependants of immigrants already in France), wholly illegal procedures now became the only method of entry into the French labour-market.

Although the settlement of families in France had gradually increased during the post-war period, prior to 1974 the rotation system was dominant among North African migrants. This involved mainly 'single' men working in France for a limited period of time and then returning to their country of origin, whence a new batch of immigrants would come. In

Morocco, large French companies and state-owned concerns often formalized the rotation system by recruiting men there themselves on the basis of fixed-term contracts (see texts 6.1 and 6.4). This commonly relieved the individuals involved of the need to make their own travel and administrative arrangements. A very similar form of rotation operated among Algerians, who had migrated to France in varying numbers since the beginning of the twentieth century, but here direct company recruitment and organization were less common.

Many villages in Kabylia had a long tradition of sending 'single' emigrants to France. While there, they sent back regular payments, often in the form of monthly postal orders, to support their families. On their return home, they brought presents and exciting tales about life in France (partly out of pride, they often omitted some of the more unpleasant details), and passed on information about job openings there. In this way, the rotation system perpetuated itself by word of mouth, with brothers and cousins and sometimes fathers and sons taking their turn in exile. The system is described in text 2.1, which also provides an overview of the gradual transformation of the Algerian population in France from a community dominated by 'single' males into one increasingly characterized by permanent family settlement (the speaker in this text was a member of one of the earliest Algerian families to arrive in France after the Second World War).

For first-generation immigrants travelling on their own, the journey to France and the search for a job could be a bewildering experience (text 2.2). Illegal immigrants were particularly vulnerable to exploitation (text 2.3). The loneliness of men separated from their families, living and working in poor conditions, is vividly conveyed in text 2.4. It was not until the late 1970s that changes in the law permitted them to seek improvements in their working conditions by becoming trade union officials, a change which eventually led to Akka Ghazi becoming a national celebrity in France and a member of the Moroccan Parliament (text 2.5; for further details on these events see chapter 6, especially text 6.7; the background to Akka Ghazi's parliamentary career is dealt with in the introduction to chapter 8).

For wives and children coming to join their bread-winners in France, migration could be an equally daunting experience. The Kabyle woman whose story is told in text 2.6 is very typical, as is her account of the complications involved in raising children, so-called second-generation 'immigrants', in a foreign country.

Poor housing sometimes caused serious administrative problems for immigrant workers wishing to bring in their families. Throughout the post-war period, wives and children were officially permitted to join their breadwinner in France only if he had first obtained a certificate showing that he had access to housing which was up to specified standards. In practice, many dependants were allowed to enter the country without any such documentation, and regularized their situation, i.e. obtained the necessary residence and in some cases work permits, after suitable accommodation had been found. But after 1974, when dependants became the only new entrants allowed in from Third World countries (apart from political refugees), the authorities became increasingly strict in their enforcement of the regulations. It became more and more difficult to arrange post-entry regularizations (they were in fact terminated altogether at the end of 1984), leaving many wives and children in danger of expulsion. Text 2.7 illustrates this problem, as well as the precarious position of Algerians in the recession-hit employment market of the 1980s and the difficulties which they commonly experienced in obtaining satisfactory housing; tales of endless delay on the waiting list for 'un logement social' (the French equivalent of a council house) were legion.

The precarious conditions which characterized many aspects of immigrants' lives were at their most acute when they ran foul of the law. To be caught without papers or to commit an offence carrying a prison sentence of more than a few months was liable to entail expulsion from France. New legislation passed in 1980 facilitated the summary expulsion of illegal immigrants, i.e. immediate action by the police to remove them from French territory without having recourse to the courts. Fresh regulations issued shortly afterwards by Immigration Minister Lionel Stoléru were designed to reduce the number of immigrants holding valid work permits, thus permitting their summary expulsion. Between 1978 and 1981, there were on average 5,000 expulsions a year. Three-quarters of them involved youths from Algerian backgrounds, in many cases teenagers who had been born or lived almost all their lives in France. Text 2.8 recounts a typical instance; it should be noted that the individual concerned must either have opted for Algerian nationality during his teens, or have been born prior to 1963, since after that date, having been born in France of Algerian parents, he would automatically have been deemed to have French nationality, making it impossible to expel him. When they came to power in 1981, the Socialists halted summary expulsions and reintroduced judicial procedures for dealing with potential expellees. Certain categories of foreigners, notably those who had been born or lived in France since before their tenth birthday – which effectively meant all second-generation 'immigrants' – were excluded from expulsion altogether. (The right-of-centre government elected in 1986 reversed most of these reforms.) During the winter of 1981–2, the Socialists also declared an amnesty for illegal immigrants, a huge backlog of whom had built up since 1974, and over 130,000 were able to regularize their situation.

The Socialist administration initially dropped 'l'aide au retour', financial inducements to encourage voluntary repatriation introduced by the previous government in 1977. But as opposition parties, particularly the extreme right-wing Front National, began to successfully exploit French anxieties about immigration, the Socialists took a less liberal stance. Among the policy changes which resulted from this was the reintroduction of financial assistance to help immigrants return home, officially restyled as 'l'aide à la réinsertion'. Few North Africans had taken advantage of the previous government's offer; now, as the political climate in France deteriorated, they became predominant among returnees benefiting from government assistance. Text 2.9 recounts the varied experiences of a group of Renault workers who resettled in their native Kabylia in 1984 with the aid of a combined company and government pay-off. However, the vast majority of North Africans, particularly those with families in France, stayed put. For many, the attachment of their children to the country where they had been born and

brought up made a return to North Africa an impractical proposition (see text 3.14); for second-generation 'immigrants' who had lived most or all of their lives in France, it would indeed scarcely have been a 'return' at all.

During the 1960s home for much of this generation was originally a 'bidonville' ('shanty town') on the outskirts of a French city. Later, many families moved into 'cités de transit', temporary housing of somewhat better quality, but still well below what most Frenchmen would have been willing to accept. By the 1980s, a substantial number of immigrant families had been found flats on high-rise housing estates. Life in a 'cité' – a word commonly used to denote a concentration of working-class housing, be it a 'bidonville', a 'cité de transit', or a group of HLM tower blocks – can be tough. And, for youths from immigrant backgrounds, the problems associated with poor housing are often compounded by a troubled passage through the French educational system and acutely high unemployment levels. The kind of lifestyle which has sometimes evolved in this environment is recounted by the young stars of the feature film summarized in text 2.10, set on the Mitry housing estate at Aulnay-sous-Bois, a north-eastern suburb of Paris. Of course, only a minority of 'Beurs' have succumbed to a life of drugs or crime. Some in fact have succeeded in making a career for themselves by singing or writing about the unpromising environment from which they came (texts 2.11 and 2.12).

If France's secular education system has enabled individuals such as these to better themselves socially, it has also been a major factor in the cultural tensions experienced by youths from immigrant backgrounds in relation to their Muslim parents (see chapters 3 and 5). The conflict between parental pressures and French values is often especially pronounced in the case of teenage girls. Some, like the fourth-former who wrote text 2.13, appear confident of being able to cope with these tensions, but pressures to conform with the subordinate role normally expected of Muslim women have sometimes ended in tragedy. Girls with North African parents have sometimes run away from home to avoid arranged marriages (text 2.14; see also text 5.4), and in some cases have even attempted suicide, though Assia, the young woman highlighted in text 2.15, eventually came through her own particular crisis. Their mixed cultural heritage means that similar conflicts and choices inevitably lie ahead for many among the expanding 'Beur' generation.

DOCUMENTS

Texte 2.1 *Extraits de 'Mohamed suit Mohamed!' Propos de Salem Younsi recueillis par Leïla Sebbar, dans* Sans Frontière, *avril 1984*

Je suis né dans un village de montagne à 10 kilomètres d'Azazga en Kabylie en 1948. A 5 ans, on est tous partis en France. C'est une région très boisée de la grande Kabylie à 25 kilomètres de la mer. [...]

Mon père était déjà immigré depuis 1946. Il travaillait à l'usine de sucre *Lebaudy* à Paris. C'est une usine célèbre dans notre région pour notre village. Tous les hommes qui partaient en France passaient par cette usine. Mon grand-père avait déjà travaillé chez *Lebaudy* avant mon père et d'autres hommes de ma famille, mes oncles. Ils étaient tous dans le 19ème* à Paris. [...] Les femmes de chez nous ont fait une chanson sur cette usine: «*Avec la paye de Lebaudy, tu peux t'acheter une chemise à crédit*». *Renault*, c'était la boîte qui paye bien avec des avantages, des primes. *Lebaudy*, c'était minable. [...]

Les hommes sont partis seuls en France. Ils étaient mariés au pays. C'est une région très peuplée et pauvre. Depuis toujours, les hommes se sont expatriés à Alger, en France, ou bien ils s'engageaient dans l'armée française. [...] On avait des terres et des bois de chêne-liège, mais ça ne suffisait pas pour nourrir tout le monde. [...]

Toute ma famille et les habitants du village habitaient dans le même hôtel; c'était un foyer-hôtel* que tenait mon oncle. On reconstituait la communauté villageoise avec l'hôtel et le café. Le café, c'était le lieu de rencontre, une sorte de boîte aux lettres, de centre d'hébergement, d'entraide. Celui qui arrivait, on l'aidait. Maintenant, ça n'existe plus. Ça se passait il y a trente ans. [...]

Dans le café, souvent les immigrés se font écrire les lettres pour le pays par un écrivain public à qui ils peuvent demander conseil en même temps. [...] Dans les lettres, ils disent toujours que tout va bien, c'est chaque fois: — J'ai bien reçu ta lettre ... Est-ce que tu as bien reçu le mandat et le colis que j'ai envoyés? Bonjour aux grands et petits, à tel ou tel —, c'est toujours pareil. Lorsqu'il faut régler des conflits, c'est — Tu iras voir mon oncle ou le marabout* ou le Hadj* ... Par correspondance, ils peuvent aussi acheter des terres, faire construire des maisons. C'est celui qui est resté là-bas, le père ou le frère qui prend tout en charge et même le mariage des filles quand l'immigré ne peut pas rentrer régulièrement au pays. S'il faut répudier une femme,* c'est lui qui le fait aussi. [...] La femme n'écrivait pas à son mari. Le tuteur disait si elle avait besoin de quelque chose pour la maison, les enfants; il donnait des nouvelles. [...]

Quand on est arrivé en France à Paris avec ma mère, on a habité à l'hôtel dans le 18ème à côté de Barbès.* Ma mère était tout le temps malade. On était à cinq dans une pièce, même pas meublée. Ma mère ne parlait pas le français; elle restait enfermée. Toute la journée, elle était seule. Elle allait de temps en temps voir une femme de la famille dans l'hôtel. On est resté là huit ans, toute la guerre d'Algérie. Mon père faisait les courses, le marché, les vêtements, tout pour la maison.

Ma mère faisait la cuisine dans la chambre sur un petit réchaud: elle lavait la vaisselle et le linge dans le lavabo, à l'eau froide le plus souvent. Beaucoup de familles vivent comme ça dans les foyers-hôtels à Paris à Barbès, dans le 18ème et le 19ème. L'immeuble de la rue Caillié existe toujours. Mais la famille et la communauté sont dispersées.

Nous, les enfants, on était toujours dans la rue. Ma mère a eu sept enfants. Quand les enfants sont tous allés à l'école, elle s'est retrouvée seule dans cette chambre. Elle sortait un peu plus pour les courses, pour aller au dispensaire, à l'école. Ma mère n'est jamais allée au hammam.* Avant, les hammams n'existaient pas comme maintenant. On allait aux bains-douches du quartier. Maintenant, ma mère habite un appartement dans une H.L.M. en cité. Ils ont été relogés en banlieue.

Près du boulevard Barbès à Paris

Texte 2.2 *Extrait de Gilbert Declercq, 'Mohamed dans la nuit du métro', dans* CFDT Magazine, *septembre 1977*

De nationalité marocaine, Mohamed Meziane, qui a 33 ans, est arrivé en France il y a déjà onze années. Il faut l'entendre expliquer cela:

«J'habitais un village du côté de Tanger. J'avais un frère déjà émigré à Bruxelles. J'ai pris le bateau pour Malaga en Espagne, et de là un train. Je suis arrivé à Paris ne connaissant pas un mot de français. Je me suis rendu à la gare du Nord, en pensant que, puisque c'était la gare «du Nord» et que mon frère habitait en Belgique... donc pour moi tout près, un taxi m'y conduirait!

«C'est un chauffeur de taxi arabe qui m'a détrompé: non, Bruxelles, ce n'est pas la porte à côté! Seul le train...»

C'est alors la suite interminable de démarches pour trouver du travail. En Belgique, pas d'embauche pour lui. De retour à Paris, quatre mois de recherches en vain. Puis, par un camarade «dont-on-lui-a-donné-l'adresse», c'est un contrat de six mois à Maubeuge, dans une usine... qui fait faillite avant l'expiration du contrat!

La ronde infernale recommence: «Aussitôt que je voyais un chantier du bâtiment, je demandais s'il y avait de l'embauche. J'ai fini par trouver une entreprise privée de travaux publics qui posait des voies de chemin de fer pour la S.N.C.F.* J'y suis resté quatre ans, et je suis retourné pour trois mois au Maroc».

Au retour, à nouveau six mois ici, trois mois là. Mohamed, qui commence à parler un peu le français, réussit enfin à se faire embaucher, en janvier 1973, comme poseur de voie pour la R.A.T.P.*

Texte 2.3 *Extrait de 'Visite dans un foyer d'immigrés dans la région parisienne', dans* El Bayane, *3 avril 1985*

Question: Êtes-vous marié, M. Sabil?
Réponse: Oui, je suis marié depuis 1973. A plusieurs reprises j'ai tenté d'amener ma famille ici mais... c'est impossible.*
Question: Depuis quand êtes-vous en France?
Réponse: Après un échec scolaire, j'ai quitté le Maroc en 1969. Jusqu'en 1971, j'ai travaillé «au noir» dans une entreprise de BTP (bâtiment et travaux publics) dans la région parisienne. Mes conditions de travail étaient lamentables. Mon salaire... misérable. Sans les moindres précautions d'hygiène et de sécurité... De toute façon vous savez bien ce que subissent les immigrés dans cette profession.
Question: Pourquoi avez-vous accepté cela à l'époque?
Réponse: Il y avait beaucoup de raisons. Entre autres ma situation était irrégulière,* le travail clandestin était donc mon seul recours. Et puis, où vouliez-vous que j'aille? Surtout que les gouvernements qui s'étaient succédé au Maroc, depuis l'indépendance, n'avaient jamais rien fait pour que la jeunesse puisse intégrer le monde du travail en cas d'échecs scolaires; il n'y avait que la rue pour m'accueillir. Pas de centres de formation professionnelle; pas de statut des chômeurs... Violà pourquoi j'avais accepté cela.

Texte 2.4 *Saïd Boubeker, 'Le Maçon', dans* Les Enfants de l'immigration, *Paris, Centre Georges Pompidou/Centre de Création Industrielle, 1984*

Combien de jours, combien d'années
Ai-je tiraillé le lourd ciment
Tuez-moi donc si je vous mens,
Les fleurs de mon cœur se sont fanées;
Immigré, marche forcée vers l'exil,
Le soleil m'a bouffé les yeux,
Loin de la terre de mes aïeux,
J'suis un Robinson qui n'a pas d'île.

Ciment et truelle
Pour moi l'étranger
Ah! quel destin cruel
Pour un fils de berger

Où est l'Afrique des senteurs
Qui m'enflaient poumons et lèvres
Faudra-t-il mourir de fièvre
En cette France de rancœur?

Travailleurs maghrébins à Paris

Ô ciment tu m'as soudé l'âme
Toute joie est morte en Méditerranée
Ça fait combien de jours, combien d'années
Que je décline comme une flamme?

Ciment et truelle
Pour moi l'étranger
Ah! quel destin cruel
Pour un fils de berger

Texte 2.5 *Abdelaziz Dahmani et Elimane Fall,
'Akka Ghazi, député à la chaîne', dans* Jeune
Afrique, *novembre 1984*

L'homme a le physique à l'image du Moyen-Atlas*
marocain, sa région natale: massif et rude.
Discipliné, d'une certaine manière, common l'ancien
bidasse qu'il fut dans l'armée royale.* Attentif et
sensible aux préoccupations de ses camarades, parce
que, fils de paysan, il sait ce que trimer veut dire.

Démocrate, parce que toujours à l'écoute de la base.
Fonceur enfin, parce que fait d'un seul tissu et
chatouilleux sur l'article de sa dignité de travailleur
émigré.

A quarante et un ans, silhouette imposante,
dégaine de boxeur avec des pommettes grosses
comme ça, Akka Ghazi, ouvrier, délégué syndical
CGT (Confédération générale des travailleurs) à
l'usine Citroën d'Aulnay, dans la région parisienne,
est aujourd'hui député. Un député à la chaîne, élu
sous les couleurs de l'Union socialiste des forces
populaires (USFP) par les travailleurs marocains de
la zone nord de la France. Un parlementaire aussi à
l'aise dans le bleu de travail que dans la djellaba*
blanche mise ce 12 octobre 1984 pour franchir les
marches du Parlement marocain.

Après la CGT, les grèves et les licenciements à
Aulnay, les bras de fer avec les patrons, les démêlés
avec la police, la députation. Parcours parfait pour
un battant à la rondeur éloquente, au discours direct,
simple et imagé, au charisme enchanteur, qui est
devenu le porte-drapeau de la lutte des siens et la
coqueluche des caméras de télévision. Tout le monde
le connaît comme un indomptable, une tête brûlée.
N'a-t-il pas, avant de s'incorporer dans l'armée
marocaine, quitté son poste d'employé municipal
pour avoir subi des pressions de la part du maire?

De la même manière, il a démissionné de l'armée
(sans qu'on sache vraiment pourquoi) avec le grade
d'adjudant dans les chars et a débarqué en France en
1973. Il y a retrouvé un frère installé à Brest. Il en
rêvait comme d'autres de La Mecque.* Mais son
pèlerinage à lui commence par un poste de grutier sur
un chantier. Puis, en 1976, il est magasinier à l'usine
Citroën de Clichy, dans la banlieue parisienne.
Avant d'être muté un an plus tard comme cariste
(conducteur de chariots) à Aulnay.

Jusque-là, pas de politique. Parce que, dit-il, c'est
synonyme d'ennuis pour les travailleurs émigrés.
Tout baigne donc dans l'huile.* Jusqu'au jour où son
chef direct lui demande d'espionner ses petits
camarades et de lui rapporter tout ce qu'ils racontent.
Jamais, susurre Ghazi. C'est le début des intimida-
tions et des brimades. Il est transféré dans l'atelier de
ferrage.* Un secteur dur. Ghazi y voit une punition
et prend contact avec le responsable CGT de l'usine
qui lui propose de se présenter aux élections de

délégués du personnel. Malgré les menaces de la Confédération des syndicats libres (CSL), le syndicat maison* qui fait la loi dans l'entreprise, Ghazi ne s'en laisse pas conter. Il est élu et devient le principal interlocuteur de la direction. Celui qui ne veut pas entendre parler de licenciement. Les travailleurs émigrés jusque-là dociles et corvéables à merci se regroupent autour de lui et en font leur héros. L'opinion publique française crie au scandale et voit en Akka Ghazi le casseur de l'industrie automobile française. Ghazi ferme les oreilles et se fait le champion de la dignité retrouvée des travailleurs émigrés. Les grèves de juin 1982, baptisées « printemps de la dignité », c'est lui. Celles de juillet-août 1984 au cours desquelles il se fait copieusement matraquer par la police devant les caméras de télévision, c'est encore lui. Ni sa femme, ni ses quatre enfants n'entament sa détermination. Il est sur tous les fronts. A son corps défendant.* Comme il veut l'être au Parlement marocain. Pour les travailleurs émigrés, bien sûr.

Texte 2.6 *'Retour au pays?' dans* Accueillir, *novembre-décembre 1984*

Aïcha est algérienne. Elle a maintenant 53 ans. Lorsqu'elle est arrivée en France en 1964 avec ses deux enfants, elle venait rejoindre son mari, de 20 ans son aîné. Elle le connaissait peu. Lui-même vivait en France depuis 1942.

Devant nous, tantôt rieuse, tantôt au bord des larmes, elle expose son angoisse. Mais c'est d'abord son passé qu'elle revit, son itinéraire en France et les différentes étapes de sa vie familiale.

« Je suis née à Tizi Ouzou et j'ai toujours vécu avec ma famille jusqu'à mon mariage en 1948. Je n'avais jamais rencontré mon mari. Il avait quitté l'Algérie pour travailler dans les mines, puis il a fait la guerre de 1940. Deux garçons sont nés à Tizi Ouzou et ont grandi sur la place de la Mosquée au milieu des autres... »

En 1964, sans prévenir, Ali (son mari), lors de vacances au pays, fait part aux parents, avant même d'en avoir parlé à sa femme et d'avoir eu son consentement, de sa décision de la ramener en France avec ses deux enfants pour qu'ils vivent auprès de lui.

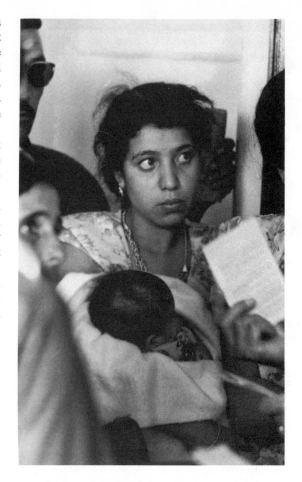

Une femme maghrébine passe devant les services d'immigration à Marseille

Que de peine pour les parents de se voir enlever, non seulement leur fille et belle-fille, mais aussi les deux petits! Tous les arguments ont été bons* pour essayer de faire revenir Ali sur sa décision. En vain.

Un matin, avec quelques baluchons contenant les habits traditionnels et les quelques « richesses » du couple, Aïcha et ses enfants prirent la route pour la France. Que d'angoisses et d'affolement à l'arrivée à Marseille! Aïcha n'avait jamais vu tant de monde. Au point d'en attraper le vertige et de s'accrocher avec ses deux petits aux vêtements de son mari... Puis ce fut le train jusqu'à Paris et, ensuite, la Normandie. La nuit, la pluie, la brume... le froid alors qu'il faisait beau au village. Bien que cela se

20

passait en décembre, le ciel était clair et bleu au moment du départ, malgré le vent sec et glacial des montagnes de Kabylie. Aïcha explique tout cela avec détails et nostalgie, cherchant à traduire son état d'âme. Dans sa tête, elle est repartie là-bas ; on la sent habitée par le paysage qui a façonné sa sensibilité dès son enfance. Partir est toujours un arrachement !

Au terminus de ce long voyage, un appartement tout petit : deux pièces, tout juste un lavabo, les toilettes sur le palier, pas de meubles en dehors de deux sommiers en fer recouverts d'une paillasse et d'un fourneau à pétrole dans un coin de la cuisine. Aïcha répète sans arrêt : « Je ne parlais pas un mot de français. Je ne savais que le kabyle. Mon mari ne rentrait pas tous les soirs à la maison parce que les chantiers étaient loin. Quelle terrible solitude, sans la langue, dans un pays qui n'est pas le sien ! J'avais peur d'ouvrir la porte, peur de l'inconnu. »

Elle habitait heureusement un quartier situé près d'une maison des sœurs de Saint Vincent de Paul.* Elles l'ont vue et l'ont aidée.

Un troisième enfant, puis un quatrième, puis un cinquième voient le jour en Normandie. Les nouvelles du pays arrivent, mais Ali ne gagne pas assez pour permettre à sa femme et aux enfants d'aller en vacances à Tizi Ouzou. « Cela a été très dur pour moi d'accoucher toute seule, dans un hôpital, sans ma famille, sans personne de ma connaissance, alors qu'au village tout le monde est là, pour le bien et pour le mal. On n'est jamais seul … » Une larme coule sur sa joue, mais c'était « Mektoub »* dit-elle… Le temps s'écoulait, il ne se mesurait pas, car « il n'appartient qu'à Dieu »… en Islam.

Sa nature, rieuse, reprend vite le dessus, et elle nous parle de la scolarisation des enfants (onze en tout). Grâce à eux, elle a pu apprendre quelques mots de français et puis, avec les années, le perfectionner. C'est vrai qu'elle s'exprime bien et sans peine. Mais l'entretien est émaillé de quelques locutions arabes, cela n'en a que plus de charme. C'est presque une coquetterie.

Elle revient à la scolarisation des enfants, surtout lorsqu'ils furent au collège, pour dire leur contestation, et les conflits avec les parents qui ne peuvent effectuer une évolution semblable. Presque un reproche tacite, parce que chez eux ce n'était pas tout à fait comme chez le petit copain français…

Elle ajoute, presque en s'excusant, qu'elle a continué à vivre comme là-bas avec les mêmes rites et les traditions liés à l'Islam. « Je fais la cuisine comme la famille me l'a enseigné. Les enfants s'amusent de certaines pratiques religieuses que nous conservons, mon mari et moi, mais je les excuse car ils n'ont pas reçu de bonne formation religieuse… Ici, il n'y a pas de mosquée, ni de fquih* pour enseigner notre Coran. Surtout au début de notre arrivée en France. Le plus difficile, c'est pour le Ramadan… Les enfants, qui ont l'âge de le faire et qui vont en classe, ne peuvent pas le suivre. Cela les fatiguerait trop, mais, dans notre cœur, nous le regrettons car « Dieu n'est pas content. »

Aïcha nous parle à présent de son fils aîné, dont elle est très fière. Il a eu le bac, et fait du droit à l'Université de Caen. Il a essayé de partir en Algérie pour continuer d'autres études, mais il nota très vite la distance culturelle qui le séparait de son milieu d'origine. Il ne possédait pas la culture arabe. La langue qu'il connaissait, qu'il avait toujours parlée dans sa famille, c'était le kabyle. Il fit l'effort de rester deux ans là-bas. « On en profita pour le marier avec la fille d'une cousine, élevée dans notre village. J'avais trop peur que notre fils se marie avec une chrétienne. Je pensais à ce moment-là qu'elle pourrait nous l'arracher et que nous aurions perdu la joie de connaître les enfants de notre fils aîné. »

Mais le mariage, qui semblait rendre heureuses les deux familles, s'avéra, au bout de trois ans, être une catastrophe. « Une fois la cérémonie terminée, mon fils ramena sa femme en France, il avait compris, compte tenu des difficultés rencontrées près de la faculté d'Alger, que sa place serait en France. Deux enfants naquirent de cette union. Enfants adorables que j'ai élevés, et qui vivent toujours ici avec moi. »

« Lorsque ma belle-fille arriva en France, elle resta tranquille au début, le temps d'accoucher de ses deux enfants. Là, après la grossesse de la deuxième, elle commença à manifester une certaine impatience… Comme mon fils avait une bonne situation, elle voulait partir tous les trois mois voir ses parents. Au début, mon fils, qui pensait que cela pouvait lui être bénéfique, lui offrit le voyage par avion et elle partit avec Nourad, son premier enfant... en laissant Souad, la petite fille, chez moi.

« Est-ce l'influence de sa mère, ou son caractère qui avait changé, toujours est-il qu'elle revint à Caen encore plus nerveuse qu'au départ. Mon fils fit tout son possible pour la rendre heureuse. Il lui payait les cours de conduite, ne refusait jamais de lui acheter des toilettes, mais en vain !

« Lorsqu'elle se trouva enceinte du troisième, elle voulut aller accoucher près de sa mère, mais depuis elle n'est jamais plus revenue... Au contraire, elle fit le nécessaire près des tribunaux de notre région, en Algérie, pour obtenir le divorce contre son mari.

« Ça c'est ma plus grande peine, c'est moi qui ai choisi cette fille pour épouse et mon fils me le reproche tout le temps. Il a raison, mais, du fait que j'ai élevé totalement mes deux petits-enfants, je ne peux accepter l'idée qu'on me les enlève. Mon fils non plus ne veut pas perdre ses deux enfants. La troisième, tant pis, elle est née à Tizi Ouzou et nous ne la connaissons pas... Enfin « Dieu est grand », il ne peut pas nous abandonner, car nous n'avons fait aucun mal contre cette fille... » On sent que c'est son souci majeur.

Aïcha ajoute, comme pour elle-même, que le divorce de son fils aîné a eu une très mauvaise incidence sur le comportement de ses frères et sœurs en âge de se marier. Ils ne veulent à aucun prix faire l'expérience de leur aîné !...

Une de ses filles, la troisième, a poursuivi des études et actuellement elle travaille près du service du Rectorat comme comptable.

« Mes enfants sont Français et Algériens, mais, à cause de la famille, de leur père, et des vacances qu'ils vont passer en Algérie, ils craignent, non pour la France, mais pour l'Algérie... Et si les frontières leur étaient fermées... Aie, Madame,* comment faire... Je suis sûre qu'ils ne repartiront pas là-bas pour faire leur vie... mais ils ne veulent pas courir le risque d'être totalement exclus de l'Algérie !...

« D'ailleurs, mes deux derniers garçons vivent avec des Françaises. Elles m'ont donné deux beaux petits-garçons... Tu vois, c'est difficile, pour nous et pour eux... et pourtant on les aime comme ils sont... »

La conversation suit son cours at après avoir évoqué la situation de chaque enfant, la réussite de certains, les échecs de la dernière fille, qui maintenant reste à la maison pour l'aider, etc., Aïcha nous amène, sans en avoir l'air et comme le veut l'usage, à la situation actuelle, la montée du chômage, la crise,* le racisme... Elle évoque tout ce qu'elle a entendu dire contre les étrangers, dans la rue, le bus, à la radio, à la télévision, mais sur le ton de la confidence.

L'évocation de cette situation voile ses yeux de tristesse. La pauvre Aïcha a aimé « cette France », malgré ses débuts difficiles, elle ne comprend plus. « Les Français ne vont pas nous mettre à la porte, Madame ? On a fait la guerre avec eux,* on a mangé ensemble, ils connaissent bien nos maladies, notre cœur. Ils ne peuvent pas nous faire ça ! »

C'est le désarroi, surtout en pensant aux enfants qui ont fait le choix de rester ici, même s'ils sont toujours Algériens, « parce que leur vrai pays c'est la France. C'est là qu'ils sont nés !... Nous, on est vieux, notre vie est terminée. Nous pouvons repartir au village, où mon mari, de ses propres mains, avec l'aide de certains camarades, a construit une petite maison. Derrière, il y a un petit jardin avec un olivier, un figuier. On pourra même acheter une chèvre... Et puis, à notre mort, on sera enterré là-bas. La terre d'Algérie, c'est la terre de référence pour les morts, c'est aussi la terre de référence pour la foi musulmane.... »

Et, comme Aïcha sent notre compréhension, elle ajoute à ce moment-là, comme pour exorciser le tout : « ...Celui qui fait miséricorde, c'est le Miséricordieux !*...»

Texte 2.7 *Extrait de* Le Secours Catholique et les étrangers en 1984, *Paris, Secours Catholique, 1985*

M. B., Algérien, 47 ans, est arrivé en France en 1955, à l'âge de 18 ans. Depuis cette date, il a toujours travaillé. Sa santé en a été affectée : ses poumons sont atteints par l'inhalation de produits toxiques utilisés au cours de son activité professionnelle.

Las de ne pouvoir obtenir un logement social conforme aux normes exigées par la procédure d'introduction officielle des familles, M. B. a fait venir sa femme et leurs deux enfants en 1981, comme touristes, avec l'espoir de les voir régularisés sur place. Mais la demande de logement de la famille n'ayant toujours pas abouti, la mère n'a toujours pas de titre de séjour régulier ni de titre de travail.

La famille vit dans un local à usage commercial, insalubre. Deux autres enfants y sont nés depuis 1981.

En novembre 1984, après 8 ans de travail dans la même entreprise, M. B. a été licencié pour motif économique.* Après 30 ans de vie en France, il ne peut envisager de repartir en Algérie.

M. B. est très déprimé par sa situation : chômage, maladie des poumons, logement insalubre, femme sans titre régulier de séjour et de travail. Et de plus, la famille vit dans l'angoisse d'un renvoi en Algérie de la mère.

Texte 2.8 *Extrait de Djamel, 'De l'expulsion', dans* Des Jeunes Algériens en France: leurs voix et les nôtres, *ouvrage collectif coordonné par Martine Charlot, Paris, CIEMM, 1981*

Il était une fois un gars qui était né à Nanterre, au bidonville.

Ses parents venaient de la montagne d'Algérie.

Sa mère restait toujours enfermée à la maison.

Son père travaillait à l'usine.

Ils vivaient à sept dans une pièce.

A l'école, il avait eu du retard, et ils l'avaient envoyé dans une école avec des fous, des voleurs, des Mongols.

Un jour, il a fait une connerie bidon* (il avait 17 ans) : il s'est battu avec d'autres gens, les flics sont venus, ils ont attrapé les Arabes et ils les ont vraiment massacrés : ils leur ont déformé la gueule et, en plus, ils leur ont mis : « Coups et blessures sur un agent de la paix ».

Le juge n'a pas cherché à comprendre : il les a écroués.

Il est ressorti, et ensuite, il a fait une autre connerie bidon et il est retombé : il a pris un mois.

Pendant qu'il était en cabane, son père est mort. Son père travaillait dans le bâtiment, dans les ascenseurs, et il est mort : il a fait une chute de dix-huit étages.

Il avait un grand frère : il a été expulsé en Algérie.

Alors, il ne restait plus que lui pour nourrir les petits.

C'est à ce moment qu'il a arrêté les conneries.

Il a décidé d'aller travailler. Il a cherché du travail, et partout, dès qu'ils voyaient que c'était un Arabe, ils le refusaient : c'est complet.

Il finit par trouver une usine pourrie où les ouvriers se sauvaient au bout de trois jours et il y est resté travailler.

Il vivait tranquille, et un beau jour, il reçoit une lettre du commissariat lui disant : «Affaire vous concernant ».

Il va au commissariat (il était en règle). De là, on l'amène directement à la Préfecture et ils lui annoncent qu'il avait un arrêté d'expulsion.

Il n'était pas au courant et il comprenait pas pourquoi.

Alors, il leur a expliqué qu'il ne pouvait pas partir comme ça parce qu'il avait une femme et un enfant.

Ils lui ont donné un délai de huit jours pour régler ses affaires et partir. Ils lui ont donné un billet d'avion et il est sorti.

Il est rentré chez lui et il leur a renvoyé le billet en disant que ce n'était pas possible.

Il est allé voir un éducateur qu'il connaissait, il lui a expliqué tout ça, puis il lui a demandé : « Toi qui me connais depuis quinze ans, tu ne peux pas me laisser tomber? ».

Je ne sais comment ça s'est terminé.

Mais maintenant, c'est simple, pour les Arabes, dès qu'ils font une connerie, ça y'est : hop ! c'est l'expulsion. C'est vrai, qu'est-ce qu'il avait fait ? Rien du tout.

Une bagarre, je ne crois pas que c'est une affaire.

Il paye ce qu'il avait fait en tant que mineur. C'est difficile de dégager un mineur… Alors ils attendent qu'il soit majeur.

Qu'est-ce qu'on peut faire contre un avis d'expulsion ? Pas grand-chose.

J'ai un ami qui a été expulsé et il a pu revenir en France. Ses parents connaissaient le maire de la ville. Le maire leur a expliqué qu'en passant par en-dessous,* il pourrait peut-être s'arranger. Et en fin de compte, effectivement, l'arrêté de l'expulsion a été annulé.

J'en connais un autre qui a été expulsé et qui est rentré en France. Ceux qui rentrent, la plupart du temps, passent par le Maroc et l'Espagne et de là, ils traversent la montagne et rentrent en France : c'est facile.

Il y en a d'autres, quand ça leur arrive, ils prennent la carte de résidence de quelqu'un d'autre. Ou bien, entre frères, ils s'envoient la carte : c'est une fausse résidence. Mais maintenant, ça ne marche plus car, avec l'ordinateur, ils s'en aperçoivent tout de suite.

Ce qu'ils font aussi : ils envoient la carte du frère qui a à peu près le même âge. Comme pour les Français, tous les ratons se ressemblent, ça ne se voit pas.

Il peut même travailler au nom d'un autre.

Mais c'est très dur : ils sont traqués ; comme des renards. Ils sont fous, ils ont peur.

Il y a beaucoup de gens qui ont été expulsés et qui reviennent en France.

Je crois qu'il faut faire quelque chose.

Texte 2.9 *Extraits de Sophie Jacquin, 'Vivre au pays', dans* Avec, *décembre 1984*

Silhouettes massives et noires des montagnes se dégageant soudain de la nuit. Des touches de lumière rose auréolent les villages qui se sont hissés aux sommets. Et puis le jour ruisselle dans les vallées. La Kabylie se réveille en sursaut.

Sleiman, Mohammed, Saïd, Rabah, se lèvent à leur tour dans ce pays qu'ils avaient quitté il y a dix, quinze, vingt ans, pour venir travailler en France. Ce pays, leur pays, ils l'ont retrouvé depuis quelques mois pour y vivre définitivement. La proposition de la Régie Renault, au début de l'année, d'offrir une aide d'environ 60.000 francs à tous les travailleurs de nationalité étrangère souhaitant retourner dans leur pays d'origine, a provoqué un déclic dans leur tête. Ils avaient enfin l'occasion de réaliser ce qui n'était qu'un rêve ressassé au fil des jours.

Ils avaient dû abandonner leurs amis, leurs terres, souvent leur femme et leurs enfants, pour venir chercher du travail pendant les années soixante, dans une France alors prospère. Aujourd'hui, c'est en sens inverse qu'ils retraversent la Méditerranée, poussés essentiellement par la crainte du chômage. *«La France est devenue intravaillable»*, explique M'Zab, un ancien de chez Renault, à la retraite depuis quatre ans. Le racisme croissant y est aussi pour beaucoup. *«A la télévision, dans les journaux, ils parlaient tout*

le temps des immigrés, s'indigne Sleiman Bouchelagem, ancien monteur à Billancourt. *Alors, après douze ans chez Renault, j'ai décidé de rentrer chez moi.»* Mais surtout, tous le disent, vivre au pays, *«c'est mieux pour la famille»*.

Beaucoup étaient venus seuls en France et ne la visitaient qu'un mois par an en touriste. C'est pour la famille qu'ils travaillaient, qu'ils économisaient. Pour lui assurer un peu de confort. C'est pour elle qu'ils ont choisi le retour. Entourés des leurs, encore tout étourdi d'avoir débarqué, il leur faut inventer une nouvelle vie, un nouvel emploi du temps.

Rizki Ferrah est rentré en août. Il a passé quatorze ans en France, dont sept chez Renault, à la chaîne peinture de Billancourt. Dans son ancienne chambre d'enfant donnant sur la rue principale de Dra ben-Kedda, près de Tizi-Ouzou, il vient d'ouvrir avec son frère un commerce de fruits et légumes. *«Avec l'aide de Renault, j'ai pu m'acheter deux voitures. Tous les matins, à 5 heures, je vais à Tizi-Ouzou acheter en gros des fruits et légumes aux paysans. J'ouvre le magasin à 8 heures et je le ferme vers 20 heures. Si l'épicerie ne marche pas, je ferai le taxi, j'ai ma licence. Avec mes économies, j'ai pu faire construire ma maison. Pour le moment, il y a six pièces mais, plus tard, j'élèverai un étage si mon frère vient habiter avec moi.»* Rizki est serein quant à son avenir. Son projet, il y pense depuis 1980, depuis la loi Stoléru.* Il l'a soigneusement préparé et, à part les tracasseries de la police à propos de son étalage mordant sur la chaussée (*«Il faut bien que je montre mes produits si je veux les vendre»*), il ne regrette rien de sa décision.

[...] Sleiman Bouchelagem a vu trop grand. Il est parti avec une Renault 18* et un camion SG4. Seulement voilà, pour atteindre sa maison d'Ouled el-Djenane, il faut prendre une mauvaise piste, et il ne peut pas conduire longtemps en raison d'un accident de la colonne vertébrale. *«Je suis coincé ici maintenant*, dit-il amèrement, *et je dois emprunter pour nourrir mes enfants.»* Plutôt que de s'endetter avec les droits de douanes, très lourds sur les véhicules et les fusils de chasse, Sleiman aurait pu utiliser plus judicieusement son aide en achetant, par exemple, un terrain à cultiver ou un fonds de commerce au village.

Il ne suffit pas en effet d'être «riche en véhicules»,

encore faut-il avoir un projet bien défini pour travailler en Algérie. Le retour au pays ne s'improvise pas. Bien sûr, la multiplication des chantiers de construction — le pays est couvert de maisons aux murs hérissés de tiges métalliques attendant un complément de parpaings ou de briques — offre la possibilité aux possesseurs de camions de s'établir transporteurs de matériaux de construction, en raison précisément de la pénurie des moyens de transport en Algérie. Mais avant de se lancer dans une telle entreprise, il est nécessaire de mettre quelques atouts de son côté: vivre dans un village facile d'accès, avoir des amis déjà dans le métier [...]

Le travail, c'est vrai, il y en a en Algérie. Les difficultés concernent plutôt la réadaptation familiale. Ceux qui avaient laissé leur famille au pays se retrouvent nez à nez avec des enfants qu'ils n'ont pas vus grandir. Un gamin de quatre ans refuse d'appeler papa ce monsieur entr'aperçu l'espace de quelques étés et s'enfuit dès qu'il s'approche. Les enfants nés en France, habitués aux distractions des villes, ne rêvent que de flippers, de copains et de cinéma, tandis que les femmes, même si elles sont très heureuses d'avoir retrouvé le clan familial, regrettent les magasins de Paris, leur liberté d'aller et venir.

[...] Dans ce minuscule village [...] tout le monde a un fils, un frère ou un cousin qui a travaillé ou qui travaille encore chez Renault. Le muletier, apprenant notre venue,* vient nous demander timidement des nouvelles de son fils. Des générations d'ex-travailleurs de chez Renault se superposent. Les plus anciens avaient encouragé, par leurs conseils, les départs des plus jeunes. Ils se retrouvent aujourd'hui échangeant leurs souvenirs.

Le passage en France a été vécu pour Ferrah comme une parenthèse. «*Mes quatorze ans à Paris se sont passés comme une journée*», affirme-t-il. Termèche, en revanche, reste nostalgique. «*Quand j'ai rendu ma carte de résident en France, j'ai pleuré*, avoue-t-il. *Ça m'a fait mal au cœur de laisser la Régie.* Mais que voulez-vous, mes enfants risquaient de devenir des voyous là-bas. C'est mieux pour eux ici.*» «*J'ai deux pays*, constate Mohammed Zioui, *la France et l'Algérie.*» Pour Coco, pas de regrets, mais la curieuse impression d'être un étranger dans son propre pays. «*Je connais mieux Paris que l'Algérie*», reconnaît-il.

Texte 2.10 *Synopsis du film* Nasdine Hodja au pays du business, *réalisé par Jean-Patrick Lebel (1984). Source: Dossier de presse diffusé par Périphérie: Centre Régional de Création Cinématographique en Île-de-France, Bobigny*

Cinq garçons, enfants d'immigrés, nous font le récit de leurs années de jeunesse, nourri à la fois de la tradition des conteurs arabes et des mythes de l'aventure moderne véhiculés par le cinéma. Y souffle un esprit ludique conservé de l'enfance encore proche, qui transforme les péripéties de la vie quotidienne en autant d'aventures cocasses, émouvantes, exaltantes ou tragiques.

Le long voyage et le gigantesque effort de promotion sociale de leurs parents n'ont abouti, pour eux, qu'à la constatation que leur avenir social est bloqué. D'où les tentations de la marginalisation (la délinquance comme issue chimérique, la drogue comme refuge...), vécues à l'intérieur de leur propre déracinement, accentuées par leur double appartenance, les interférences et les déchirements culturels dont ils sont constamment l'objet.

Ils nous racontent également un moment de l'histoire d'une cité de banlieue, ni pire ni meilleure qu'une autre ; l'histoire du «business», moment d'utopie romantique où une certaine forme d'escroquerie a pu leur apparaître commun un moyen «d'en sortir».

Atmann. C'est le plus âgé des cinq. Il est allé jusqu'en terminale. Il nous raconte le «business» dont il a été sinon un des initiateurs dans sa cité, du moins un des brillants continuateurs. Il parle sans fard et avec un humour désinvolte de ses années d'arnaque, d'escroquerie sur chèques et autres «coups de basket». Périple qui l'a mené en prison. Aujourd'hui, sorti de la «galère»,* il travaille comme animateur socio-culturel et essaie de «percer» par des moyens légaux.

Djamel F. Frère cadet d'Atmann. Bien qu'ayant partagé «toutes leurs petites conneries» et le même cadre de vie qu'eux, il a «choisi de ne pas avoir le même vécu» que ces jeunes de la cité qui se droguent et sont poussés à la délinquance par la came. Vouant un immense respect à son père et au chemin qu'il a parcouru, il est tenaillé par la volonté de «s'élever dans la société». Lui aussi a choisi la «voie de l'animation». Il a même passé des diplômes.

Moulouk. Son père est mort, renversé par une voiture, quand il était enfant. Il a été élevé par une mère seule. Ejecté–dégoûté du système scolaire en classe de 5ème,* à l'âge de quinze ans, il s'est retrouvé pris dans l'engrenage de la drogue de quatorze à dix-huit ans. On l'appelait «l'infirmier». Sa «shooteuse»* lui assurait sa dose de poudre quotidienne. Tous les jours «en galère», à la recherche de quelqu'un pour «le faire tourner» en échange de sa «pompe».* Conduit à commettre un «délit moyennement grave», il se retrouve en prison ferme pour un an. Cure de désintoxication forcée. Il cherche farouchement à comprendre pourquoi il se droguait. Aujourd'hui, il travaille par ci par là et bricole de temps en temps dans un garage.

Djamel B. Évincé du système scolaire et «orienté» vers un CAP* après la 5ème, il se rebiffe. Grâce à des petits boulots divers il «se paie» un collège privé et parvient à réintégrer le cycle long.* A la force du poignet* et poussé par ses parents (il est le seul garçon de la famille), il se retrouve à vingt ans en terminale G, à préparer un bac comptabilité. Après cet effort continu pour acquérir un certain niveau d'études générales, conscient qu'il ne pourra pas aller plus loin, il sait qu'avoir le bac ou non ne changera pas grand-chose pour lui. Il en a marre et a envie de travailler, de gagner sa vie et le «monde concret». Il a été Président de l'ARAJ, association fondée par des jeunes de la cité Mitry et dont les cinq ont tous plus ou moins fait partie.

Razaouët. Lui aussi a perdu son père très jeune et a été élevé seulement par sa mère. De petite taille, évincé très tôt du système scolaire, il nourrit un complexe d'infériorité sur son intelligence, qu'il compense par une certaine agressivité apparente. Il parle très vite et manie le «verlan» avec un art consommé. En ce qui concerne le boulot, il a vécu un certain nombre d'expériences malheureuses et intermittentes (le plus souvent comme manœuvre), au cours desquelles il a eu toutes les peines du monde à s'adapter. Émergeant de la «galère» pour y retomber périodiquement, il fait partie de ces jeunes qui préfèrent une vie avec des hauts et des bas à une vie plate.

Texte 2.11 *Extraits d'Abou Myriam, 'Karim Kacel: Mon fils sera peut-être ministre', dans* Croissance des jeunes nations, *février 1986*

Venu à la chanson tout à fait par hasard, Karim Kacel vit, depuis trois ans, une belle aventure. Ce jeune Algérien, animateur dans une école maternelle à Ivry-sur-Seine, remarque un jour l'annonce d'une maison de disques dans un journal. On recherchait de jeunes artistes auteurs-compositeurs chantant français pour une audition. Karim se présente parmi d'autres, nombreux. 35 secondes de chanson... Merci, on vous écrira!

Deux mois plus tard, il reste éberlué devant son poste de télévision. L'émission *«Moi, je»*, qui a filmé toute l'audition, demande aux téléspectateurs de voter pour le meilleur. Une unanimité plus qu'un plébiscite: ceux-ci donnent leurs suffrages à la chanson *«Banlieue»* de Karim. 35.000 lettres ont été envoyées à la maison de disques pour réclamer de 45 tours.* Un véritable coup de cœur du public.

«Le terme «banlieue» veut dire pour moi «à côté de». La banlieue est l'univers des gens mal dans leur peau, qui vivent des difficultés. Combien de jeunes passent devant un cinéma sans pouvoir y rentrer!... C'est la marge. C'est celui qui est toujours à côté de l'important. Je suis né en banlieue. J'y ai travaillé et j'y habite toujours. J'ai été confronté chaque jour à des enfants vivant dans le béton. Mon école maternelle est perdue dans le béton. Les enfants et les jeunes, souvent, ne connaissent pas autre chose. Leur cité, c'est leur ville; leur vie, c'est la banlieue. Ma chanson raconte cet univers auquel j'appartiens».

[...]

Ardent, sûr de lui, se plaçant résolument dans le camp des battants, il annonce avec fierté le succès inattendu qu'il rencontre de la France au Canada, en passant par la Belgique, la Suisse, l'Algérie et le Japon.

«Nous sommes comme les petits Noirs américains, qui veulent devenir champions du monde de boxe ou grands musiciens. Je voulais absolument m'en sortir. C'était ma rage. J'ai vécu la galère avec plein de copains, Mohamed, Philippe, José... Ce qui m'a sauvé, c'est ma rencontre avec un éducateur qui m'a dirigé et m'a aidé à devenir animateur auprès de jeunes enfants».

[...]

Y a-t-il dans sa création une sensibilité amenée dans la culture de ses parents et tout spécialement dédiée à la mémoire de la communauté maghrébine? *«Mes relations avec ma culture ne sont pas si simples. Certains essaient de tirer la couverture et de me récupérer dans leur clan. Un nationalisme ! Avant tout je suis un Algérien, mais je suis en France. On me demande pourquoi je ne chante pas en arabe. Je réponds: je chante, c'est tout. D'abord, je ne suis pas arabe, je suis kabyle. Michel Jonasz, qui est juif polonais, ne chante pas en yiddish ! Je ne veux être le porte-drapeau de personne. Le côté intégriste* musulman et les extrémistes de tous bords me répugnent. Je ne veux pas non plus être le chanteur de la deuxième génération de l'immigration. J'ai horreur d'être récupéré... Je suis chanteur «beur», mais non chanteur des «beurs». Voir un Arabe à 20h30 chez Drucker à «Champs-Elysées»,* les gens n'ont pas compris. Les Algériens non plus».*

Dans son album *«Gens qui rient, gens qui pleurent»*, la voix de Karim entonne *«N'écoutez que votre cœur, c'est là la vérité... Il n'y a plus de guerre».* Utopie? Naïveté? *«Je suis un doux rêveur, naïf. Peut-être. Mais doit-on continuellement se plaindre de la vie? Doit-on constamment pleurer? Mon père est venu en France en 1943. Il ne savait ni lire ni écrire. Il a travaillé toute sa vie à l'usine. A 65 ans, aujourd'hui, je peux lui dire que je n'ai manqué de rien. Je n'ai pas eu faim. Nous étions cinq enfants et je me demande comment il a fait pour s'en sortir. Si papa, sans instruction, a réussi, pourquoi pas moi? Les gens qui se plaignent m'agacent. Les Japonais qui ont pris Hiroshima en pleine figure sont aujourd'hui numéro 1. Le seul message que je veux apporter à la jeunesse, c'est l'optimisme et l'espoir. Sans cela, il vaut mieux s'allonger par terre et attendre la mort».*

Et l'insertion de la communauté maghrébine? *«Elle se fera. C'est obligé. Il n'y a qu'à ouvrir les livres d'Histoire de France. On se doutait que les enfants de ces «gens-là» n'allaient pas se cantonner à exercer les métiers de leurs pères! On n'avait pas pensé qu'il y aurait parmi eux des polytechniciens, des artistes, des avocats et demain un Président de la République, pourquoi pas? Nous sommes des précurseurs. Mon fils sera peut-être ministre!»*

Texte 2.12 *Mehdi Charef, 'J'ai écrit mon premier roman pour eux', dans* Migrants Formation, *mars 1984.*

Mes études primaires furent perturbées par la guerre d'Algérie qui secoua mon enfance.

J'eus juste le temps d'apprendre l'alphabet et nos instituteurs* se démobilisèrent pour se rapatrier vers la France.

C'était les heures chaudes de la guerre. Les écoles fermèrent. Nous les enfants, nous n'étions pas malheureux. Insouciant, je me souviens d'interminables vacances dans une ville en ébullition.

Faute de m'instruire, je vaquais à quelques menus travaux qui me rapportaient quelques sous pour ma mère.

Vendeur sur les marchés, vendeur de journaux jusqu'à la nuit tombante, sans souci des leçons à apprendre ou des devoirs à finir. Et ce, jusqu'à l'âge de onze ans.

Quand ma famille émigra en France, j'étais quasiment analphabète.

La France... Nanterre, les bidonvilles... les «sixties» et la classe de rattrapage où était entassée toute la mauvaise herbe de l'établissement : fils d'alcooliques, de gitans, d'immigrés, cas sociaux,* etc...

Je pris rapidement conscience de la nécessité de m'en sortir au plus vite. A la récréation, par exemple, notre classe était montrée du doigt par les autres élèves, nous étions la classe des fous dont on se moquait en mimant des singeries.

Je me cachais de honte, devant ce clivage avec le reste de l'école.

J'ai vite appris à lire et écrire, angoissé à l'idée d'être un cas. Après maints efforts consentis dans ma tâche, mes progrès furent reconnus. On me changea de classe pour une vraie.

J'étais le plus âgé de celle-ci, certes, mais l'instituteur m'aida pour m'y accrocher. Ce fut, je l'avoue, très dur, d'autant plus quand les parents, comme les miens, analphabètes, ne pouvaient m'aider d'aucune manière.

Je pris l'initiative de prendre des cours individuels que des jeunes étudiants bénévoles donnaient, quand mes copains étaient sur le terrain de foot.

J'ai ramé* pendant deux ans. Jusqu'au jour où l'instituteur, en nous rendant nos compositions françaises s'écria à l'adresse des élèves français:
– Quand je pense que c'est une Arabe qui est le premier en français...!

C'était moi et nous étions trois Arabes sur trente élèves.

Je pris sa colère pour un compliment.

De la lecture, et par la lecture, j'ai donc entrepris mon sauvetage. D'abord les livres de classe, les illustrés, la bande dessinée, et les premiers livres de poche accessibles.

Je dévorais Molière grâce à un prof, et d'autres «Français», jusqu'à la littérature russe et enfin Miller, Henry Miller.*

C'est à lui que je dois mes plus beaux moments de lecture. D'espoir surtout. Porté par son style, sa verve, j'oubliais les bidonvilles, les cités de transit, les H.L.M., le racisme quotidien, si marquant pour l'adolescent que j'étais, pour m'introvertir* dans des rêves littéraires où les mots cachés dans les phrases me réchauffaient le cœur, en attendant mon heure.

Je n'en parlais pas aux copains. Foot-ball d'abord.

Beaucoup de jeunes de ma génération pensaient à la boxe, au foot, pour s'en sortir.

Les terrains vagues sont faits pour errer. Nous errions le jour dans la boue et la fumée dense des cheminées, la nuit dans nos têtes.

Écrire ! c'était mon rêve : Conter, narrer, raconter les miens, les immigrés avec tout ce qui fait qu'ils sont toujours là, debout.

J'ai écrit mon premier roman* pour eux.

Je voudrais aussi rendre hommage à ceux et celles des miens, de ma génération, qui n'ont pu s'en sortir, trouver leur voie, et qui n'avaient ni les moyens ni la force de résister à l'oppression extérieure.

A ceux et à celles que l'on n'a pas aidés, écoutés, et qui se sont retrouvés à Fleury-Mérogis* ou à Marmottan.*

Texte 2.13 *Rédaction inédite de Nadia Benharbia (1986)*

Mon père est arrivé en 1968, il ne savait pas du tout parler français, il a trouvé un travail et grâce à ses copains, ses camarades de travail, il s'est intégré dans la vie de tous les jours en France et a appris le

Nadia Benharbia

français. Puis il est retourné en Tunisie où il s'est marié avec maman en 1968.

Maman ne savait pas non plus parler français mais elle a appris très vite car elle a trouvé un travail dans la même usine que mon père. Leur nourriture n'était pas du tout la même que celle des Français, le mode de vie non plus...

Et lorsque je suis venue au monde en 1971, mes parents ont déménagé et sont venus à St-Pierre-des-Corps,* où je vis encore. Avant que je rentre en maternelle, je ne savais pas un mot en français, je ne parlais que tunisien, mais dès que je suis rentrée en maternelle je me suis très bien adaptée et je ne savais parler qu'en français, j'ai complètement oublié le tunisien. Ma sœur est venue au monde en 1978 et a vécu la même expérience que moi.

Mais maintenant, tout va bien, nous n'avons plus les coutumes tunisiennes à part le Ramadan et les fêtes. On parle français, toute le famille, mon père, ma mère, ma sœur et moi. La nourriture est la même. Nous ne sommes presque plus tunisiens mais français. Ma sœur et moi donc sommes nées en France et continuons nos études jusqu'à la fin.

Je suis en 3ème* et j'espère continuer pour avoir mon bac et achever mes études en devenant pédiatre. Et quand j'aurai terminé mes études, j'irai sûrement en Tunisie, j'aurai des problèmes pour m'intégrer mais ce n'est pas grave car je le veux vraiment.

Texte 2.14 *'Il avait enlevé sa sœur qui refuse un mariage forcé', dans* Ouest France, *28 novembre 1985*

Une jeune Roubaisienne* de 20 ans, Nora B., Française d'origine algérienne, avait fui le domicile de ses parents où elle demeurait parce qu'elle voulait échapper au mariage que, selon la coutume algérienne, sa famille voulait lui imposer. Elle se réfugia à Argenteuil chez une amie, dans un foyer d'accueil.* Son frère, Rachid, âgé de 30 ans, est venu la chercher et l'a obligée à regagner le domicile familial. Mais l'amie qui l'avait hébergée a prévenu les policiers d'Argenteuil, qui ont alerté leurs collègues de Roubaix. Rachid et Nora ont été interpellés, puis remis en liberté, mais pas en même temps. Nora a pu trouver, grâce à la DDASS,* un refuge gardé secret.

Texte 2.15 *Extrait de Martine Charlot, Annie Lauran et Ahmed Ben Dhiab, 'Mon Avenir? Quel avenir?': témoignages de jeunes immigrés, Paris, Casterman, 1978. Copyright by Éditions Casterman*

« Je suis née an Algérie. Je n'ai pas beaucoup de souvenirs du temps que j'ai passé là-bas, mais ce ne sont pas de bons souvenirs. C'était la guerre. Il y avait beaucoup de remue-ménage. Je suis arrivée à huit ans, pour retrouver mon père et mon frère aîné. Mon père était cantonnier à la ville de Paris. Je lui en ai tout de suite voulu d'avoir choisi la tranquillité, en France. On habitait alors à Neuilly. Je ne parlais que le kabyle. Je suis allée à l'école, mais je n'ai pas pu suivre. Je ne supportais pas la nourriture. J'avais des maux de tête. On m'a envoyée dans une maison d'enfants pendant six mois, puis je suis revenue à Neuilly. Je commençais à faire des progrès lorsque mon père a pris une épicerie à Puteaux. Là, il fallait l'aider à porter les caisses. A l'école, j'ai rencontré le racisme. On ne s'occupait pas de nous, les Algériens. On se retrouvait seuls à la récréation. On nous accusait d'avoir des poux, et les autres ne voulaient pas jouer avec nous. J'ai dû me battre plusieurs fois avec des filles. On a encore déménagé pour Bezons, où mon père avait acheté une épicerie. Il ne voulait pas qu'on se fasse remarquer : c'était une question de réputation... Un jour, à dix-huit ans, ma sœur aînée a fait une fugue. Elle n'est pas rentrée à la maison. Ça a été dramatique. Mes parents l'ont tout de suit mariée d'une façon traditionnelle. Moi, j'avais quinze ans. Mon père n'avait plus confiance en moi. A la maison, c'était devenu insupportable. Il nous terrorisait. Il fallait travailler comme des esclaves à l'épicerie. Comme je commençais à me révolter, mon père m'a battue. Je suis allée au commissariat pour savoir si les parents avaient le droit de frapper leurs enfants. «Ils» sont venus à la maison pour voir, et après, mon père nous a battues encore plus fort. Je suis retournée au commissariat pour montrer les marques des coups que l'on a fait constater par un médicin. Mon père a été convoqué devant le juge qui m'a fait placer dans une maison d'enfants. Mon père a pris de bonnes résolutions et le juge m'a forcée à revenir chez lui. Au début, ça allait. Je suis retournée à l'école. Lorsque j'ai eu seize ans, mon père a décidé de me marier comme ma sœur aînée, avec un garçon dont nous avions hébergé la famille. Avant, j'avais essayé de parler d'un ami marocain à mes parents : je pensais que je pourrais l'épouser pour divorcer après! Mais ce n'était pas un Kabyle... Nous, les filles, nous vivons déchirées entre la vie, ici, en France et les coutumes de la famille. Mon père a recommencé à me frapper. Je ne devais plus sortir de la maison. Je n'allais plus en classe. Je passais mon temps dans ma chambre. Je l'avais bien décorée... Je n'ai rien fait d'autre pendant plusieurs mois. Et puis, un jour — j'avais dix-sept ans et demi — mon frère aîné est revenu habiter à la maison. Mon père m'a obligée à lui donner ma chambre. J'ai refusé. J'ai pris des cachets, des somnifères... Je me suis retrouvée à l'hôpital. Une assistante sociale a pris contact avec le juge des enfants. Je me suis retrouvée au tribunal. On m'a placée dans un foyer éducatif et je suis allée au service de la consultation en milieu ouvert.* J'avais peur que l'on me remette à nouveau en relation avec mon père. Je sentais que l'éducatrice était obligée de fair certaines choses à ce suject... J'ai trouvé un travail d'aide-soignante dans un hôpital. Au début, j'espérais pouvoir passer un examen, mais on m'a dit que ce n'était pas possible à cause de ma nationalité.* Je suis dans cet hôpital depuis cinq ans. Je n'ai pas eu de problèmes de racisme. Depuis l'école, je n'en ai d'ailleurs pas eu (Assia ressemble très peu à une Algérienne telle qu'on les imagine). Depuis l'affaire dont j'ai parlé, je n'ai jamais revu ma famille. Je n'y tiens pas. J'ai rencontré un Français, Roger, avec lequel je me suis mariée. J'ai eu beaucoup de difficultés pour les papiers au moment du mariage. Je craignais que mon père ne soit au courant. J'avais même peur de la publicité du mariage. Maintenant, c'est fini. J'attends un bébé. Je vais changer mon nom. Je m'appelle Anne. Je suis très bien acceptée par ma belle-famille. J'ai complètement changé de vie.»

En effet, Assia semble heureuse. Elle a choisi un mari qui est, selon elle, l'opposé de son père et des garçons arabes avec lesquels elle ne veut plus avoir aucun rapport. Durant l'entretien, Roger s'étant discrètement retiré pour préparer le repas dans la cuisine, elle remarque : «Tu vois comme il est gentil... Jamais un mari arabe ne se comporterait de la sorte.» Et elle termine en disant : «Je renais. J'ai moins peur. Avant je rêvais beaucoup à ma famille. Maintenant, je rêve encore quelquefois que je me trouve avec eux, mais alors j'ai des ailes, je m'envole... L'important actuellement est le bébé à venir. Je voudrais donner à cet enfant les conditions de vie que je n'ai pas connues...»

3
Culture and identity

The word 'culture' may be employed in many different senses. In the present context, two meanings in particular may be usefully distinguished. According to the first of these, a culture is a shared way of life. As such, a culture has two key features: it is shared by a community of people, often referred to as an ethnic group, and it may extend across every sphere of life from economics and politics to art and religion. A second sense of the word limits culture to artistic and intellectual activities, and often emphasizes the creative role of the individual. International migrations involve major processes of interaction between different cultures in our first sense, and it is around these that the present chapter is structured. Culture in the narrower artistic sense is an important element in this mosaic, for it is in intellectual constructions of this kind that cultures in the wider meaning of that word find their most conscious articulations.

Culture in both senses has its roots in the interaction between the individual and those around him. Creative writers, for example, would be unable to communicate with their readers if they did not possess a common language, and communication in turn is fundamental to the construction of a shared way of life. No two human beings are exactly alike in their personalities or experiences, so to speak of a group having a shared way of life may be a little misleading if this is understood to mean that all its members behave in a completely identical fashion. Rather, their behaviour displays certain similarities, particularly when compared with that of contrasting ethnic groups, and those who participate in the same culture feel an affinity with each other despite individual differences between them. What they have in common are shared means of understanding and social organization, though the details of their daily lives will fit into different parts of the overall structure.

A person fully at home in a single culture feels that all the different parts of his social experience hang together: he has no difficulty in seeing the various activities and people with whom he engages as connected parts of a coherent whole. Thus in the case of an Algerian peasant, this applies equally to his daily work in the fields, his choice of food and clothes, and his participation in prayers at the mosque. If he moves to a job in a French factory and attempts to transfer across the Mediterranean the rest of his lifestyle, many parts of it will prove incompatible with his new situation, and will appear grossly out of place to most people living in France. For the French, too, share their own forms of understanding and organization distinct from those obtaining in other parts of the world. The presence in France of ethnic minorities with different beliefs and customs in many spheres of life consequently raises enormous problems of understanding and adjustment between different cultures.

The identity of an individual depends partly on his inner personality and partly on the social groups with whom he is associated. Migrants and their families spend various parts of their lives in different cultures, whose norms often conflict. These conflicts may sometimes be resolved by compromises; at other times, painful choices may be necessary. For those involved in it, therefore, migration is liable to raise testing psychological difficulties which may in some cases develop into full-scale identity crises. In France, writers and artists have traditionally been preoccupied with exploring the nature of personal and social identity. As members of the immigrant community have begun expressing their ideas and experiences in artistic forms carried with them from

31

overseas or indigenous to France, they have helped to create a record of the interaction between French and foreign cultures arising from international migrations. Extracts from some of their works are included in this and other chapters.

Most North African emigrants were illiterate, and were consequently limited in their capacity to publicly communicate creative responses to their experiences. Text 3.1 is from a novel by a professional Algerian writer, Rachid Boudjedra, describing the experiences of a migrant worker newly arrived in France who becomes lost in the Paris 'métro'. His bewilderment may be read as an extended metaphor of the cultural disorientation experienced by migrants in many aspects of their lives. With no knowledge of French, the protagonist is unable to understand the maps and signs which surround him on the underground: he is uncertain, for example, as to whether he has reached the Bastille station, despite the presence of signs proclaiming this. Neither can he understand the words or behaviour of his fellow passengers, or the meaning of the advertisements covering the station walls, which assume a knowledge of sexual and other mores completely foreign to the Algerian village from which he comes. The incomplete sentences used on occasions by Boudjedra reflect the protagonist's inability to attain mental control over his situation. He finally dies at the hands of a motorcycle gang.

The single most important element in the cultural fabric of North Africa is, of course, Islam. The Islamic religion was founded in the Arabian peninsula during the seventh century AD by the prophet Mohammed, and quickly spread over a large area, including North Africa. Mohammed's teachings were recorded in the Koran, which for Muslims has a similar role to that of the Bible among Christians. For many centuries, the Church in Europe was closely involved with the State in the ordering of society, and this has left a substantial mark in many fields of life. But in modern times, with the decline of religious belief in Europe, Church and State have generally gone their own ways, and secular values have become increasingly dominant in the organization of society. By contrast, in Islamic countries holy teachings are regarded as fundamental to all aspects of life, and enjoy State backing in many spheres.

This applies, for example, to family relations, where Islamic law, based on the teachings of Mohammed, differs markedly from European norms (see chapter 5). For instance, Islam prescribes a much more subservient role for women than is now customary in Europe. The social modesty expected of Muslim women is reflected in their dress, which is traditionally required to cover as much of their body as possible (hence the use of veils in many Islamic lands, though not in Kabylia). The circumcision of boys at an early age marks the beginning of their preparation for the dominant family role which they will be expected to play as grown men. Islamic teachings also apply to many other aspects of daily life, including diet. The consumption of alcohol and pork is forbidden, and other types of meat have to be slaughtered in conformity with rules similar to those applying to kosher foods among Jews.

The maintenance of such norms in their daily lives, together with the observance of religious practices in the narrower sense of ritual and prayer, is not an easy proposition for Muslims in France. All Muslims are expected to pray five times a day, and men are normally required to attend a mosque on Fridays. Every year, the Muslim community observes Ramadan, a month-long period during which nothing may be eaten or drunk between sunrise and sunset each day; the evenings often involve lively celebrations. As North Africans became more settled in France, mosques began to multiply (text 3.2), and many Frenchmen were taken aback by the proliferation of premises and rituals belonging to a cultural register beyond their customary horizons. The suspicions and misunderstandings to which this cultural gap could give rise are illustrated in text 3.3.

In modern societies, the shared norms on which cultural systems depend are transmitted in three main ways. The first of these is the family, the earliest and most all-embracing phase in the socialization process through which every human being passes. Next come educational institutions, which in western countries funnel vast amounts of structured information and skills into young minds over a period of at least ten years. Finally, the mass media (television, radio, newspapers, etc.) have a major standardizing influence on their audiences. As they grow up, most people experience a substantial amount of overlap between these different forms of socialization: parents often reinforce lessons learnt at school and vice versa. But, for the children of migrants, conflicts are far more common. At home, North African Muslims use their native tongue to inculcate in their children a world view radically different from that prevailing in the secular teaching programmes of the French educational system. Not surprisingly, learning difficulties are high among immigrant schoolchildren, who consequently enter the job market at a considerable disadvantage (text 3.4). Studies by social scientists have also suggested that identity crises provoked by these cultural tensions may help to account for high rates of juvenile delinquency among the children of immigrants.

The Socialist government elected in 1981 tried to narrow the gap between home and school where immigrant families were concerned by giving increased emphasis to multi-cultural education, often referred to in French as 'l'interculturel'. Education Minister Jean-Pierre Chevènement insisted that this presented no threat to the national identity of France (text 3.5), but some members of the teaching profession were unconvinced (text 3.6).

The cultural tensions experienced by youths from immigrant backgrounds fall into particularly sharp relief where their choice of nationality is concerned. Under the nationality laws prevailing in post-war France, children born there of foreign parents automatically acquire French citizenship on reaching their eighteenth birthday, unless they make a formal declaration to the contrary. In addition, any child born in France from 1963 onwards automatically enjoys French citizenship from birth if his parents were born in Algeria prior to independence in 1962. This is because during the colonial period, Algeria was officially regarded as an integral part of French territory, which meant that its Muslim inhabitants were also considered to be French. (This did not apply to Morocco and Tunisia, which were officially protectorates rather than colonies.) After independence, the Algerian government rejected this interpretation, and regarded all children born in France of emigrant parents as Algerian from birth. Since the French and Algerian governments refused to recognize the validity of each other's claims, the

sons and daughters of Algerian immigrants born in France since 1963 have found themselves the subject of conflicting nationality laws under which both states have claimed to have jurisdiction over them. This meant, for instance, that France and Algeria each reserved the right to call up these youngsters for military service, even if they had already discharged this duty in the other country; it was not until 1984 that the two governments agreed to regard the fulfilment of military service in one country as grounds for exemption by the other.

Their parents generally regard these youngsters as Algerian, and in many of their own dealings, too, the French authorities often fall in line with this, despite the official position laid down by French law. From the age of sixteen, however, everyone living in France has to have either a national identity card or, in the case of foreigners, a residence permit (generally referred to as a 'carte de séjour', though official designations have varied), and compliance with this legal requirement often entails an agonizing choice (texts 3.7 and 3.8). Small wonder that the children of migrants sometimes feel like the young woman who wrote text 3.9.

Yet it would be wrong to view these cultural tensions in a completely negative light. Youths from immigrant backgrounds have successfully drawn on their mixed cultural heritage to create strikingly original rock music, for example (texts 3.10 and 3.11), as well as their own local radio stations, the best known of which is Radio Beur (text 3.12). The present volume also contains examples of plays, poems, and prose writings giving creative expression to the emerging sense of identity found among these second generation 'immigrants'.

The impatience of Samia Messaoudi, a Radio Beur presenter interviewed in text 3.13, over the marginalizing implications of the 'second generation' label is understandable. While repatriation may still be a viable option for some first generation immigrants (see text 2.9), for most of their children it would now be a form of exile (text 3.14). Wherever they find themselves, the sons and daughters of North African migrants will no doubt feel pulled between rival cultures, but it now seems clear that for most of this generation home, in the final analysis, will prove to be France.

DOCUMENTS

Texte 3.1 *Extrait de Rachid Boudjedra,* Topographie idéale pour une agression caractérisée, *Paris, Denoël, 1975*

Se répétant qu'il n'avait pas de crainte à se faire et que tout allait rentrer dans l'ordre comme ces lignes qui savent toujours où elles vont même si elles n'ont pas l'air d'aboutir à quelque réalité tangible, si compliquées et incompréhensibles qu'elles fussent car leur disposition a bien un sens même s'il est caché pour lui, mais au fond il se disait tout ça pour se rassurer et tenter d'oublier certains regards qu'il avait surpris au moment où allant prendre sa valise posée à côté de la porte, il s'était retourné vers ses compagnons de voyage pour leur demander : BAS-TI-ILLE? les autres à demi surpris, à demi choqués ou à demi gênés par cette question inattendue et qui n'avait pas de sens puisque le mot BAS-TI-ILLE s'étalait partout blanc sur fond bleu dans une sorte de multiplication répétitive, tous les dix mètres et des deux côtés de la voie; certains y voyant même une provocation, une sorte d'ironie interrogative dans un accent qui faisait vrombir leurs oreilles habituées à. C'est peut-être à ce moment-là que quelqu'un a envoyé sa valise promener sur le quai d'un seul coup de pied ou de botte, que lui a eu juste le temps d'aller la ramasser avant la fermeture des portes et que se produisit l'intervention du chef de station attiré par le bruit de l'objet tombant sur le sol du quai : BASTILLE? Il n'avait plus le temps de détacher ses syllabes disant très vite BASTILLE! perdant ainsi l'intonation interrogative au profit de la rapidité du débit n'entendant pas quelques mots fusant tous plus ou moins à la fois : couillon, non mais, minable, etc. Et l'autre le chef de station, jolie fille venue étioler son teint à cent mètres sous terre, disant sèchement à leur encontre : CIRCULEZ!

Une sœur jumelle en moins souriante de la grande fille en collant dont elle vante les qualités* sur un immense panneau publicitaire qui lui dégringole sur le visage après cette altercation dans laquelle il ne dit pas un mot; et lui regardant la photographie se disant : «Mais qu'est-ce que c'est que ça encore non franchement ils auraient dû me prévenir.»* Peut-être

pas eux, parce qu'ils n'auraient jamais osé parler de ça sinon entre eux bien sûr durant ces soirées inoubliables sur lesquelles l'ensemble du village ferme l'œil parce qu'ils le font vivre avec leurs économies ramenées de là-bas ou leurs retraites arrivant tous les trois mois avec une régularité métronomique; mais au moins la police ou les gens du tampon car des tampons il en a eu! ou quelqu'un sur le bateau qui lui aurait dit aouah* vois-tu tu ne devrais pas t'offusquer mais je vois bien que tu y vas pour la première fois, alors écoute. Même si le reste se perd dans le tohu-bohu de départ, les cris des mouettes excitées par l'offrande de pain et de figues que leur font les petits enfants; vois-tu, tu ne devrais pas. Et là maintenant avec cette affiche qui semble le défier, il se demande s'il doit regarder ou baisser les yeux. L'affiche représente un couple jeune et beau. L'homme assis sur une chaise longue, est habillé d'un peignoir de bain blanc. Devant lui sa femme (ou supposée telle puisqu'il porte une alliance tandis que celle de sa compagne n'est pas visible puisqu'elle a les deux mains derrière la tête) porte un collant lui montant jusqu'au bas du nombril. Et l'autre sa valise à la main ayant dans le dos comme une impression de brûlure (le regard méchant de la sœur jumelle de la fille au collant) avance péniblement car il y a beaucoup plus de monde maintenant à moins que l'affluence toute relative d'ailleurs n'ait un rapport avec la publicité (VRAIS DE CHESTERFIELD.* MAINTENANT LES HOMMES VONT AIMER LES COLLANTS) qui s'étale dans la lumière des tubes de néon dont un ou deux clignotent irrégulièrement parce qu'ils sont en mauvais état et qu'ils vont bientôt s'arrêter de fonctionner laissant en lui un trouble confus. D'autant plus que la jeune femme habillée d'un collant a le ventre nu et porte sur le haut* un chemisier noué à hauteur des seins. Avançant toujours, il essaie de voir comment les autres réagissent devant la photo mais à son grand dépit ou étonnement, il se rend compte que personne ne regarde et il se demande alors à quoi cela sert de décorer les couloirs de métro de femmes à moitié nues si personne ne s'y intéresse.

Texte 3.2 *Extraits de Marc Ambroise-Rendu, 'En France, l'Islam aux mille mosquées', dans* Le Monde, *2 avril 1985*

A l'ombre du seul minaret de la capitale,* derrière ses murs blanchis, la Grande Mosquée de Paris fait peau neuve. L'an prochain, pour le quarantième anniversaire* de sa construction, dans le cinquième arrondissement, la «cathédrale» des musulmans va tripler la capacité de ses salles de prière.* Au prix de près de 3 millions de francs de travaux – ceux-ci viennent de commencer – la Mosquée pourra accueillir décemment trois mille croyants au lieu de mille aujourd'hui.

Ce ne sera pas un luxe, car les jours de grande affluence près de 5.000 mahométans, épaule contre épaule et rigoureusement alignés «comme les dents d'un peigne», s'entassent jusque dans les patios* pour invoquer Allah. Chaque semaine, le bureau des conversions fait salle pleine. Des contrôleurs sillonnent la France pour vérifier que la viande destinée aux croyants est bien abbatue selon les rites. Chaque jour des «aumôniers» – ainsi que les appellent les musulmans eux-mêmes – vont porter la bonne parole dans les prisons et les hôpitaux. [...]

Au nombre de 2,5 millions – immigrés d'Afrique et d'Orient, anciens harkis, Français convertis, – les adeptes du Coran forment, après les catholiques mais avant les protestants et les juifs, le deuxième groupe confessionnel de l'Hexagone.

Compte tenu de leur taux de fécondité – notamment celui des familles maghrébines, – leur population augmente plus vite que les autres. Pour de multiples raisons – renouveau mondial de l'islam, mais aussi antidote au déracinement – leur désir de prier en commun s'affirme de jour en jour. En cinq ans les mosquées et les oratoires se sont multipliés de manière exponentielle. Le dernier recensement, effectué en 1983 par le services de police, dénombrait 437 lieux de culte répartis sur 60 départements. Paris venait en tête avec 51 oratoires, suivi par la Seine-Saint-Denis (43), puis le Nord et le Rhône (36 chacun). Mais chaque fois qu'une vérification est possible on s'aperçoit que les chiffres officiels sont très inférieurs à la réalité. Il faut tabler aujourd'hui sur un millier de lieux de culte islamiques, et les projets de création sont légion.

Tout a vraiment commencé à la fin des années 70, lorsque les travailleurs immigrés logés dans les foyers de la SONACOTRA lancèrent une interminable grève des redevances. Parmi leurs revendications, l'une parut à la fois surprenante et relativement facile à satisfaire: qu'on réserve aux musulmans, largement majoritaires, un local pour la prière en commun. Aujourd'hui 75 % des 600 foyers pour travailleurs célibataires possèdent un oratoire islamique. Et la SONACOTRA en prévoit un dans tout nouvel établissement.

Au foyer d'Aulnay-sous-Bois (Seine-Saint-Denis), par exemple, les résidents – pour la plupart algériens et marocains, – ont doublé la surface d'un garage à vélos pour l'aménager en mosquée. Grâce à une collecte, ils ont apporté les deux tiers des 250.000 francs du devis, puis ils ont retroussé leurs manches pour monter les murs et badigeonner les peintures. A Bagnolet, c'est dans les caves du foyer SONACOTRA que les mahométans ont installé leur salle de prière, méticuleusement propre et fermement surveillée. On connaît bien d'autres oratoires discrètement logés dans des appartements d'HLM et des vestiaires d'usine.

Très vite, ces «chapelles» attirent les croyants des alentours, et le vendredi elles se révèlent bientôt trop exiguës. L'Imam, c'est-à-dire le chef de prière, cherche un hangar, un pavillon, ou même lance un projet de construction. C'est ce qui s'est passé en 1980 à Mantes-la-Jolie (Yvelines), où les septs petits oratoires existants étaient débordés par les fidèles. Il est vrai que cette ville de 45.000 habitants compte 6.500 ouvriers maghrébins travaillant dans l'automobile. Malgré l'opposition de la droite, le maire socialiste, M. Paul Picard, quarante ans, céda un terrain à l'Union islamique des Yvelines. Celle-ci dépêcha quelques solliciteurs éloquents dans les pays du golfe Persique. Ils en rapportèrent les 6 millions de francs nécessaires à la construction d'un bel édifice dont le minaret fait aujourd'hui la fierté des croyants de Mantes et l'envie de ceux du reste de la France.

Le bureau parisien de la Ligue islamique mondiale – qui a son siège à La Mecque – favorise le développement des lieux de culte en France. En neuf ans, depuis sa création, il a soutenu financièrement deux cents projets. Selon son responsable, le

gouvernement et les bienfaiteurs privés d'Arabie saoudite envoient aux musulmans de France environ 15 millions de francs par an. La Libye, les Émirats,* l'Égypte y ajoutent leur écot.

[…]

Les mosquées sont-elles des foyers de propagande? Tous les responsables religieux s'en défendent énergiquement. […] Un catholique pratiquant, arabophone* et membre d'un cabinet ministériel, affirme qu'il a visité nombre de mosquées, et notamment le vendredi, jour de prêche. *«Je n'y ai jamais entendu que des propos strictement religieux, préconisant la tolérance envers les autres confessions.»*

Il est vrai que, à la mosquée-modèle de Mantes-la-Jolie, par exemple, on distribue gratuitement des opuscules en français qui diffusent un message de fraternité. Mais on en trouve d'autres plus surprenants, tel ce vade-mecum du missionnaire islamique édité à La Mecque, qui condamne les *«conciliateurs»*, rappelle que *«les juifs sont les ennemis des musulmans»* et affirme que c'est un péché de se consacrer à la seule dévotion sans se mêler de politique. Il évoque même l'exemple historique de Mahomet rassemblant tous les musulmans sous un seul étendard, pour préconiser la constitution d'*«une troisième force qui supplantera*

les deux superpuissances».

Ces rêves politico-religieux ont-ils prise sur les croyants de France? Fort peu, dit-on. Les lieux de culte deviennent, en réalité, des centres de vie musulmane. La moitié d'entre eux sont déjà dotés d'une école coranique où les enfants des immigrés se pressent le mercredi* et le samedi. Alentour, s'installent des boucheries, des boutiques, des librairies musulmanes. On y donne les adresses de médecins qui pratiquent la circoncision. On compte même, à Paris, deux agences matrimoniales exclusivement réservées aux croyants, et certains lettrés ont proposé d'ouvrir un lycée musulman dans la capitale.

Toute une société islamique affirme sa foi et suit son rituel. Or, quand elle est strictement appliquée, la loi coranique diffère par bien des côtés de nos us et coutumes. Sur bien des questions, les idées des musulmans ne sont pas celles – loin s'en faut* – qui prévalent en Europe occidentale.

Ces différences et le poids de l'histoire pèsent lourd dans les relations entre les musulmans et leur environnement. L'apparition des mosquées provoque des réactions d'intolérance. Chaque projet suscite de violentes polémiques. Et quand il s'en réalise un comme à Romans (Isère) ou à Saint-Etienne (Loire) il se trouve des excités pour tenter de dynamiter l'édifice-symbole. [...]

Comment intégrer les croyants de l'islam à la société européenne post-industrielle, sans qu'ils renoncent à l'essentiel de leur foi? Tel est le défi.

[...]

Le présence massive de ces communautés, leur installation progressive, symbolisée par la floraison des mosquées, leur croissance à venir, leur cohabitation avec les autres confessions, les réactions qu'elles provoquent, placent la France dans une situation complètement nouvelle et qui a surpris tout le monde. Pour l'heure, ils sont rares, du côté des adeptes du Coran comme du côté des hommes politiques français, ceux qui se sont préparés à gérer cette situation sans précédent.

Texte 3.3 *Extrait de Claude Guillon,* Le Maghreb là-bas et le Maghreb ici, *Paris, Secours Catholique, 1983*

Le majeure partie des travailleurs maghrébins occupant des postes de travail physiquement pénibles, à l'usine ou sur les chantiers, ils sont particulièrement exposés à des accidents de travail mutilants. Par ailleurs, leurs mauvaises conditions de logement et de vie en général, les exposent au développement de certaines maladies courantes telles que la tuberculose, les bronchites chroniques ou les affections digestives.

Or, pour les musulmans, l'homme étant «le vicaire de Dieu» sur terre, il fait un tout indivisible. Corps et esprit ne font qu'un. *Le tout* doit être maintenu en état de pureté et d'intégrité constante, par l'eau et par les diverses obligations religieuses.

Ainsi, les humeurs qui sortent du corps (urine, sueur, sang, etc.) sont considérées comme religieusement impures. Tout ce qui atteint l'intégrité du corps (mutilations, ablations, incisions, etc.) est vécu comme une atteinte à l'être tout entier – si l'on excepte la circoncision, dont la signification religieuse est particulière.

Il résulte de cela bien des malentendus et incompréhensions, tant à l'hôpital qu'avec les médecins et les organisations médico-sociales.

En effet, un travailleur maghrébin hospitalisé souffre particulièrement de son état d'impureté permanente auquel il voudrait remédier par un respect particulièrement scrupuleux des rites de sa religion. Ceci est rarement faisable, ni accepté, dans le cadre hospitalier.

Par ailleurs, s'il a subi un accident du travail mutilant, *il souffre psychiquement* beaucoup, même lorsque la stabilisation médicale de ses lésions est réalisée.

Lorsqu'il se plaint au médecin français de ses souffrances, celui-ci, constatant qu'il n'y a plus rien à soigner physiquement, considère vite qu'il exagère ou qu'il simule. Si cela dure, on le renvoie alors vers un psychiatre, lequel ne voit guère ce qu'il peut faire car son patient lui paraît sain d'esprit.

Il est fréquent que ce travailleur maghrébin doive garder en lui sa souffrance, qui n'a pas de place dans notre système de pensée, ni dans nos institutions médicales.

Il en résulte, pour certains, l'impossibilité *réelle* (et non imaginaire, comme on le prétend) de reprendre les travaux pénibles qui lui procurent le pain quotidien. Et comme les organismes de sécurité sociale ne veulent pas reconnaître cette invalidité, c'est alors l'impasse et la misère.

Texte 3.4 *Extrait de Joël Bodin et Sylvane Casademont,* L'Immigration, *Paris, Centre d'Information Éducative, 1983*

La plupart des jeunes immigrés restent très attachés à leur famille, au sein de laquelle ils vivent jusqu'à leur mariage. Ils subissent profondément les conditions de vie difficiles : logements exigus, peu confortables, concentration d'étrangers dans les mêmes quartiers, moyens financiers réduits, rejet ou racisme. Cela les conduit à se réfugier au sein de leur foyer où ils se sentent reconnus, appréciés, aimés. L'emprise que garde sur eux le milieu familial reste longtemps déterminante. L'exemple de familles maghrébines est révélateur. Les jeunes sont élevés dans le respect des parents, et de la répartition traditionnelle des rôles entre les sexes. L'homme est le détenteur de l'autorité et la source de revenus, la femme est la mère de famille, gardienne du foyer. A la puberté alors que les garçons sont très libres, presque livrés à eux-mêmes, les filles sont gardées à la maison pour être initiées à leurs devoirs de future épouse et de future mère. L'arabe, qu'il soit ou non parlé par les enfants, est employé couramment à la maison et compris par les jeunes. Pour les familles européennes, africaines ou asiatiques, le problème se pose en termes similaires : le foyer est le lien qui rattache les jeunes à leurs racines et le lieu où les parents leur transmettent la culture du pays d'origine, dont ils reçoivent bon gré, mal gré, leur part d'héritage.

FAMILLE ET ÉCOLE

La scolarité en France est obligatoire jusqu'à seize ans. Les jeunes étrangers, contraints de fréquenter l'Ecole française y découvrent un monde différent de l'univers familial. Les parents a priori s'en félicitent. N'ayant pas eux-mêmes la possibilité de faire des études, ils souhaitent que l'Ecole permette à leurs enfants d'acquérir des connaissances, une formation professionnelle, un «bon» métier, et peut-être une promotion sociale. Cependant l'institution scolaire les déroute. Ils tolèrent parfois mal les formalités administratives, les achats obligatoires, les horaires réguliers qui les privent de leurs enfants une partie de la journée. Ils n'osent pas assister aux réunions parents-professeurs. Ils éprouvent des difficultés à suivre le travail scolaire de leurs enfants. Illettrés ou peu cultivés, maîtrisant mal le français, ils n'ont pas les moyens de les aider à faire leurs devoirs. Les parents perdent très vite le contrôle des études, et les enfants sont obligés de se débrouiller seuls. Certains, les filles notamment, en profitent pour travailler avec acharnement et pour échapper aux corvées ménagères. Mais la majorité se décourage, se désintéresse.

DIFFICULTÉS SCOLAIRES

Les enfants étrangers sont donc placés dans un contexte peu favorable à la réussite. Beaucoup se sont inscrits dans les écoles ou les collèges à leur arrivée en France, sans connaître suffisamment le français. Ils ont du mal à s'exprimer et à comprendre, et doivent néanmoins étudier diverses matières. Rares sont les élèves qui parviennent seuls à surmonter ce handicap. Dans la plupart des établissements, les classes chargées,* le programme à suivre, le souci de ne pas trop abaisser le niveau afin d'éviter que les autres élèves ne perdent pas leur temps obligent les enseignants à soutenir un certain rythme sans s'attacher à résoudre les problèmes particuliers des élèves en difficulté.

Dans les établissements qui comptent une majorité d'élèves immigrés par classe, les professeurs tentent d'adapter leur enseignement aux possibilités des enfants, ce qui les contraint à prendre du retard. Le niveau des connaissances acquises par les élèves reste très inférieur au niveau moyen. En conséquence, tous les élèves immigrés n'entrent pas en sixième.* Beaucoup vont suivre, à l'issue du cycle primaire,* un enseignement spécialisé. Parmi les élèves étrangers des collèges, très peu accèdent au lycée* et passent le baccalauréat. La grande majorité d'entre eux sont dirigés vers un second cycle court (LEP)* où ils préparent un CAP (Certificat d'Aptitude Professionnelle) ou un BEP* (Brevet d'Etudes Professionnelles). Une proportion considérable n'a pas un niveau suffisant pour entrer en LEP. Les jeunes sont alors dirigés vers des sections préparatoires à l'apprentissage (CPA, CPPN*). La scolarité des enfants immigrés se solde souvent par un échec. Cet échec est dû essentiellement au milieu socio-économique généralement très modeste dans lequel ils vivent. Bon nombre d'enfants français appartenant au même milieu rencontrent les mêmes difficultés.

ADAPTER L'ENSEIGNEMENT

Par la circulaire du 13 Janvier 1970, le Ministère de l'Education Nationale prenait acte de ces difficultés et proposait des mesures pour y remédier. Au niveau des classes primaires, étaient créés des classes d'initiation (CLIN), réservées aux enfants n'ayant aucune base en français. Un millier de classes d'initiation fonctionnent actuellement en France. A niveau du secondaire, les jeunes étrangers ont la possibilité de suivre des classes d'adaptation (CLAD), s'ils sont récemment arrivés en France, ou s'ils ont des difficultés d'adaptation.

Les CLIN ou les CLAD proposent des formules diverses : classes à plein temps, classes intensives trimestrielles, ou classes à mi-temps se consacrant à l'enseignement du français, alors que les élèves suivent des études normales dans les autres matières.

Leurs effectifs sont réduits (20 élèves au maximum) et le travail efficace. Les professeurs chargés de classes d'initiation ou d'adaptation sont formés dans des centres spéciaux : les CEFISEM (Centres de Formation et d'Information pour la Scolarisation des Enfants de Migrants) qui ont leur siège dans les Ecoles Normales et sont animés par des enseignants. Il existe actuellement sur le territoire 14 CEFISEM.* Les élèves ayant suivi un enseignement de soutien réussissent beaucoup mieux. Cependant, certains craignent que la manipulation des CLIN et des CLAD n'aboutisse à créer un enseignement parallèle réservé aux immigrés. Aussi pour compléter le dispositif mis en place, des cycles d'animation éducative péri-scolaire* pour les enfants étrangers seront financés à titre expérimental, en 1982–1983. Leur objectif est d'apporter à ces enfants, en dehors des heures de classe, mais en accord avec leurs parents et leurs maîtres, un soutien et une stimulation qui pourront aller jusqu'à une aide à la réalisation des devoirs et à l'étude des leçons.

DOUBLE CULTURE

Si l'école ne parvient pas souvent à donner aux jeunes immigrés un niveau de connaissances suffisant, elle tient cependant dans leur vie une place essentielle. Elle est un lieu de rencontre avec les jeunes Français et de découverte du mode de vie français, qu'ils adoptent très facilement. Ils oublient peu à peu leur langue maternelle et perdent contact avec leur culture. Il en résulte des conflits plus ou moins exprimés avec les parents, ainsi qu'une crise d'identité : attachés à leur famille mais contestant l'éducation qu'elle leur donne, ces jeunes sont en même temps mal intégrés en France où ils restent des étrangers. La seconde génération est tiraillée entre deux cultures : celle héritée de la famille, et celle acquise en fréquentant l'Ecole. Aussi des mesures ont-elles été prises à l'initiative de l'Etat pour donner aux jeunes les moyens d'assimiler ces deux héritages culturels.

Une circulaire du Ministère de l'Education Nationale datée du 9 Avril 1975 incitait les écoles primaires à consacrer une partie du tiers temps pédagogique* à un enseignement en langue d'origine* dispensé par des enseignants étrangers

choisis et rémunérés par leur Gouvernement. Dans le second degré, les élèves de certains établissements ont la possibilité de suivre des cours de langue d'origine qu'ils peuvent dans certains cas choisir comme première langue vivante au baccalauréat. Quatre langues d'immigration sont favorisées : l'espagnol, l'italien, l'arabe et le portugais. Les deux dernières langues existent dans peu d'établissements. Au total les cours de langue touchent encore une minorité d'élèves immigrés : dans le primaire, le pourcentage est d'environ 20 % ; dans le secondaire, à titre indicatif, près de 9.000 élèves étudient l'arabe ou le portugais. Mais l'enseignement des langues d'origine peut s'accompagner utilement d'autres activités culturelles, à l'Ecole et hors de l'Ecole.

LES AUTRES ACTIVITÉS

Sur les lieux de résidence par exemple, il serait souhaitable d'ouvrir davantage aux jeunes des structures d'accueil : maisons de jeunes, clubs sportifs, clubs de loisirs, et de former des animateurs étrangers. On pourrait développer également les activités s'adressant à la fois aux étrangers et aux Français, comme les visites des pays d'origine, les échanges, les centres culturels de vacances où les jeunes des différentes nationalités sont initiés à la langue et à la culture de pays d'immigration. Ces contacts, qui favorisent la tolérance et la compréhension, devraient contribuer à faciliter l'intégration des jeunes immigrés.

L'ENTRÉE DANS LA VIE ACTIVE

Rares sont les jeunes étrangers qui sortent de l'Ecole avec un diplôme en poche, fût-ce un CAP. Ils se trouvent donc particulièrement désarmés au moment d'accéder au marché du travail. Un certain nombre d'entre eux suivent des stages de préformation. Au terme de ces stages, relativement peu accèdent à la formation professionnelle, à cause des délais d'entrée à l'AFPA.* Celle-ci comptait en 1979 15 % de jeunes immigrés parmi ses stagiaires. La proportion était encore moins élevée dans les centres d'apprentissage (8 %).

Beaucoup de jeunes préfèrent entrer directement dans la vie active à l'issue de la préformation et

restent dans leur majorité sans qualification professionnelle. En conséquence, les emplois pour lesquels
ils peuvent postuler sont parmi les plus bas de
l'échelle sociale. Selon le rapport de l'OCDE* en
1979 (dont un résumé est paru dans «Travail et
Emploi»*) plus de 80 % des emplois offerts aux
garçons et 70 % de ceux offerts aux filles sont des
emplois ouvriers. Les possibilités de promotion sont
très minces. Depuis quelques années, le développement du chômage qui frappe particulièrement les
jeunes étrangers aggrave cette situation. De plus,
certains secteurs (commerce, bureaux) ont tendance
à embaucher de préférence des jeunes demandeurs
d'emploi de nationalité française. Les jeunes
immigrés ont plus de mal à trouver du travail s'ils
appartiennent à certaines nationalités (c'est notamment le cas des maghrébins).

La situation professionnelle des jeunes de la
seconde génération reproduit assez fidèlement celle
de leurs pères, à tel point que la France trouve désormais sur son sol une main-d'œuvre qu'elle importait
autrefois. Pour les jeunes, il en résulte un sentiment
de frustration qui conduit certains vers la marginalité
ou la délinquance.

Texte 3.5 *Extrait d'une interview de Jean-Pierre
Chevènement, Ministre de l'Éducation Nationale,
par Jean-Michel Cadiot. Source:* France-Pays
Arabes, *décembre 1985*

**M. le ministre, la presque totalité des enfants
immigrés fréquentent l'école publique. Quelle
place leur revient-il?**

— L'école publique* doit toujours relever de défi de
l'unité nationale. Elle a été un puissant facteur
d'unification nationale à la fin du XIXe siècle et elle
reste, pour l'avenir, la matrice de cette unité qui est
toujours à reconstruire. Nous avons actuellement un
million d'enfants d'origine immigrée dans nos
classes. La moitié sont d'origine maghrébine. Ces
enfants resteront en France, nous le savons.
D'ailleurs, 80 % des immigrés sont déjà en France
depuis plus de dix ans, et ils n'ont pas d'autre
perspective que de rester en France. Il faut qu'ils
puissent y réussir. Il ne s'agit pas de les couper de
leur culture d'origine, il s'agit de leur donner les
moyens de réussir, en France, ce qui passe d'abord

par un bon apprentissage du français. De ce point de
vue, l'école publique reste plus que jamais un moyen
d'intégration de ces jeunes à la vie nationale. J'ai
demandé au professeur Jacques Berque* un rapport,
qui m'a été remis et que je publierai prochainement
avec un certain nombre de mesures destinées à
faciliter l'intégration de ces jeunes et leur pleine
réussite au sein de notre système éducatif. Je
considère que l'école de la République a des devoirs
particuliers à l'égard de ces jeunes. Il s'agit de les
repecter dans ce qu'ils sont, dans leur histoire, mais
il s'agit aussi de leur donner les moyens de
contribuer à faire la France du XXIe siècle.

Naturellement, l'identité française ne sera pas, au
siècle prochain, ce qu'elle est actuellement, pas plus
qu'elle n'est aujourd'hui ce qu'elle était au XIXe
siècle.

**La présence d'étrangers n'est donc nullement
une menace pour notre identité?**

— Je ne le crois pas du tout. Ce serait partir d'une
conception repliée de l'identité française. La France
s'est enrichie de l'immigration polonaise, armén-
ienne, de combien d'autres nationalités qui se sont
fondues dans le peuple français qui, de tout temps, a
été un «mélange». La France était une «machine à
intégrer». Et je dirais qu'elle est, en Europe, le
peuple par excellence qui fédère les nationalités du
nord et du sud. Il y a, en France, des Italiens, des
Germaniques, des Bretons, des Flamands, des
Catalans, des Basques, des Espagnols, des gens qui
parlaient la langue d'oïl, d'autres la langue d'oc.* La
France, Michelet* l'a dit beaucoup mieux que moi,
est une machine à intégrer, il faut qu'elle continue à
l'être. Elle ne peut l'être que si elle reste une grande
idée généreuse.

**Qu'est-ce qui est fait, en France, pour que les
jeunes immigrés restent en contact avec leur
propre culture? Qu'en est-il, notamment, de
l'enseignement de l'arabe?***

— Je m'efforce de promouvoir l'enseignement de ces
langues étrangères, notamment dans le secondaire.
Dans les collèges, les effectifs vont croissant.* Ce
peut être une grande chance pour la France d'avoir,
demain, des jeunes bien formés qui parlent à la fois
le français et l'arabe, le français et le portugais. La

France ne peut que gagner à cette double culture. Mais évidemment, il faut que ces jeunes apprennent d'abord à parler français et à bien le parler.

Car le français sera la langue de leur réussite.

Vous avez conseillé aux professeurs d'enseigner des ouvrages écrits par des écrivains maghrébins francophones. Pourquoi?

— Il y a effectivement Kateb Yacine.* Il figure dans une liste d'une centaine de grands auteurs parmi lesquels, bien sûr, Racine, Molière et beaucoup d'autres. Ce qui est dit, dans les programmes des collèges, c'est que quinze œuvres doivent être travaillées au cours de la scolarité, de la 6e à la 3e.* Parmi celles-ci, dix doivent être tirées obligatoirement de la liste que j'ai citée.* Dans cette liste, on a introduit des auteurs francophones comme Kateb Yacine ou Sembene Ousmane.* Je crois que l'ouverture vers la francophonie est une excellente chose, il faut vraiment avoir l'esprit très étroit pour contester cet élargissement du champ de notre culture.

Texte 3.6 *Extraits de J.-M. Amaré,* L'École et l'immigration: à propos du Rapport Berque, *Paris, Syndicat National des Lycées et Collèges, 1985*

De même qu'une nation est faite d'une multiplicité d'individus unis par un esprit commun, mais séparés par leurs personnalités propres, de même les nations européennes servent un projet commun à travers des styles qui leur sont particuliers. La culture française en est un exemple.

[Selon les tenants de l'interculturel], la présence en France d'une proportion importante d'étrangers imposerait [...] une mutation de la culture française. L'assimilation culturelle est ainsi condamnée au bénéfice d'une ouverture sur les cultures d'immigration. Le bénéfice escompté est la résolution des problèmes spécifiques que connaissent les immigrés de la 2e ou 3e génération, ou les Français musulmans à part entière:* «la double frustration ressentie à l'égard d'une ancestralité* dont ils ne partagent plus les allégeances tranquilles, en matière de religion notamment, et à l'égard des valeurs françaises de la société de consommation» (Rapport Berque).

Mais, précisément, les valeurs françaises (qui ne se réduisent pas à celles de la société de consommation), nos références culturelles, ne doivent-elles pas être sauvegardées afin de constituer le point d'ancrage de ces jeunes déracinés? On admirera le lyrisme du Rapport qui décrit dans les «Beurs» une «étrange peuplade projetée d'un «ailleurs» qui s'estompe vers des terroirs incertains et des lendemains baillonnés». Mais on s'étonnera de l'inconscience qu'il y a à proposer un relativisme culturel pour toute certitude.*

Sans compter les effets pervers de l'interculturel sur la jeunesse française. Car non seulement la perspective interculturelle, qui met sur le même plan toutes les cultures, engendre une indifférence sceptique à l'égard des normes, quelles qu'elles soient, mais de plus elle mine le projet culturel qui porte notre nation dans ses entreprises. Et on peut s'étonner de cette contradiction du professeur Berque qui consiste, d'un côté, à réclamer un enracinement pour les jeunes immigrés, et d'un autre côté, à vouloir en supprimer la condition première, un sol solide, pour la jeunesse entière.

[...]

La perspective fondamentale du Rapport Berque ne peut donc qu'être radicalement rejetée, en même temps que l'esprit de ses propositions.

Cela ne signifie pas pour autant que toutes celles-ci soient condamnables. Le rejet de l'interculturel implique seulement la nécessité pour notre école d'enseigner et de développer le projet culturel européen (retour à nos origines) et la façon propre qu'a notre nation de se situer par rapport à lui (culture proprement française). Cela n'interdit pas un enseignement de langue et culture d'origine,* à condition toutefois que celui-ce ne soit qu'un élément de référence, pour les populations immigrées, qui n'exclut pas un rattachement à leur culture d'accueil.* De façon semblable, il serait assez souhaitable que tout Français puisse avoir une certaine connaissance des caractéristiques des cultures et civilisations étrangères, celles des populations immigrées notamment, à condition que ce soit pour lui l'occasion de prendre conscience de sa personnalité propre et des valeurs qu'il doit s'attacher à promouvoir avec ses compagnons de culture.

D'un point de vue concret, dans la mesure où les jeunes immigrés ont plus que d'autres des difficultés (la langue parlée chez eux étant souvent celle d'origine, comme la culture vécue) pour accéder à la pratique de leur langue d'accueil et à la connaissance (qui est la condition de son assimilation) de la culture qui lui est liée, il convient, lorsque cela apparaît nécessaire, de les faire bénéficier d'un horaire renforcé d'enseignement de notre langue, et à travers elle, de notre culture. Cela implique, au-delà du maintien et du renforcement des structures spécifiques, que l'enseignement des langues et cultures d'origine soit repoussé en dehors du temps scolaire: le semaine d'un écolier n'étant pas extensible, le renforcement de l'enseignement de la langue et de la culture française suppose une préférence donnée aux cours différés de LCO.*

Bref, à la politique d'abandon culturel proposée par le Rapport Berque, et ceux qui sont dans sa mouvance idéologique, il convient d'opposer une politique de promotion de notre culture à l'adresse de tous ceux, étrangers ou non, qui peuplent notre pays.

Texte 3.7 *Extrait de Stanislas Mangin, 'Les Problèmes de nationalité des jeunes Algériens élevés en France', dans* Des Jeunes Algériens en France: leurs voix et les nôtres, *ouvrage collectif coordonné par Martine Charlot, Paris, CIEMM, 1981*

Suis-je Algérien, suis-je Français?... Où ferai-je ma vie?

Fille ou garçon né de parents algériens, mais élevé en France, il se pose ces questions, on les lui pose, ou bien il les laisse enfouies au fond de lui-même... Mais elles sont toujours présentes, entre la famille algérienne et l'école française... les camarades d'école... le quartier mixte.*

Avant même qu'il les exprime en termes d'identité culturelle, de religion, de mœurs, de mariage, de langue, de projet de vie, voilà qu'elles se posent à seize ans en termes de statut social, politique, policier : la «Carte».

Carte de séjour d'Algérien? Immatriculé au Consulat et, pour le garçon, bientôt appelé au service en Algérie pour deux années, ou bien menacé d'expulsion* s'il a commis deux délits, si légers

soient-ils, durant sa minorité.

Carte d'identité nationale française?

Garanti alors pour le séjour et l'emploi mais en difficulté avec sa famille et pour son mariage, appelé au service d'un an en France à 19 ans, et aussi en Algérie pour deux ans, et menacé dès lors de part ou d'autre de poursuites pour insoumission... En fait rupture avec son « pays familial ».

Texte 3.8 *Extrait de Jacqueline Costa-Lascoux, 'Les Jeunes Algériens à la recherche d'un statut', dans* Des Jeunes Algériens en France: leurs voix et les nôtres, *ouvrage collectif coordonné par Martine Charlot, Paris, CIEMM, 1981*

Les enfants d'immigrés algériens sont dans la situation paradoxale d'être déclarés par leurs parents et traités dans les écoles puis les services adminstratifs et par la police comme des Algériens, alors qu'au regard de la loi française bon nombre d'entre eux sont français d'origine et pourraient prétendre aux mêmes droits que leurs camarades français. Le refus de porter la carte nationale d'identité française, parfois sous la pression des parents, et leur volonté de s'affirmer Algérien les met en fait dans la catégorie des « sans-papiers », quasiment des « irréguliers »,* lors des contrôles de police. En effet, ils ne peuvent demander par ailleurs le certificat de résidence réservé aux Algériens.* Or, ils seront les premiers repérés et interpellés par les autorités : « Quand on a la tête que j'ai, disait un jeune fils d'Algériens, il faut justifier à chaque geste, à chaque pas, de son identité... mais quelle identité? ».

Texte 3.9 *Chérifa Ben Achour, 'J'ai peur de ma peau', dans* Migrants Formation, *octobre 1978*

J'ai peur
J'ai peur de ma peau
Peau d'arabe, peau d'immigrée
Peau de bête, peau d'exilée
J'ai peur de ma propre peau

Peur d'angoisse
Peur bleue
Peur noire
Peur de tout

Peur de ma propre peau
Peur de ce que je suis
Peur de ce que je ne suis pas
Je veux dire ma peur
Je veux dire ma parole
Peur que ma parole écrase
Peur que ma parole gêne
Peur que ma parole tue
J'ai peur de mourir
J'ai peur de vivre
J'ai peur de rester
J'ai peur de partir
J'ai peur de tuer.

Texte 3.10 *Extrait de Hamed Abdallah Mogniss, 'Jeunes immigrés hors les murs', dans* Questions clefs, *mars 1982*

Le 19 avril 80, «Rock Against Police» organisait à Paris le premier concert gratuit «des jeunes immigrés et prolétaires des banlieues», devant quelque trois mille personnes. L'objectif des organisateurs était de révéler l'existence, dans les banlieues ouvrières, de centaines de groupes de rock, composés de jeunes de toutes nationalités. Des groupes variables, souvent éphémères, issus des cités et des bandes qui s'y forment. Esthétiquement médiocres, mais imprégnés d'une conscience aiguë de la vie au quotidien. D'où la violence de leur musique.

Depuis, des dizaines de concerts analogues ont eu lieu avec plus ou moins de succès en banlieue parisienne et lyonnaise, à Marseille et même à Genève. L'idée d'une coordination inter-banlieues au niveau national a commencé à faire son chemin à partir d'une prise en charge de leur avenir pas les jeunes immigrés eux-mêmes. Au-delà du rock, les groupes de R.A.P. ont investi* la question des assassinats racistes et de la répression policière avant et après le 10 mai,* la question du logement et celle de la petite délinquance qu'ils considèrent avant tout comme sociale et économique. Ils essaient aujourd'hui de créer des lieux permanents pour aller au-delà des concerts ponctuels* dans les cités. C'est la raison d'être du Centre Abdel Kader à Vitry. Ils nous parlent ici à plusieurs voix.

— Des copains de différentes banlieues qui se connaissaient par affinité se sont réunis pour se coordonner. C'était l'époque où trois jeunes immigrés ont été descendus par les flics en l'espace de trois semaines, Yazid à Strasbourg, Kader à Valenton et Kader à Vitry.* Il fallait réagir. Parmi nous, des gens impliqués dans différentes activités politiques ou culturelles. Notre point commun : nous aimions tous le rock et nous connaissions tous un ou plusieurs groupes [de rock] dans notre coin.

— On a pris exemple sur l'expérience des Anglais qui organisaient de grands concerts «Rock Against Racism». Mais avec deux différences : les grands concerts dans un terrain neutre comme Hyde Park ou l'hippodrome de Pantin ne servent à rien. Les gens y viennent pour consommer. Nous avons toujours organisé nos concerts sur le terrain, là où les flics cognent nos copains. […]

— Justement, nous avons préféré «Rock Against Police» à «Rock Against Racism» parce que tout le monde se dit antiraciste, mais dans notre vie quotidienne le recours à la police est raciste en soi. L'antiracisme a toujours été larmoyant. Les pauvres immigrés, faut* les protéger, etc. […]

— Il faut aussi dire que les jeunes des banlieues, immigrés et prolétaires français, se reconnaissent dans les groupes de rock. Devant tous les bahuts, surtout les lycées techniques,* les noms de groupes ont remplacé les slogans politiques. Mais les groupes, ils racontent tous la vie de la zone.

Au départ, c'est vrai pour n'importe quel groupe. Mais une fois qu'ils sont connus, ils nous laissent souvent tomber. C'est pourquoi on a commencé à sélectionner les groupes. De toute manière, il y a des groupes qui racontent leur quotidien de manière complètement facho* ou qui ont un trip pro.* On a zoné* avec des groupes qui sont sur le terrain et non des mecs qui se retrouvent seulement pour jouer de la musique.

— Tout le monde peut faire du rock, le fils à papa comme le zonard.* Mais ce qu'ils racontent est vachement différent. Le contenu des paroles est quand même un peu léger, alors on a commencé à écrire nous-mêmes. Tu prends des chansons comme Kader Blues : Loulou,* ils les aurait jamais écrites* s'il n'y avait pas de dynamique collective. Les petits poèmes individualistes que tout le monde écrit quand il est gamin pour exprimer des chagrins d'amour laissent

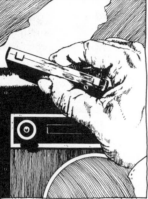

Extrait de la chanson 'On me rayera pas d'ici' par Lounis Lounes. Dessin de Pascal Jourde

la place à* une expression dans laquelle tout le monde se retrouve. Sur la lancée, Loulou va écrire d'autres chansons: «Mort aux Jeunes», «la balade d'un chômeur», etc.

Texte 3.11 *'Kabylie on the rock', dans* Tiddukla, *octobre 1985–janvier 1986*

«Notre objectif est de créer le rock and roll en berbère». Bercés par les mélodies kabyles d'Ait Menguellet, d'Idir ou de Djamel Allam* et la musique survoltée de Gene Vincent, Little Richard et bien sûr du King, Elvis Presley, les six frères Haddad (Boualem, Salah, Hamid, Hocine, Kamel, et Djamel) âgés de 15 à 28 ans n'ont pas cherché midi à quatorze heurs: en créant avec Bernard et Hugues le groupe des **Rocking Babouche** ils sont restés fidèles à leur origine et à leur milieu : «rockers des cités sauce bylka» ou «Kabyles de banlieue sauce kerro».*

Pas folles les babouches! elles conservent la lucidité des montagnes du Djurdjura:* *«pour le moment nous n'avons pas l'intention de devenir professionnels, car il vaut mieux être de bons amateurs que de mauvais professionnels».* Côté rock, l'ambition perce: *«notre objectif, c'est de réussir*

dans ce groupe pour être indépendants financièrement, pour ne pas être obligé de travailler parallèlement».

Nés pour la plupart en France ou venus très jeunes, pour s'exprimer en kabyle ils se mettent, notamment Boualem le chanteur, à l'étude de la langue sous les conseils bienveillants des parents et des grands-parents, qui participent entre autres à l'écriture des chansons.

Depuis leur formation en 1982, **Les Rocking Babouche** écument* la banlieue parisienne. Ils ont produit un 45 tours,* un autre est en préparation.

Texte 3.12 *Extrait de 'Radio Beur', dans* Barricades, *juin 1983*

Les jeunes immigrés de la «2e génération» veulent vivre ICI et MAINTENANT. *Ici,* en France parce qu'ils y sont nés, qu'ils y ont grandi, que pour eux le mythe du retour en Algérie ou au Maroc n'existe pas, parce qu'ils parlent plus français qu'arabe. Ils vivent *maintenant* en France et veulent être reconnus. Nés dans le béton des banlieues des grandes villes, fils ou filles d'étrangers, ils ont leur spécificité culturelle et c'est pour cela, pour «revendiquer un espace social et un espace culturel» que Radio Beur s'est créée il y a un peu plus d'un an à Montreuil. Radio Beur, c'est clair: ni arabe, ni vraiment français, c'est du verlan.* La langue des jeunes, Français ou immigrés, des cités. Prenez ARABE, à l'envers vous avez RABEA, encore à l'envers, ça fait BEUR.*

Avec Radio Beur, la «2e génération» prend enfin la parole, se donne, contre tous, le droit à l'existence, sans l'assistanat de qui que ce soit.* Au micro, 24 heures sur 24, une petite équipe de volontaires: il parle arabe, kabyle ou français. C'est la rencontre, l'addition de la culture de leur pays d'origine, celui de leurs parents, et de la culture française qu'ils reçoivent depuis qu'ils sont nés. Ce qu'ils réclament avec cette culture à multiples facettes c'est «moins le droit à la différence qu'à un droit de l'interférence».*

Texte 3.13 *Extraits d'une interview avec Samia Messaoudi. Source:* En jeu, *mars 1984*

— *Bon nombre d'entre vous ne sont pas d'accord avec l'appellation d'«immigrés de la deuxième génération» pour vous définir. Pourquoi?*

— D'abord parce que le terme d'«immigré» renvoie à la situation d'une personne qui quitte son pays pour aller travailler dans un autre, devenant ainsi un migrant. Il a quitté son pays d'origine pour des raisons économiques ou politiques, mais dans la perspective d'un retour futur. J'ai le souvenir de mon père qui répétait toujours: «On va repartir en Algérie». Pour lui, c'était on va *re*partir, mais pour nous, c'était on va partir en vacances cet été ou l'été prochain. Le «*re*» était de trop.

Les «Beurs», en effet, ne sont pas des immigrés. Nous sommes dans la société française. On n'a pas quitté de pays.

«Deuxième génération» C'est vrai que, chronologiquement, par rapport à nos parents, nous sommes la seconde génération. Ce qui m'agace, c'est l'utilisation de cette notion encore aujourd'hui pour nous marginaliser. Appellera-t-on nos enfants «troisième génération»? Ce qui nous dérange le plus, c'est de nous voir définis par notre origine familiale et non par rapport à ce que nous sommes devenus.

— *Vos parents se définissent comme des immigrés dans la société française alors que vous refusez la position qui était la leur. Quel est votre propre mode d'insertion dans cette société?*

— Nous, l'avantage que nous avons eu par rapport à nos parents, c'est la parole, le droit au savoir.* Et c'est grâce à ce savoir qu'on a pu s'installer dans la société française. Alors que nos parents étaient seulement une force de travail. La «première génération» était celle du «travaille et tais-toi», sinon tu retournes dans ton pays. [...] Nous, on a eu plus de facilités qu'eux, en particulier celle de pouvoir nous exprimer publiquement. On a des choses à dire et on veut les dire haut et fort. [...]

— *Cette différence d'attitude influe-t-elle sur vos relations avec vos parents?*

— Effectivement, il y a une séparation. Mais elle est intéressante car elle entraîne un dialogue. Comme la

BANLIEUES 89

FESTIVAL D'ETE DE RADIO BEUR

DIMANCHE 21 JUILLET 1985 à 14 H AU FORT D'AUBERVILLIERS

174 Av. Jean Jaures – M° Fort d'Aubervilliers

GRAND SPECTACLE EN DEUX PARTIES :

1 – DE 14 H A 20 H. LE MAGHREB
CHANTS ET MUSIQUES TRADITIONNELS AVEC :

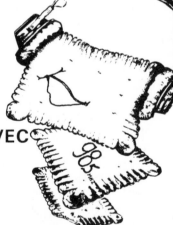

– **IXULAF** (Groupe Kabyle)
– **KAMEL** (Groupe Kabyle)
– **AZWAW** (Groupe Kabyle)
– **ARESKI MOUSSAOUI** (Chanteur Kabyle)
– **DJAFFAR** (Chanteur Kabyle)
– **OUINES** (Chanteur Marocain)
– **OULED GHORBA** (Groupe Marocain)
– **MUSTAPHA FIGUIGUI** (Chanteur Marocain)
– **CHAB KADA** (Ray Oranais)
– **CHAB MESSAR** (Ray Oranais)
– **CHAB LARBT** (Ray Oranais)
– **RABAH AKHALEF**
– **SAÏD KASSEL**

2– DE 20 H A 24 H. ROCK AVEC

– **MOUNSI** (ROCK)
– **MALEK** (CHANSON FRANCAISE)
– **SARAH** (HARD ROCK)
– **KAMEL** (CHANSON FRANCAISE)
– **MOULOUD** (COUNTRY KABYLE)
– **FAFA** (CHANSON FRANCAISE)
– **BOODGIE** (ROCK)
– **ROCKING BABOUCHE** (ROCKABILYE)
– **THE IMPERIALS** (ROCK'N'ROLL)

PRIX DES PLACES : 40 FRANCS
ENTREE GRATUITE POUR LES ENFANTS

POUR TOUS RENSEIGNEMENTS : **RADIO BEUR 98.5 MHZ TEL. : 255.17.17**

Réalisation et Impression AMI Tél 663.21.96

plupart des parents maghrébins, les miens nous ont poussés à faire des études pour ne pas être à notre tour «travailleurs immigrés». Mon père disait toujours à mes frères: «Plus tard, vous ne devez pas être ouvriers comme moi».

Mais, en même temps, nos parents pensent repartir, un jour avec nous, en Algérie parce que la France, ce n'est pas leur pays. «On va retourner chez nous»: c'est ce que répétait mon père. Mais, comme beaucoup de pères algériens, à Marseille, à Lyon ou à Grenoble, il a fini par réaliser que ses enfants ne les suivraient pas, qu'ils resteraient parce que cela fait 20, 25 ou 30 ans qu'ils vivent ici. On ne partage pas ce mythe du retour de nos parents. L'Algérie, c'est seulement dans nos têtes ou un été, une fois par an ou tous les deux ans. Nos parents savent maintenant que nous resterons là parce que notre vie est ici, qu'on a une situation économique, professionnelle, familiale, des amis, des habitudes, un mode de vie. Qu'on a fait notre chemin en France.

— *En quoi consiste ta différence culturelle par rapport aux Français de souche?*

— Empreinte à la fois d'une culture maghrébine et d'une culture française, je tiens à préserver la première et à la faire connaître. Je ne veux pas être totalement assimilée. Car il y a toujours des mots en «tion» qui reviennent autour de la «deuxième génération»: intégration, assimilation, insertion… Or, il s'agit pour moi de sauvegarder mes particularités culturelles, non par conservatisme ou pour me marginaliser, mais par souci d'enrichissement culturel. Et je comprends que certains Français bretons, occitans* ou alsaciens en fassent autant. Je revendique donc ma spécificité qui est aussi un moyen de favoriser l'échange avec ceux qui sont différents de moi.

Je peux parler couramment le kabyle parce que je l'ai entendu pendant toute ma jeunesse. Cela fait trente-cinq ans que mes parents sont en France, et ma mère s'adresse à nous tout le temps en kabyle. Quand

elle parle en français, c'est avec un drôle d'accent. On lui répond tantôt en français, tantôt en kabyle. Nos enfants comprendront la langue d'origine, car les «Beurs» se battent aussi pour que la société française reconnaisse cette différence linguistique qui fait aussi partie de notre double appartenance culturelle. Dans notre tête, on est un peu arabe ou kabyle, et non 100 % français. On n'est pas des Pierre ou Paul, mais des Mohammed ou des Samia qui vivons en France et qui voulons participer pleinement à cette société, à l'école, dans la cité, dans la vie associative et politique.

Texte 3.14 *Synopsis du film* 'Prends dix mille balles et casse-toi',* *réalisé par Mahmoud Zemmouri (1981). Source:* Images, spectacles, musiques du monde, *juillet–septembre 1985*

Un couple d'immigrés algériens débarque à Alger après un long séjour en France avec l'espoir du (maigre) pécule Stoléru,* la 404 rutilante* et leurs deux enfants, deux adolescents sympathiques, titis parisiens moulés dans leurs vêtements «in» mais totalement ignorants des coutumes de leur pays, cette Algérie où l'on «cause musulman». L'arrivée dans une petite ville rurale proche d'Alger, Bouffarik, initie une longue suite de mésaventures: le village s'offusque des manières libérées des deux jeunes gens, les familles craignent la contagion et gardent les lycéennes à la maison, les vieux (très religieux) fulminent. Comble d'infortune, la 404 est volée. Baptisés «Fifi rouge à lèvres»* et «Travolta» les deux jeunes gens sont presque universellement honnis. Police municipale, enseignants, baissent les bras* et obéissent à la voix populaire. La famille doit partir. Dernière image symbolique et pathétique: avec quelques rares amis pour les aider, la famille rejetée, poussant la carcasse désossée de la 404 retrouvée, mais inutilisable, quitte la petite ville inhospitalière. La réinsertion a été un fiasco total.

4
Attitudes and assessments

Immigration in France has been the subject of many different, often conflicting, attitudes. The purpose of this chapter is to illustrate some of the main trends in public opinion on this issue, including the principal arguments used for and against immigration. A fairly detailed picture of the motivations and attitudes found among North African migrants has already been given in the life histories presented in chapter 2. Accordingly, while complementing these personal statements with some rather more systematic indications of immigrant opinion, the present chapter focuses mainly on the French viewpoint.

Opinion polls conducted among the immigrant population show significant variations between different nationalities and age groups. Table 4.1 comes from a survey confined essentially to first generation immigrant workers, whereas tables 4.2 and 4.3 are taken from a poll conducted among second generation youths from Algerian and Portuguese backgrounds; tables 4.4–4.7 are based on a mixed sample embracing immigrants of all ages from fifteen years upwards. The data show that North Africans generally feel far less settled in France than do European immigrants. Not surprisingly, first generation immigrants show the strongest levels of attachment to their countries of origin (table 4.1); younger members of the Algerian community appear very undecided indeed as to their ultimate home (table 4.2). Nevertheless, most North Africans would emigrate to France again if the choice had to be made (table 4.5). These seemingly contradictory findings clearly reflect the mixed emotions and aspirations of North African migrants: while their heads tell them that they are materially better off in France, their hearts remain in the land of their birth (table 4.4). Similar tensions are found in the attitudes of first generation immigrants towards their families.

North African parents value the education received by their children in France more highly than any other immigrant group (table 4.6), yet they also show the highest levels of hostility towards the idea of their daughters marrying Frenchmen (table 4.7). Again, it would appear that while Muslim parents are alive to the material benefits which a French education may bring, they are reluctant to integrate fully into French society. This resistance is, however, much weaker among their children (table 4.3).

The feelings of unease found among North Africans resident in France are matched by those of their French neighbours *vis-à-vis* the immigrant community itself. Tables 4.8 and 4.9, taken from an opinion poll carried out in the winter of 1973–4, show North Africans to be the least liked foreigners in France. (The large proportion of 'don't knows' regarding Turks and Yugoslavs is, like their high level of attachment to their home countries in table 4.1, a reflection of the fact that they are comparatively recent additions to France's immigrant population; being small in number, they have made little impact on public opinion.) These findings are paralleled by those of a similar survey conducted ten years later, which reveals deep misgivings among the French population, albeit with significant variations among different sub-groups, concerning the overall size of the foreign population (table 4.10); North Africans are again seen in the most negative light (table 4.11).

Many of the factors involved in the particular antipathy felt towards North Africans may be gleaned from text 4.1. Some of these may amount to no more than unwarranted prejudices, but others reflect two important ways in which, historically, France and North Africa have been divided. France, like most of southern Europe, has a heritage of more than fifteen hundred years of Christian belief, while North Africa has been a predominantly Islamic area for well over a thousand years. There is therefore a much wider cultural distance between a Frenchman and an Algerian than between the French and their Spanish or Italian neighbours. In addition, relations between France and North Africa have been complicated during the nineteenth and twentieth centuries by an unhappy political history culminating in the bitter war of 1954–1962 through which Algeria gained her independence after 132 years of French colonial rule. These factors form an important part of the background to text 4.2, which presents a fuller exposition of the arguments against immigration commonly heard in France during the 1980s.

The principal arguments deployed by the pro- and anti-immigration lobbies may be divided into two broad categories. Firstly, there are a number of quantifiable issues, mainly to do with the economic profits and losses of immigration; other matters such as crime rates, which are also quantifiable, may also be considered under this heading. Secondly, there are a range of what may be described as qualitative matters, which have more to do with questions of feeling and belief; while these may sometimes seem more abstract, they often in fact have far-reaching social and political implications.

Virtually no one suggests that new immigrants (apart from the dependants of those already in France) should be allowed to enter the country in large numbers. Those sympathetic to France's new ethnic minorities are mainly concerned with reassuring the public that they have played a valuable role in French society, within which they can be successfully accommodated. Those hostile to the presence of immigrants from Third World countries, particularly North Africans, question their economic utility, doubt that they can be successfully assimilated into French society, and want to see large numbers of them leaving the country, either by coercion or by persuasion.

Text 4.2 typifies the arguments, both quantitative and qualitative, used against the immigrant community, especially North Africans. The author, Jean-Yves Le Gallou, became a member of the Central Committee of the extreme right-wing Front National a few months after publishing this article. In Le Gallou's view, economic and other statistics weigh heavily against the immigrant community. In addition, immigrants from Islamic countries are seen as fundamentally alien in their values and beliefs, and are regarded as a major long-term threat to political harmony in France. The main counter-arguments are set out in texts 4.3–4.5. Here a very different set of material calculations is suggested by a social scientist (in text 4.3, dealing with the original rotation system of 'single' migrants) and a centrist politician (in text 4.4, concerning more recent developments arising from family immigration), while text 4.5, by an official in a Catholic social aid organization, offers an optimistic evaluation of the prospects for assimilating Muslims into the mainstream of French society. Many of these issues are examined in more detail in chapters 5–8.

DOCUMENTS

Tableau 4.1 *Extrait d'un sondage effectué en décembre 1975 et janvier 1976 par la Fondation Nationale des Sciences Politiques auprès d'un échantillon représentatif de travailleurs immigrés de huit nationalités en France. Source: Institut National d'Études Démographiques, L'Argent des immigrés: revenus, épargne et transferts de nuit nationalités immigrés en France, sous la direction de Jean-Pierre Garson et Georges Tapinos, Paris, Presses Universitaires de France, 1981*

Question: Avez-vous l'intention de vous installer définitivement en France?

	Oui	Non	Ne sait pas	Sans réponse	Total
Algériens	13,7	64,9	20,5	0,9	100,0 %
Marocains	10,9	74,5	11,8	2,8	100,0 %
Tunisiens	7,3	77,5	15,2	0,0	100,0 %
Espagnols	26,6	47,6	25,0	0,8	100,0 %
Portugais	27,5	52,4	19,7	0,4	100,0 %
Italiens	54,2	19,8	26,0	0,0	100,0 %
Yougoslavs	18,8	58,4	22,1	0,7	100,0 %
Turcs	7,9	81,5	9,9	0,7	100,0 %

Immigration in Post-War France

Tableaux 4.2–4.3 *Extraits d'un sondage effectué en mars 1978 par l'Institut Français d'Opinion Publique (IFOP) auprès d'un échantillon représentatif de Portugais et Algériens en France âgés de 16 à 24 ans.* Source: Croissance des jeunes nations, *avril 1978*

Tableau 4.2 Question: Désirez-vous rester en France?

	Algériens	Portugais
	%	%
Définitivement	24	25
Plusieurs années	30	40
Le moins longtemps possible	16	13
Vous ne savez pas	30	22
Total	100	100

Tableau 4.3 Question: Êtes-vous pour ou contre le fait qu'une jeune fille de votre nationalité épouse un Français?

	Algériens	Portugais
	%	%
Pour	65	83
Contre	23	8
Ne se prononcent pas	12	9
Total	100	100

Tableaux 4.4–4.7 *Extraits d'un sondage effectué en décembre 1984 par la Société Française d'Enquêtes et de Sondages (SOFRES) auprès d'un échantillon d'immigrés âgés de 15 ans et plus habitant en région parisienne. Source: Actuel, janvier 1985*

Tableau 4.4 Question: Aimeriez-vous avoir la nationalité française?

	Ensemble des immigrés	Maghrébins	Européens du sud	Asiatiques	Noirs
	%	%	%	%	%
Oui	32	16	29	74	41
Non	60	78	60	15	54
Sans opinion	8	6	11	11	5
Total	100	100	100	100	100

Tableau 4.5 Question: Si c'était à refaire, viendriez-vous vivre et travailler en France?

	Ensemble des immigrés	Maghrébins	Européens du sud	Asiatiques	Noirs
	%	%	%	%	%
Oui	69	59	82	75	49
Non	24	35	12	7	44
Sans opinion	7	6	6	18	7
Total	100	100	100	100	100

Tableau 4.6 Question posée aux personnes ayant des enfants: Êtes-vous satisfait ou mécontent de l'école où vont vos enfants en France?

	Ensemble des immigrés	Maghrébins	Européens du sud	Asiatiques	Noirs
	%	%	%	%	%
Satisfait	86	93	82	91	73
Mécontent	6	4	8	7	3
Sans opinion	8	3	10	2	24
Total	100	100	100	100	100

Tableau 4.7 Question: Si votre fille voulait épouser un Français, seriez-vous plutôt satisfait un plutôt mécontent?

	Ensemble des immigrés	Maghrébins	Européens du sud	Asiatiques	Noirs
	%	%	%	%	%
Satisfait	28	15	35	43	29
Mécontent	22	41	10	4	21
Ça me serait égal	44	36	52	50	40
Sans opinion	6	8	3	3	10
Total	100	100	100	100	100

Tableaux 4.8–4.9 *Extraits d'un sondage effectué entre novembre 1973 et janvier 1974 par l'Institut National d'Études Démographiques (INED) auprès d'un échantillon représentatif des Français.* Source: Population, *novembre–décembre 1974*

Tableau 4.8 Question: Quelle est votre opinion sur chacune des nationalités suivantes, bonne, plutôt bonne, plutôt mauvaise ou mauvaise?[†]

	Bonne	Plutôt bonne	Plutôt mauvaise	Mauvaise	Total
	%	%	%	%	%
Italiens	53	30	6	2	100
Espagnols	55	30	4	1	100
Portugais	43	33	10	3	100
Yougoslaves	30	21	8	2	100
Turcs	15	13	9	6	100
Africains noirs	28	29	15	8	100
Nord-Africains	17	16	34	21	100

[†] Pour simplifier ce tableau, on a supprimé les pourcentages de non-réponses. Il est aisé de les calculer par différence à 100 %.

Tableau 4.9 Question: Avec quels étrangers pensez-vous que des mariages mixtes peuvent être plutôt une bonne chose, et avec quels étrangers plutôt une mauvaise chose?[‡]

	Bonne	Mauvaise	Total
	%	%	%
Italiens	59	14	100
Espagnols	57	14	100
Portugais	43	23	100
Yougoslaves	30	21	100
Turcs	13	29	100
Africains noirs	19	47	100
Nord-Africains	14	57	100

[‡] Pour simplifier ce tableau, on a supprimé les pourcentages de non-réponses.

Tableaux 4.10–4.11 *Extraits d'un sondage effectué en janvier et février 1984 par la SOFRES et le Mouvement contre le Racisme et pour l'Amitié des Peuples auprès d'un échantillon représentatif de la population résidant en France. Source:* Vivre ensemble avec nos différences, *Paris, Éditions Différences, 1985*

Tableau 4.10 Question: Il y a actuellement 7 à 8 % d'immigrés dans la population française, et 10 % si l'on compte aussi les naturalisés. Diriez-vous que cette proportion d'immigrés et de naturalisés au sein de la population française est plutôt trop faible, trop forte ou que ce n'est pas un problème?

	Trop faible	Trop forte	Pas un problème	Sans opinion	Total
	%	%	%	%	%
Ensemble de la population	2	58	33	7	100
Sexe					
Homme	2	62	30	6	100
Femme	1	53	37	9	100
Age					
15–24 ans	2	52	41	5	100
25–34 ans	1	56	38	5	100
35–49 ans	3	57	32	8	100
50–64 ans	1	64	27	8	100
65 ans et plus	1	59	29	11	100

Tableau 4.10 (suite)

	Trop faible	Trop forte	Pas un problème	Sans opinion	Total
Profession du chef de famille					
Agriculteur, salarié agricole	2	64	23	11	100
Petit commerçant, artisan	—	62	31	7	100
Cadre supérieur, profession libérale, industriel, gros commerçant	3	50	44	3	100
Cadre moyen	—	52	42	6	100
Employé	—	52	41	7	100
Ouvrier	3	60	30	7	100
Inactif, retraité	2	60	29	9	100
Niveau d'instruction					
Primaire	2	62	26	10	100
Secondaire	2	56	38	4	100
Technique et commercial	2	63	30	5	100
Supérieur	1	44	52	3	100
Famille politique					
Extrême-gauche	1	41	52	6	100
Gauche	2	45	45	8	100
Centre	3	64	29	4	100
Droite	2	67	27	4	100
Extrême-droite	—	78	22	—	100
Autres	2	58	29	11	100

Tableau 4.11 Question: Je vais vous citer un certain nombre de communautés vivant en France. Pour chacune d'elles, estimez-vous qu'elle est plutôt bien ou plutôt mal intégrée dans la société française?

	Plutôt bien	Plutôt mal	Sans opinion	Total
	%	%	%	%
Les Arméniens	37	28	35	100
Les Espagnols	81	9	10	100
Les Africains noirs	36	48	16	100
Les Italiens	81	9	10	100
Les Yougoslaves	43	20	37	100
Les Algériens	21	70	9	100
Les Juifs en provenance d'Europe de l'Est	49	16	35	100
Les Portugais	70	18	12	100
Les Tunisiens	37	42	21	100
Les Antillais	57	20	23	100
Les Turcs	19	43	38	100
Les Pieds-Noirs	66	21	13	100
Les Polonais	75	8	17	100
Les Marocains	33	48	19	100
Les Asiatiques	47	25	28	100
Les Gitans	21	64	15	100

Texte 4.1 *Extrait d'Anne Fohr et al., 'Immigrés? Vous voulez dire Arabes!', dans* Le Nouvel Observateur, *30 novembre 1984*

«Je crois que pour beaucoup de gens qui parlent des immigrés il serait plus juste de parler des Nord-Africains. C'est à eux que pensent les gens lorsqu'ils disent les immigrés.» (Philippe Kochert, trente-quatre ans, chômeur, de Grenoble.)

Avouons-le : nous avons lancé il y a deux mois un questionnaire sur les immigrés, et nous voici aujourd'hui avec un énorme dossier sur les Arabes. Voilà le fait majeur qui domine notre enquête tout entière. Marx disait du prolétaire du XIXe qu'il avait toujours dans son entourage plus prolétaire que lui : sa femme. L'étranger qui vit en France aujourd'hui a toujours plus étranger que lui : l'Arabe.

B. Olafs, Islandais, quarante-cinq ans, architecte à Paris, le souligne très bien : *«Quand je me traite d'immigré, mes amis arabes protestent toujours. Je ne suis pas un vrai. Le vrais, c'est eux et les Noirs. Ma concierge portugaise ne l'est pas vraiment, ou si peu... La mémoire collective, c'est elle qui est la fautive, et la nôtre n'est pas la leur.»*

Oui, décidément, les Maghrébins ne sont pas vus comme les autres. *«Quand il s'agit de Portugais, d'Espagnols, d'Italiens, il n'y a jamais aucun problème envers eux, on ne parle jamais de racisme, ils s'intègrent parfaitement et n'emmerdent pas le monde, dit M. Welialez, de Bois-Colombes. Par contre, avec les Maghrébins, il en va tout autrement, on est raciste parce qu'ils emmerdent les gens ; la moitié des vols et des agressions sont de leur fait. A la télé, on ne voit qu'eux à la tête des grèves dans l'industrie automobile. Ils ne s'intègrent pas et en général sont fourbes et menteurs. On n'est pas raciste, on le devient devant leurs agissements. Le reste, c'est de la prose gauchiste.»* André Bellocq-Hau, de Paris, partisan convaincu du métissage, finit par craquer à son tour : *«Oui, je suis au contact d'immigrés dans mon travail... Je pense que la France est un pays métissé par nature... et je crois, comme Senghor,* que les vraies civilisations sont métissées.»* A condition que les nouveaux venus adhèrent *«par filiation spirituelle»* à l'identité nationale. *«C'est le sens de ''nos ancêtres les Gaulois'',* mythe trop décrié que je trouve très beau... Or, et c'est là que je crains d'être devenu*

xénophobe, j'en veux aux Maghrébins, qui empêchent de fait aux enseignants de mes enfants de leur transmettre le patrimoine.»

Mais pourquoi les Arabes? A cause des guerres de colonisation, on l'a vu, et notamment de cette guerre civile que fut la guerre d'Algérie. Mais aussi, c'est d'une évidence écrasante, à cause de ce qu'Emilienne Baum Comisso, quarante-cinq ans, Paris, appelle la *«montée terrifiante de l'islam».* Solidaire des étrangers et des chômeurs, elle ajoute: *«Je me sens menacée dans ma culture, mes mœurs, la ligne de vie qui est la mienne par la véritable invasion du Maghreb et de l'Afrique islamique en France. J'y suis d'autant plus sensible que je suis femme et que je sens quelles incidences pourraient subir la condition féminine sur nos conditions de vie. Je suis athée et n'aime aucune religion ; mais l'islam me fait particulièrement peur.»*

Xénophobes, les Français? Vous voulez rire... Les étrangers, on les a-do-re! Tous, ou presque! Les Européens, bien sûr parce qu'ils sont nos frères. A plus forte raison, s'ils sont catholiques et méditerranéens comme les Espagnols et les Portugais. *«Bien adaptés», «courageux», «honnêtes», «simples et cordiaux», «on les retrouve à la messe du dimanche»,* note M. C.-A. Voelckel, ex-officier de spahis (Perpignan). *«Ils s'assimilent très bien,* estime Mme Billet: *voir travailler leurs femmes et un bonheur. C'est toute la vieille éducation chrétienne, où, dans les villages, les sœurs formaient les filles en leur apprenant tout ce qui est nécessaire à la bonne tenue d'un foyer — et à coudre pour vivre économiquement.»* Et Louis Jay, soixante-dix ans, de Taverny, fait une comparaison implicite: *«Quand avez-vous vu des Portugais en tête de défilés C.G.T.?... Ils ont mieux à faire, ils travaillent, eux.»* Si décriés jadis, les Polonais font aujourd'hui un tabac parmi les Français de souche. Pour les meilleures des raisons et pour d'autres, plus... inattendues. *«Vive l'immigration polonaise qui nous a apporté un peu de sang blond!»,* s'exclame un enseignant de trente et un ans.

Mais les chouchous de nos correspondants, ce sont, sans contredit, les Jaunes. Les préjugés jouent en leur faveur: *«intelligents», «cultivés»,* (cf. les juifs), *«modernistes»* (cf. les Japonais), anticommunistes (réfugiés viêtnamiens),* note Maryse B., cadre administratif dans les Alpes-Maritimes. *«Leur* réputation de raffinement et de courtoisie joue favorablement.» «*Ils*» se plient aux règles, surenchérit un correspondant anonyme qui s'affiche par ailleurs raciste délibéré. «*Les Indochinois sont merveilleux*, s'exclame Mme Billet; *il est vrai qu'ils ont fui le communisme.*»

Autant, en effet, les souvenirs de la guerre d'Algérie pèsent lourdement sur le contentieux franco-maghrébin, autant ceux de la guerre du Viêtnam jouent en faveur des Asiatiques dans l'esprit de nos compatriotes. «*Je suis raciste et je le resterai toujours*», nous prévient René Balma, retraité militaire à Berlin, qui veut renvoyer tous les «melons» dans leurs «gourbis»...* «*En revanche, j'aime et adore tous les Asiatiques, même les anciens Viêt-Minh.*»* Robert E. Pérou, colonel à la retraite, les verrait sans inconvénient à des «postes de commande de la nation française.»

A cette vision manichéenne des immigrés, dont les Arabes sont les grandes victimes, les Noirs, du reste peu présents, sont les seuls à échapper. Ils font parfois peur, à cause de leurs costumes étranges, de leurs trafics frauduleux de toute sorte, des métiers dégradants qu'ils accomplissent; mais on aime aussi leur gaieté, leur insouciance. «*Ce sont de grands enfants*», note un ancien officier. Au niveau des jeunes... ce sont «*les blacks... bien habillés, dandys, ils représentent la culture américaine musicale noire : rhythm'n'blues*», conclut un étudiant en médecine.

Cette plongée dans les stéréotypes de la France profonde nous aura convaincus, s'il en était besoin, que la détresse et le dénuement ne sont pas le royaume de la solidarité mais du chacun-pour-soi. La France des autres, la France des non-Français, repose sur une cascade de mépris où le dernier venu permet à l'avant-dernier d'améliorer sa position relative et d'avancer dans la consécration sociale.

Décidément, racisme et antiracisme ne sont plus ce qu'ils étaient : des positions antagonistes se mêlent, s'entrecroisent de façon surprenante dans l'esprit et les lettres de nos correspondants. Qu'est-ce que l'immigré? Du point de vue politique et ethnique, c'est l'«Arabe» — ou le Maghrébin, nous l'avons vu. Etonnant rétrécisement. Et pourtant, en fin de compte, le concept s'élargit et finit par désigner une condition plutôt qu'un statut civique. Un correspondant anonyme vivant dans un quartier à forte proportion d'immigrés note: «*Le terme immigré n'a pas grand-chose à voir avec la nationalité puisqu'on l'emploie aussi pour des jeunes de nationalité française nés en France. Pour simplifier, l'immigré, c'est "le pauvre qui vient d'ailleurs", même si ce "vient d'ailleurs" remonte à une ou plusieurs générations.*» Même point de vue chez Maryse C. (Alpes-Maritimes): «*Les résidents étrangers européens, ou même de races différentes, mais riches (tels les originaires du Koweït, des émirats ou du Liban vivant sur la Côte d'Azur), ne sont pas considérés comme des immigrés... L'immigré, pour le Français moyen, c'est le pauvre qui est d'une autre race ; c'est le chômeur, l'ouvrier, l'épicier de couleur.*»

La menace, pour certains, ce n'est pas la race en tant que telle, mais le nombre. La preuve, dit M. Descours, enseignant à Brest, c'est que «*les communautés étrangères les plus mal acceptées dans la Drôme et l'Ardèche sont, dans l'ordre, les Allemands, les Hollandais, les juifs, les Arabes.*» Evidemment : les riches hollandais sont bien plus menaçants comme acheteurs de terres que les O.S. marocains...

C'est Florence Brouilhet, étudiante en histoire à Limoges, qui analyse le mieux l'assimilation classe laborieuse–classe dangereuse* qui s'opère grâce au mécanisme de la peur sociale : «*J'ai en général peur des immigrés... sans pour cela être raciste ! Je m'explique. J'ai peur, en général, des classes sociales dites "défavorisées" parce que c'est un nid de délinquance... Voilà pourquoi, quand je croise un immigré, l'enchaînement des idées se fait dans mon petit cerveau mesquin : immigré = exploité = révolté potentiel = délinquant potentiel = sauve-qui-peut!*»

Texte 4.2 *Extraits de Jean-Yves Le Gallou, 'Immigration: la réalité en chiffres et en faits', dans* Le Figaro Magazine, *20 avril 1985*

L'IMMIGRATION EST-ELLE UNE CHANCE POUR LA FRANCE?

C'est le titre d'un livre de Bernard Stasi et cela a valu à son auteur d'être invité sur toutes les radios et les télévisions. On peut pourtant douter que Bernard Stasi soit convaincu que l'immigration soit réellement une chance pour la France puisqu'il propose de la limiter, d'accroître la répression contre les clandestins et même d'encourager une partie des immigrés présents à repartir!

En vérité, loin d'être une chance pour la France, l'immigration est un handicap. Parce qu'elle aggrave le chômage et l'insécurité, mais surtout parce qu'elle est une menace pour l'identité nationale. D'abord parce que dans les écoles, où les enfants d'étrangers sont nombreux, la transmission de la langue, de la culture, de l'histoire de France ne peut plus se faire dans des conditions satisfaisantes et que les petits Français deviennent étrangers dans leur propre pays. Ensuite parce que dans les quartiers où existent de fortes communautés étrangères structurées — comme aux Minguettes, comme dans les Z.U.P. des quartiers Nord de Marseille, comme à Barbès* — la situation échappe aux autorités de la République. Enfin, parce qu'en devenant des mosaïques ethniques, nos villes portent en germe des conflits sanglants.

[...]

QUEL EST BILAN DE L'IMMIGRATION?

Le bilan de l'immigration est globalement négatif. D'abord, contrairement à ce qui est souvent affirmé, le poids des étrangers dans l'économie est relativement limité.

Le nombre des travailleurs étrangers n'est que de 1.550.000 d'après le recensement de 1982 et 278.000 d'entre eux étaient au chômage au 31 décembre 1983.

Le taux de chômage des étrangers est une fois et demie celui des Français et varie considérablement d'une nationalité à l'autre.

Les Espagnols, les Portugais et les Italiens ont, en effet, un taux de chômage équivalent à celui des Français ; contrairement aux Algériens, aux Marocains et aux Tunisiens qui sont trois fois plus au chômage que les Français.

Un travailleur algérien sur cinq est au chômage en France et en Île-de-France un homme au chômage sur trois est étranger.

La surchage sociale des immigrés est difficilement niable : 22 % des hospitalisations en aigu de l'Assistance publique de Paris* concernent des étrangers. Ce chiffre est particulièrement élevé dans la mesure où la population étrangère compte relativement peu de personnes âgées, qui sont par la force des choses les plus sujettes à l'hospitalisation.

De même, les populations étrangères pèsent lourdement sur le budget des prestations familiales et sur l'aide sociale.*

Les mille centres sociaux* implantés sur tout le territoire national fonctionnent à 50 % au profit des étrangers.

Le gouvernement a d'ailleurs reconnu qu'il fallait engager des dépenses particulières au profit des étrangers et a créé des structures spéciales pour faire face à leurs problèmes : l'Education nationale a créé à leur profit les Z.E.P. (zones d'éducation prioritaires), le ministre du Logement accorde de nombreux crédits aux «îlots sensibles» où sont concentrées les populations immigrées, et les ministères de l'Intérieur et de la Justice financent les opérations «anti-été chaud».*

Y A-T-IL UNE SURDÉLINQUANCE IMMIGRÉE?*

Hélas oui ! Les étrangers représentent 7 à 8 % de la population française, mais d'après les statistiques de la police judiciaire pour 1983, ils commettent 15 % des crimes et délits, 23 % des homicides et 58 % des trafics de drogue.

Dans les prisons, un quart des détenus sont des étrangers, généralement issus du Maghreb ou d'Afrique.

La surdélinquance immigrée est donc incontestable. Encore convient-il de noter que les chiffres cités plus haut ne tiennent pas compte de la délinquance de la deuxième génération qui est le fait d'hommes qui ont la nationalité française en même temps que celle du pays d'origine. Car les enfants d'étrangers nés en France bénéficient de notre carte d'identité tout en restant tunisien, algérien ou marocain ou autres au regard de la législation de leur pays d'origine qui ne reconnaît que le loi du sang.

Contrairement à ce qui est parfois affirmé dans les brochures de propagande gouvernementale, cette surdélinquance immigrée ne s'explique pas seulement par le fait qu'il s'agirait souvent d'une population jeune et masculine (ce qui est faux depuis le regroupement familial).

Il est à cet égard frappant de constater qu'à population adulte masculine comparable, le taux de délinquance des Portugais est six fois moins élevé que celui des Algériens.

Il est malheureusement exact de dire que la surdélinquance immigrée est d'abord une surdélinquance maghrébine.

AVONS-NOUS UNE DETTE ÉCONOMIQUE VIS-À-VIS DES IMMIGRÉS?

Non. Les médias officiels insistent beaucoup sur la dette économique que nous aurions vis-à-vis des étrangers, sans qui les «trente glorieuses»,* cette période de croissance extraordinaire de notre économie, n'aurait pas été possible. Le croire, c'est de la jobardise. D'abord parce que les étrangers ont reçu un salaire en fonction du travail qu'ils ont effectué, ensuite parce qu'il est loin d'être prouvé que la main-d'œuvre étrangère ait été nécessaire à la croissance que nous avons connue dans les années 1945/1973 : le Japon a connu une croissance plus grande que la nôtre sans faire appel à un seul travailleur étranger.

En fait, l'immigration a créé une dynamique des métiers modestes et a freiné la modernisation de notre économie. C'était peut-être une facilité, c'est devenu un handicap comme l'a noté l'éditorialiste du *Nouvel Observateur*, Roger Priouret : *«Ce n'est pas un hasard si, dans les secteurs où le travail à la chaîne emploie beaucoup d'ouvriers étrangers, en premier lieu l'automobile, mais aussi l'électroménager, on constate une baisse de qualité et de réputation qui se traduit par une diminution des ventes. Les entreprises françaises paient aujourd'hui le prix d'une politique fort ancienne.»*

En outre, notre pays a connu trois vagues bien différentes d'immigration : une vague européenne dans les années 50, italienne et espagnole d'abord, portugaise ensuite, une vague maghrébine dans les années 60, surtout à partir de 1965, une vague planétaire depuis 1975.*

On peut à la rigueur considérer que les immigrés européens ont contribué à notre croissance ; ils ne posent d'ailleurs aucun problème à notre pays car ils repartent souvent chez eux ou s'assimilent à la France sans difficultés.

Il va de soi qu'on voit mal en quoi les Turcs, les Pakistanais, les Sri-Lankais ou les Zaïrois arrivés depuis 1975* ont pu contribuer de quelque manière que ce soit aux «trente glorieuses»... qui se sont achevées en 1973. Et la contribution des Maghrébins elle-même, à supposer qu'elle soit bien réelle, n'a pu être que tardive puisqu'ils n'étaient que 400.000 en 1962.

Quels que soient ses mérites, l'apport de M. Akka Gazzi,* chef syndical et député marocain pour la circonscription nord de la France, aux «trente glorieuses» qui se sont achevées en 1973, n'a pu être que limitée... puisqu'il est arrivé dans notre pays en 1972.

[...]

FAUT-IL CRAINDRE L'ISLAM?

L'islam est une des grandes religions du monde, mais ce n'est pas seulement une spiritualité c'est aussi un bloc social, juridique et culturel, dont rien n'est exclu. Tout le problème est là. [...]

Pour Georgina Dufoix,* Bernard Stasi et Françoise Gaspard,* il faut mettre en place en France une société multiculturelle. Il s'agit de permettre aux étrangers de s'organiser dans leur communauté d'origine avec leur propre mode de vie, leurs propres valeurs, leur propres références, leurs propres dirigeants.

Mais en fait cela revient à : abandonner la tradition républicaine d'assimilation ; admettre d'appliquer des droits différents à des personnes appartenant à des communautés différentes ; avoir plusieurs lois civiles, plusieurs codes pénaux suivant les origines. La société multiculturelle serait donc en rupture totale avec notre passé.

L'histoire montre en outre l'échec permanent des ensembles multiculturels. Regardons en Asie, et ce sont les soubresauts de l'Inde et de Ceylan ; regardons en Afrique, et c'est la guerre du Biafra ou la lancinante affaire tchadienne ; regardons en Europe, et c'est la guerre civile en Ulster depuis près de vingt ans, sans oublier la question des Sudètes, qui ne fut réglée, après mille ans de présence germanique sur des terres slaves, que par le déplacement des populations ; regardons le Moyen-Orient, et c'est le sort tragique du Liban.

Texte 4.3 *Extraits d'Albano Cordeiro,*
L'Immigration, *Paris, Éditions La
Découverte/Maspéro, 1983*

Le patronat a recours à la main-d'œuvre immigrée
parce que celle-ci est bon marché. Par ailleurs, à
cause des conditions mêmes de l'émigration et de
l'insécurité liée au statut de non-national (condition
pas nécessaire, mais agissante en ce qui concerne les
migrations externes), le migrant est mis en situation
de devoir accepter certains postes de travail et une
mobilité imposée directement par le patronat (condition pas nécessaire, mais fréquente). Ces «qualités»
sont recherchées par le patronat et sont intéressantes
au niveau de la politique nationale de gestion de la
main-d'œuvre. Par leurs caractéristiques sociales
(forgées par les origines de l'émigration et
renforcées par un cadre administratif approprié) les
travailleurs immigrés servent au «bon fonctionne-
ment» du marché du travail de l'économie utilisatrice
de travail migrant.
[...]
D'abord le fait d'avoir accès à des réserves (vrais
gisements de travailleurs-matière première) abon-
dantes de travailleurs «prêts à partir» et substituables
(un travailleur étranger «vaut» un autre travailleur
étranger) rend l'offre de travail migrant très élasti-
que, ce qui permet de maintenir les bas salaires. (Le
patron «n'a pas besoin» de retenir un travailleur
immigré en augmentant son salaire ou en le classant
plus haut.) Deuxièmement, ces travailleurs arrivent à
l'âge de travailler alors que l'économie utilisatrice
n'a pas eu à payer les dépenses nécessaires à leur
formation jusqu'à l'âge adulte.
A titre d'exemple : chaque fois qu'un jeune adulte
français se présente pour la première fois sur le
marché du travail, il a coûté jusqu'à cet âge-là en
alimentation, en dépenses de santé, de formation,
etc., 20 à 30 millions de francs. Pendant seize ou
vingt ans, une partie des ressources du pays a été
orientée vers la création et la formation des jeunes
avant qu'ils ne se présentent sur le marché du travail.
Mais si un système économique national peut avoir
recours à des travailleurs nouveaux pour lesquels il
n'a pas eu à soutenir les dépenses encourues jusqu'à
son âge actif, ce système pourra permettre d'ouvrir
des nouveaux postes de travail pour une force de

travail qui, dans son ensemble, a coûté moins cher.
Pour l'économie dans son ensemble, la somme
d'investissement moyen par poste de travail plus coût
des investissements publics de formation, est moindre si on utilise de la main-d'œuvre étrangère en
grande proportion. Ce bénéfice, pour l'économie
utilisatrice du travail migrant, est théoriquement
proportionnel à la part de vie active que le travailleur
migrant passe dans le pays de l'économie utilisatrice.
Mais, en fait, l'allongement du séjour aboutit à
d'autres dépenses (d'entretien, de retraite) ; il y a
donc une durée optimale de séjour pendant laquelle
l'effet de moindre coût global de la main-d'œuvre
migrante profite le plus à l'économie utilisatrice.
D'où la préférence du patronat et du planificateur
pour les modèles migratoires à base de séjours
temporaires (modèles de rotation).

Texte 4.4 *Extraits de Bernard Stasi,*
L'Immigration: une chance pour la France, *Paris,
Laffont, 1984*

[...] Il faut combattre les idées fausses qui, savam-
ment entretenues et délibérément exploitées par
certains, donnent, à trop de nos compatriotes, une
vision erronée du phénomène de l'immigration.
Première idée fausse : le départ d'un immigré,
c'est un chômeur français en moins.
[...]
En France, alors que l'immigration n'a pas connu
une forte augmentation depuis dix ans, le chômage,
pendant cette même période, a plus que quintuplé,
passant de 450.000 à 2.360.000 chômeurs.
L'évolution du chômage a été pratiquement identi-
que dans les autres pays de la Communauté Européenne, y compris chez ceux qui, au début de la crise
économique, ont pris des mesures brutales pour
diminuer le nombre des travailleurs immigrés.
[...]
Toutes les études prouvent, d'ailleurs, que les
possibilités de substitution des travailleurs français
aux travailleurs immigrés sont assez limitées. Les
immigrés occupent essentiellement des emplois de
production caractérisés par une qualification très
basse, par le caractère pénible des tâches et par des
salaires peu élevés. Même en période de fort
chômage, il est peu probable que des Français

occupent ces emplois. La première conséquence d'un remplacement nombre pour nombre serait une augmentation sensible du coût de production et donc, dans les secteurs exposés à la concurrence, une baisse de la compétitivité, avec, à plus ou moins long terme, des répercussions néfastes sur l'emploi.

Deuxième idée fausse qu'il faut combattre : les travailleurs immigrés aggravent le déficit des budgets sociaux.

Rappelons tout d'abord — certains font semblant de l'ignorer — que les travailleurs immigrés cotisent, comme les autres, à la Sécurité sociale. En échange de ces cotisations, ils bénéficient moins des avantages sociaux, globalement, que les Français.

Toutes les statistiques prouvent que les assurés appartenant aux catégories sociales les plus élevées «consomment» plus de soins chers que les autres. Or, on le sait, les immigrés, dans leur grande majorité, n'appartiennent pas à ces catégories.

Il est prouvé, également, qu'un individu est d'autant plus coûteux pour la caisse maladie qu'il est âgé. Or, la population immigrée est, en moyenne, plus jeune que la communauté nationale. Pour les prestations familiales non plus, les travailleurs immigrés ne peuvent pas être considérés comme des «profiteurs» abusifs. Près de 600.000 d'entre eux ont laissé leur femme et leurs enfants dans leur pays d'origine et les allocations familiales ne leur sont versées que si des accords bilatéraux lient ces pays à la France.

Par ailleurs, les retraités étrangers sont moins nombreux que les retraités français, et leurs retraites sont moins élevées. Le pourcentage des retraités par rapport aux cotisants est quatre fois moins élevé parmi les assurés étrangers que parmi les assurés français. Qu'il me soit permis d'ajouter, à cet égard, que ceux qui s'inquiètent, à juste titre, de la capacité de la société française à supporter, dans les années à venir, le poids croissant des retraités devraient apprécier positivement l'apport des travailleurs immigrés. Une diminution de la population active due au départ massif des travailleurs immigrés rendrait ce poids difficilement supportable.

Sans doute, lorsqu'on s'efforce de mesurer le coût social de l'immigration, il convient de noter aussi que, le taux de chômage étant plus élevé chez les immigrés, ils bénéficient, dans ce domaine, d'un montant d'allocations proportionnellement plus élevé

que les Français. Il faut signaler également que les travailleurs étrangers, et en particulier, les Maghrébins, perdent, en moyenne, plus de journées de travail que les Français pour cause d'accidents de travail. La forte proportion de travailleurs étrangers dans les secteurs professionnels à hauts risques (bâtiment, travaux publics, métallurgie) explique cette différence.

Cela dit* — et même si l'on ajoute que les immigrés pèsent parfois lourdement, au titre de l'aide sociale, sur le budget de certaines communes —, il est faux de prétendre que la population immigrée bénéficie, sans contrepartie, de la solidarité nationale et vit «sur le dos des Français».

Troisième idée fausse : les immigrés sont responsables de la délinquance.

Dans ce domaine, je le reconnais volontiers, les statistiques sont difficiles à établir. Il convient donc de s'exprimer avec prudence.

Ceux qui affirment de façon péremptoire, en citant quelques chiffres, qu'il existe une surdélinquance des immigrés oublient, le plus souvent, de nuancer leur propos en expliquant que cette situation est due au fait que, par rapport aux Français, les immigrés sont, en moyenne, plus jeunes et plus pauvres. Or, on le sait, c'est dans ces classes d'âge et dans ces catégories socio-professionnelles que les taux de délinquance sont les plus élevés.

Cela dit, il semble incontestable que, pour ce qui concerne la drogue et les viols, la surdélinquance des immigrés est réelle, même si l'on tient compte du facteur d'atténuation par l'âge et par la classe sociale.

La drogue, est-il besoin de le rappeler, est une réponse, ou, plutôt, une tentative de réponse au mal de vivre. Dans la situation de déracinement où se trouvent beaucoup de jeunes immigrés, en particulier des Maghrébins, tiraillés entre deux cultures, en rupture avec le milieu familial sans être pour autant intégrés dans la société française, comment s'étonner que nombre d'entre eux se réfugient dans la drogue? Il ne s'agit pas de préconiser une indulgence particulière, surtout lorsque l'usage de la drogue débouche sur la delinquance comme moyen de se la procurer. Mais ceux qui dénoncent ce phénomène sans chercher à le comprendre montrent qu'ils sont plus soucieux de flatter le racisme latent chez certains de nos compatriotes que de rechercher les moyens de le combattre.

Pour les viols aussi, comment pourrait-on le nier, l'explication réside dans les conditions de vie particulières de beaucoup d'immigrés, privés d'une vie familiale normale.

Mais si, pour certains délits, la surreprésentation des immigrés* est incontestable, il n'en est pas de même pour la grande criminalité;* le pourcentage des étrangers condamnés aux Assises est, en effet, inférieur au pourcentage de la population immigrée dans notre pays.

En tout cas, à travers ces quelques faits incontestables et ces statistiques aussi difficiles à établir qu'à interpréter, il apparaît de façon évidente que le sentiment éprouvé par une fraction importante de l'opinion française est largement injustifié.

Texte 4.5 *Extraits de Claude Guillon, 'Éléments de réponse sur le thème: "Les immigrés nord-africains sont hostiles à notre culture, ils nous menacent, vont nous coloniser" etc...'. Source: Document ronéotypé diffusé par Secours Catholique, 1983*

Parler de «notre culture», c'est affirmer qu'il y a une culture française unique. C'est oublier que le peuplement de la France doit beaucoup aux migrations du passé et que la nation française est faite de minorités (Bretons, Occitans, Corses, Immigrés Européens, mais aussi Antillais ou Réunionnais).

Il est vrai que le centralisme, fondé sur les principes d'égalité de la Révolution française, a beaucoup contribué à niveler ces différences au nom de la justice sociale: mêmes institutions pour toutes les régions et toutes les confessions, mêmes écoles, même langue, même histoire nationale.

Mais il est non moins vrai que les particularismes n'ont jamais réussi à disparaître complètement et qu'ils ont ressurgi très fortement depuis une vingt-aine d'années: militants autonomistes, résurgence des langues régionales.

Cessons d'imaginer la culture française comme une «culture unique» et constatons que notre nation est déjà pluri-culturelle.

[...]

Vous dites* que les immigrés européens se sont intégrés sans difficultés. C'est facile à dire après coup mais ce n'est pas toujours leur point de vue. Il n'est pas loin le temps où l'on méprisait ou redoutait les «Ritals», les «Polacs»,* etc... Il est vrai que leurs racines plongeaient dans un passé européen commun et que leur apparence ethnique ne différait pas trop de celle des Français. (Encore que* la diversité des types en France est si grande que l'on peut se demander à quels signes on reconnaît un Français?)

Alors si l'on a finalement accepté ces immigrés, qu'est-ce qui empêche d'accepter que des Arabes, des Africains ou des Asiatiques, Musulmans ou Bouddhistes puissent venir enrichir notre patrimoine national?

Une fois la génération migrante établie en France, sa culture d'origine subit elle aussi un changement. L'Arabe algérien en France depuis dix ans n'est pas français mais il n'est plus ce qu'il était. Il est Algérien de France. Et son fils participe à la fois de la culture française (par l'école, par l'environnement) et de la culture arabe (par sa famille). Il est franco-arabe.

Est-il inconcevable d'être franco-arabe, franco-antillais, franco-polonais? Et pourquoi un Français ne serait-il pas musulman? Il y a bien 500.000 Français juifs (la deuxième minorité juive, après les U.S.A.).

Où est le blocage? Est-ce la couleur de la peau? Ne peut-on pas être Français de couleur? Il y en a déjà beaucoup car la politique d'assimilation menée dans les DOM-TOM* a fait de nombreux Français noirs et de vieille souche! (trois siècles de passé et de racines communs).

En vivant ensemble les cultures se fondent, se transforment, s'enrichissent et produisent *autre chose*. La «culture française» est en mouvement perpétuel et c'est ce qui fait son dynamisme et sa richesse. Les immigrés du Tiers Monde lui donnent une chance unique d'un apport encore plus diversifié. Saurons-nous le reconnaître?

Si nous prenons conscience des potentialités que ces minorités représentent, si nous leur permettons une expression dans l'espace français, nous serons culturellement gagnants.

Si par contre nous les considérons comme ennemis, comme «véritable colonisation de peuplement par le ventre»,* nous créerons des militantismes nationalistes sur notre territoire et nous en subirons les violences – en retour de notre propre violence.

PART TWO

5
Family life

The culture clashes associated with international migrations are often seen at their most intense in personal relationships between members of the same family. Individuals moving between cultures enjoy a certain degree of flexibility, for many cultural norms are neither explicitly systematized nor legally binding. But some elements are formally codified in legal systems, and these – particularly where they clash with those of other cultures – may become sources of great anxiety when they impinge on the most intimate and prized of human relationships, namely those of a family nature. The present chapter focuses on the interaction between these personal tensions and the legal and cultural framework within which they occur.

Many aspects of family life are regulated by tradition and unspoken agreement. By informal processes of negotiation and consent, the structure of the family may be modified to take account of changed living conditions. These changes may be very marked indeed where migrants are concerned (text 5.1), and often lead to clashes between migrant parents and their children (see, for example, text 5.2, from a novel by a second generation writer). Such clashes reflect the difficulties experienced by these youngsters in reconciling the two cultures – that within and that beyond the family walls – between which they move every day in France. These tensions are apt to assume crisis proportions when the sons and daughters of migrants reach the point of choosing their own marriage partners – or of having a spouse chosen for them (texts 5.3–5.5). An enormous amount is at stake for all concerned. Anxious to sustain as far as possible the culture of their home country, parents commonly see the marriages of their children as crucial tests of their capacity to successfully transmit their cultural heritage to succeeding generations. In principle, the traditional right of Muslim parents to arrange marriages on behalf of their children might appear to be a trump card. In practice, this right is often challenged by youngsters who have come to expect a similar degree of freedom to that enjoyed by their French friends in the choice of a marriage partner. In France, marriage is by far the most important freely chosen relationship into which anyone can enter; as such, it becomes a major test of the ability of migrant children to affirm their own identity and control their personal destiny.

Mixed marriages – i.e. ones involving a French person and a partner from a migrant background – now account for about a fifth of all Algerian or partially Algerian families in France. Partly because Islamic law traditionally prohibits Muslim women from marrying non-Muslims, most Franco-Algerian marriages involve a partnership between an Algerian husband and a French spouse. Some of these marriages are very successful. In the long run, some would see them as perhaps the most promising hope for the harmonious integration of the French and Algerian communities. But even in apparently successful mixed marriages, such as the one described by a young French woman in text 5.6, potentially destructive tensions are often present just below the surface.

When such marriages break down, the inevitable emotional distress is often compounded by enormous legal complications, particularly over the custody of children (texts 5.7–5.12). The basic problem is that French law differs radically from that applied in Islamic countries, and legal rulings made on one side of the Mediterranean have often been regarded as invalid on the other. Islamic law, with its strong male bias, has traditionally given priority to the father, whereas French divorce courts usually award custody of children to the mother. Many divorced Muslim fathers have defied French court rulings and taken their children to North Africa, where the courts would commonly refuse to recognize custody orders made in France. In 1981 and 1982, France signed agreements with Morocco and Tunisia designed to overcome this problem. In Algeria, even under new laws introduced there in 1984 giving substantially increased custody rights to divorced mothers, French women have still found it virtually impossible to enforce French court orders made in their favour.

Their cause was taken up by an organization known as the Association Nationale 'Défénse des Enfants Enlevés' (ANDEE), founded in 1980. By 1984, ANDEE estimated that 12,000 children were being held in Algeria in defiance of French court orders. Although the bulk of Algerian emigrants have been concentrated in France, smaller numbers of migrant workers and students have travelled to other parts of the Europe, including Britain, and very similar problems over the custody of children have arisen when mixed marriages contracted in these countries have ended in separation or divorce. One such case involved Ms Margaret Hughes, a British woman divorced after seven years of marriage to an Algerian whom she had met while he was a student in England. In 1984, ANDEE and a number of other organizations decided to charter a boat to carry a group of mothers across the Mediterranean in order to put public pressure on the French and Algerian authorities to satisfy their demands for access to their children. Ms Hughes was one of several women from other parts of Europe who took part in this protest. The difficulties and frustrations experienced by these tug-of-love mothers in trying to get governments and courts to recognize and deal with their problems are described in text 5.11.

At the last minute, the women agreed to cancel their voyage across the Mediterranean after receiving assurances that the French and Algerian governments would attempt to negotiate an official settlement of the problem. Progress in the negotiations proved extremely slow, however, and the following year a group of mothers staged a sit-in at the French embassy in Algiers for five months in an attempt to force the pace. By 1986, an end to these inter-governmental negotiations was in sight, but it was unclear how far the outcome would satisfy the demands of tug-of-love mothers in France and other European countries. Few cases have been resolved as dramatically and apparently happily as the one described in text 5.12.

DOCUMENTS

Texte 5.1 *Extraits de Claude Guillon,* Le Maghreb là-bas et le Maghreb ici, *Paris, Secours Catholique, 1983*

Il est impossible de camper un portrait type de la famille maghrébine, car celle-ci est en pleine évolution. Cependant, pour simplifier, nous décrirons trois grandes catégories de familles selon qu'elles sont rurales, urbaines ou migrantes, tout en gardant à l'esprit que la réalité est encore beaucoup plus complexe.

LA FAMILLE RURALE ARABO-BERBÈRE

Les familles rurales du Maghreb sont encore organisées selon les règles du droit musulman traditionnel. Or, selon le Coran: *Les hommes ont autorité sur les femmes en vertu de la préférence que Dieu leur a accordée sur elles et à cause des dépenses qu'ils font pour assurer leur entretion* (Coran IV, 34). Il découle de ce verset que la femme doit obéissance à son mari, mais à la condition qu'il pourvoie à ses besoins.

Dans la pratique, c'est l'*homme* qui assure la charge économique de la famille, la gestion de son budget, les relations publiques. Il vit principalement *à l'extérieur* de la maison. Dans les grandes familles, c'est le «patriarche» qui détient l'autorité. A sa mort, l'homme le plus âgé lui succède (souvent l'un de ses frères). Puis c'est le fils aîné. Les hommes ont un droit de regard sur les allées et venues des femmes de leur famille, et tout manquement aux convenances de celles-ci atteint l'honneur masculin.

LA FAMILLE URBAINE

Dans les villes du Maghreb, le tableau que nous

venons d'esquisser demande à être modifié.

D'une part, les conditions de vie en milieu urbain rendent difficile la pratique de certaines traditions – tout particulièrement dans les quartiers déshérités et les bidonvilles où la grande famille éclate en familles plus restreintes, ainsi que dans les classes moyennes cultivées où les femmes occupent de plus en plus des emplois salariés.

D'autre part, les trois pays du Maghreb connaissent une évolution de leurs droits de la famille qui tend progressivement à dégager celle-ci du modèle patriarcal traditionnel. Ainsi, dès 1956, la Tunisie s'est dotée de lois sur *le statut personnel* qui proclamait la femme égale de l'homme et interdisait la polygamie. En ce qui concerne l'Algérie, quatre tentatives de lois sur le statut personnel ont été faites depuis 1964, qui n'ont pu aboutir encore par suite des conflits entre progressistes et traditionnalistes. Début 1982, des associations de femmes algériennes ont mis en échec la dernière mouture d'un code de la famille, qu'elles jugeaient trop conservateur. Ce code remanié devrait aboutir prochainement.* Au Maroc un certain chemin reste à faire dans ce domaine.

Mais il ne faudrait pas conclure trop vite à l'évolution radicale de la famille rurale traditionnelle vers une nouvelle forme de famille. Les mentalités demeurent malgré les lois, même en Tunisie, et les lois mettront sans doute encore longtemps avant de passer dans les mœurs.

LA FAMILLE IMMIGRÉE

La famille maghrébine immigrée en France vit, plus que toute autre, ces tiraillements entre le passé oriental qu'elle véhicule et l'environnement occidental. La majeure partie des migrants maghrébins de 35 à 50 ans ont grandi dans des familles rurales traditionnelles. Lorsqu'ils font venir leur famille en France, ils voudraient reproduire plus ou moins leur idée de ce modèle, alors que la grande communauté familiale n'existe plus ici et que la vie en France est totalement différente de celle de leur village d'origine.

L'un des paradoxes de l'immigré est qu'il ne voit pas l'évolution qui se fait dans les villes du Maghreb. De sorte qu'il entend perpétuer en France des mentalités qui, dans son pays, sont en voie de transformation.

Relation mari–femme

Les maris maghrébins de la première génération ont beaucoup de mal à réaliser l'idée qu'ils se font de leur statut. Par crainte de perdre leur pouvoir sur la femme il leur arrive d'être encore plus autoritaires qu'ils ne l'auraient été au pays. Il est fréquent qu'ils leur interdisent de sortir seules pour faire des courses, de se rendre aux cours de français ou de rencontrer des femmes plus émancipées (et à fortiori des hommes). Ils sont parfois tenaillés par la jalousie à l'égard de certains compatriotes, ce qui fait beaucoup souffrir leurs femmes.

Tenues à l'écart de la vie sociale, les mères maghrébines sont, dans un premier temps, obligées de passer par leurs enfants pour s'initier à la langue ou aux démarches élémentaires que la vie leur impose tôt ou tard. Car, finalement, les interdictions du mari finissent par s'effriter. Il est absent de la maison à cause de son travail et il faut bien gérer les affaires courantes. De sorte que les femmes émergent peu à peu de leur statut de mineure, non sans frictions.

Parfois, lorsque le mari est au chômage, la situation se renverse totalement. Le père maghrébin est, plus encore que le français, atteint au fond de son être spirituel par le chômage car, s'il ne peut plus subvenir aux besoins de sa famille, c'est toute sa raison d'être qui s'écroule. Un chômage prolongé et non indemnisé peut alors entraîner sa démission totale – voire un abandon de la famille – tant la honte est grande chez lui. La mère maghrébine est alors seule pour faire face aux difficultés de la vie. Et elle les assume généralement avec beaucoup de courage.

Relations parents–enfants

L'une des motivations importantes au regroupement de la famille en France vient du désir des pères de donner une bonne éducation à leurs enfants, grâce à la fréquentation des établissements scolaires. Les pères font totalement confiance aux maîtres d'école qu'ils pensent investis d'une très grande autorité dans leur domaine propre. Pour cette raison, ils n'estiment pas devoir intervenir dans la vie scolaire des enfants, pas plus qu'ils n'accepteraient que le maître se mêle des affaires de la famille. Ce

Devant une école maternelle à Paris

études, il conteste presque toujours les idées de son père, et s'il échoue dans ses études il le déçoit, (sans pour autant s'abstenir de contester ses idées). Cette situation est la plus fréquente.

En ce qui concerne les mères, tout dépend de leur propre évolution dans la société française. Si elles demeurent coupées du monde environnant, elles ne tardent pas à se sentir coupées de leurs enfants – surtout de leurs filles – et à se sentir inutiles car leur rôle traditionnel de garantes des coutumes disparaît. Si au contraire elles profitent elles-mêmes de l'environnement – ce qui est fréquent – elles protègent leurs enfants des remontrances du père et essaient de les accompagner dans leur cheminement personnel. Dans tous les cas, elles jouent un rôle central dans la famille immigrée car l'amour qu'elles portent à leurs enfants reste la seule référence stable.

[...]

Lorsque les enfants grandissent, le fossé a tendance à se creuser entre eux et leurs parents, alors même que les liens familiaux restent très forts et que la mère est souvent adorée par ses fils et ses filles. Les divergences entre parents et enfants portent – comme dans les familles françaises il n'y a pas si longtemps – sur la religion, le mariage, les loisirs et les sorties.

En ce qui concerne la religion, les parents ont des difficultés à transmettre une formation musulmane solide, faute de savoir lire et écrire eux-mêmes en arabe. Ils ont tendance à réduire l'islam à des apparences extérieures, aux interdictions et aux obligations, sans pouvoir faire passer* les fondements théologiques. Lorsqu'ils envoient leurs enfants dans les rares écoles coraniques existantes en France, cela n'arrange rien, car les méthodes traditionnelles d'apprentissage du texte arabe du Coran (par cœur) paraissent rébarbatives aux enfants, en comparaison avec les méthodes de l'école française. Pour réduire ces tensions, il est clair qu'il faudrait *que les enfants puissent étudier l'arabe d'une manière attractive, dans le cadre des programmes normaux de l'école.*

En ce qui concerne le mariage, les conflits principaux portent sur le libre choix de l'époux ou de l'épouse. Il est extrêmement fréquent que, pour ne pas être maudit par sa mère, le garçon accepte la femme qu'elle choisit pour lui. La fille en fait de

comportement est souvent interprété par les maîtres français comme étant de l'indifférence ou du désintérêt. Ce qui est rarement le cas. Ce que le père demande à ses enfants est en fait bien difficile: ils devraient, à la fois, s'intégrer au mieux à la culture française pour obtenir de bons résultats scolaires et se conformer aux modèles des mentalités traditionnelles du Maghreb. Sauf cas exceptionnels, la synthèse est peu réalisable et le père vit souvent l'échec de son projet: si son enfant fait de bonnes même à l'égard de son père. En effet, l'islam délègue aux parents l'immense pouvoir d'Allah de bénir ou de maudire leurs enfants. Ceux-ci ont très peur de la malédiction parentale car il est dit que celui qui la subit aura un destin terrestre misérable et sera damné pour l'éternité. Et il est vrai que dans le cas où les jeunes s'opposent au choix de leur parents, les conséquences sont parfois dramatiques, surtout pour les filles (fugues, voire suicides). Mais, les mariages acceptés sous la contrainte sont souvent suivis de divorces, d'abandon de famille par le jeune homme ou d'abandon du foyer conjugal par la jeune femme.

Texte 5.2 *Extrait de Mehdi Charef,* Le Thé au harem d'Archi Ahmed, *Paris, Mercure de France, 1983*

Madjid* ôte ses chaussures et file droit vers sa chambre, le long du couloir. Ses frères et sœurs, famille nombreuse dont il est l'aîné, chahutent en faisant leurs devoirs de classe autour de la table du salon.

Sa mère Malika, robuste femme algérienne, de la cuisine voit passer son fils furtivement dans le couloir.

— Madjid!

Lui, sans se retourner, entre dans sa piaule.

— Ouais!

— Va chercher ton père.

— T'tà l'heure!*

Malika pose sa casserole sur l'évier, en colère:

— Tout de suite!

Dans sa chambre, il met les Sex Pistols et leur *God save the queen* à fond les cuivres,* comme ça il n'entend plus sa mère. Il s'allonge sur son plumard, les mains sous la nuque, et ferme les yeux. Il pense être tranquille, peinard, écoutant le rock dur. Mais voilà que sa mère rapplique et lui rappelle, le regard agressif:

— Ti la entendi ce quou ji di?*

Elle parle un mauvais français avec un drôle d'accent et les gestes napolitains en plus.

Madjid, comme un qui revient d'une journée de labeur, fatigué, agacé, lui répond, yeux au plafond:

— Fais pas chier le bougnoule!*

Là, vexée, comprenant à moitié ce qu'il vient de dire, elle se met en colère, et dans ces cas-là ses origines africaines prennent le dessus, elle tance en arabe.

Elle s'avance jusqu'au pied du lit et secoue son fils qui ne bronche pas. Elle essuie ses mains sur le tablier éternellement autour de ses hanches, stoppe l'électrophone, remonte la mèche de cheveux grisonnants qui lui tombe sur les yeux, et repart de plus belle en injuriant son fils de tout ce qu'elle sait de français.

«Finiant, foyou»,* tout y passe.

Madjid fait semblant de ne pas comprendre.

Calmement, il répond pour la faire enrager encore plus:

— Qu'est-ce tu dis là, j'ai rien compris.*

La mère, hors d'elle: «Pas compris, pas compris. Ah! Rabbi (ah! mon Dieu)» en se tapant sur les cuisses.

Elle essaie de lui tirer l'oreille. Il esquive. Il se lève de son lit prestement en se grattant la tête.

La mère, en le suivant:

— Oui, finiant, foyou!

Pendant qu'elle continue à crier en implorant tous les saints du Coran, il remet les Sex Pistols dans leur pochette et soupire d'agacement.

— Je vais aller au consulat d'Algérie, elle dit maintenant à son fils, la Malika, en arabe, qu'ils viennent te chercher pour t'emmener au service militaire là-bas! Tu apprendras ton pays, la langue de tes parents et tu deviendras un homme. Tu veux pas aller au service militaire comme tes copains, ils te feront jamais tes papiers. Tu seras perdu, et moi aussi. Tu n'auras plus le droit d'aller en Algérie, sinon ils te foutront en prison. C'est ce qui va t'arriver! T'auras* plus de pays, t'auras plus de racines. Perdu, tu seras perdu.

Parfois Madjid comprend un mot, une phrase et il répond, abattu, sachant qu'il va faire du mal à sa mère:

— Mais moi j'ai rien demandé! Tu serais pas venue en France* je serais pas ici, je serais pas perdu... Hein?... Alors fous-moi la paix!

Elle continue sa rengaine, celle qu'elle porte nouée au fond du cœur. Jusqu'à en pleurer souvent.

On frappe à la porte d'entrée.

— Ce qu'il y a?* demande la mère, toujours en colère.

Elle quitte la chambre et Madjid se rallonge sur son lit, convaincu qu'il n'est ni arabe ni français depuis bien longtemps. Il est fils d'immigrés, paumé entre deux cultures, deux histoires, deux langues, deux couleurs de peau, ni blanc ni noir, à s'inventer ses propres racines, ses attaches, se les fabriquer.

Pour l'instant il attend... il attend. Il ne veut pas y penser, il ne supporte pas l'angoisse.

Texte 5.3 *Extrait de* Les Enfants d'Aïcha, *pièce de la Troupe de Théâtre de la ZUP de Valence. Source: Chérif Chikh et Ahsène Zehraoui, Le Théâtre beur, Paris, Éditions de l'Arcantère, 1984*

La mère: Mon fils, ti m'icoutes,* ti as grandi d'accourd, ti es joli d'accourd, ti es titu d'accourd, ti as 23 ans c'est très bien, c'est l'âge du mariage.
Le fils: Man,* commence pas* avec ça, le mariage, le mariage, c'est tout ce qu'y a* dans ta bouche...
La mère: Nous t'avons déjà dit, ne crie pas, parce que ça m'énerve, ti sais pas toi, li mariage c'est sacré chez le mousoulman... Ce n'est pas que ji vou que ti ti maries vite, hein, c'est pas ça, mais moi AICHA ji peur que ti amènes une hein... Ti vois ce que ji vou dire hein... Moi ji vous une femme avec des longs cheveux, des yeux noirs, belle quoi... comme moi, une femme qui sait faire le ménage, cuire le pain, faire la cuisine et surtout des enfants, beaucoup d'enfants, qui sait bien compter ton argent... franchement belle, ti comprends mon fils... Allez, ne rougis pas comme ça, n'aie pas honte... Regarde-le ma fille, il tourne la tête dans tous les sens... Mon fils ji ti déjà dit, moi ji connais la jinesse, moi ji connais tout...

(Un long moment de silence, la mère rompt le silence de nouveau.)

La mère: Dis-moi, hier, ti es rentré à doux sheures.
Le fils: A deux heures!
La mère: Avec qui ti itais,* n'aie pas peur, comment elle s'appelle, NAIMA, FOUZIA, FATIMA, ZOUBIDA, HOURIA, NOUFISSA... Ah mon fils y en a bizef* comme ça, ti vou, ti choisis, allez, n'aie pas honte de ta mère, allez, allez... Comment, YAMINA? CHERIFA? N'aie pas peur, allez, dis-moi, dis, dis, ne m'énerve pas trop, j'ai li sang qui monte dans la tête... Allez, mon fils il va se marier, un bon mariage mousoulman, bien et tout, on va

jouer, manger, danser, allez, dis-moi comment elle s'appelle?
Le fils: Elle s'appelle... Bon, tu veux savoir?
La mère: Oui ji vou savoir, dis-moi tout.
Le fils: Tu y tiens?
La mère: Moi, ji ni tiens rien, ji vou icouter, allez, dis-moi.
Le fils: Bon, elle s'appelle Elizabeth.

(La mère, très secouée, est figée sur sa chaise, les yeux fixes et grands ouverts, un silence froid règne chez AICHA, le fils regarde partout, sauf vers sa mère...)

La mère: KHEDIJA,* un verre d'eau et cinq cachets d'aspirine tot di suite...

(vers son fils)

La mère: Bon, toi, cette BIZABETH, d'où elle sort, ça suffit, t'as entendou.
Le fils: (tout en regardant ailleurs) Oui man, mais je ne vais pas me marier avec elle.

(La mère ne croit pas ses oreilles, elle rit jaune, une sorte de rire forcée.)

La mère: Eh ben* dis-donc, c'est ça li changement, moi ji comprends plus rien, plus rien... icoute mon fils, moi quand on m'a marié avec ton père, j'itais content, moi ton père, ji ni connais pas avant, on me l'a amené et j'ai dit oui, c'est tout, c'est tout... Mais vous c'est li changement, ti regardes, ti touches, ti joues, qu'est-ce que c'est ça, dis-moi, qu'est-ce que ça, OUALLAH,* ça ne se passera pas comme ça avec la mère AICHA, OUALLAH, ji jure par la lumière que BIZABETH ne rentre pas ici, chez moi, ji ti jure qu'elle ne mettra pas le bout de l'orteil chez moi... Dis-moi, pourquoi ti ne cherches pas une fille arabe dans la cité ou dans la famille, y en a beaucoup, bizef.

(Le fils, mécontent de l'entêtement de sa mère, se lève brusquement.)

Le fils: Oh là là, quel débit... Allez, commence pas toi... Moi je ne veux pas de tes...

La mère: Assieds-toi là et ne bouge surtout pas, c'est sérieux ce que…

Le fils: Non, je ne m'asseois pas, je sors changer un peu d'air.

La mère: Assieds-toi ji ti dis, et ne m'énerve pas, OUALLAH ti sors pas.

Le fils: Comment ça je ne sors pas? Moi je sors.

(Le fils sort de la maison, la mère, restée seule sans interlocuteur, se tourne vers sa fille, comme pour chercher un secours.)

La mère: Dis-moi, dis-moi, pourquoi tes cousines et les autres filles arabes de la cité ne l'intéressent pas, dis-moi, ti sais pourquoi toi?

La fille: Je ne sais pas man!

La mère: Il m'amène BIZABETH, il a été chercher ça où, dans les poubelles de la cité… Hé toi ti ne m'icoutes pas, hein… OUALLAH ti es sourde quand ji ti parle.

(La mère se lève, s'approche de sa fille qui est en train de lire un photo-roman, arrache brutalement le photo-roman des mains de sa fille.)

La mère: Ti mi donnes, ti mi donnes, ti mi donnes… Ah mon Dieu quel drame noir, cette jeunesse… Franchement, c'est cette saloperie de livre qui ti prend tout ton temps, ji comprends maintenant pourquoi le ménage n'est jamais terminé… Qu'est-ce que c'est ça, dis-moi qu'est-ce que c'est que ça, dis?

La fille: C'est un livre.

La mère: Un livre… Oui je sais, c'est un livre, moi, quand ji mi lève, ji fais li café, li ménage, li vaisselle, j'active et j'active, alors que toi quand ti ti lèves, ti bois ton café et ti lis les cochonneries… C'est bien ma fille… C'est bien… Même que c'est très bien… Lève-toi, allez, lève-toi.

(La mère, qui est restée debout, prend la fille par le cou.)

La mère: OUALLAH, sur ma tête, si ji ti vois lire encore ces cochonneries, OUALLAH c'est fini pour toi pour manger ma nourriture, OUALLAH moi ji n'aime pas les filles qui font du ZIG-ZAG comme ça dans tous les sens, attention, parce que moi, y en a

assez de vous,* nous avons essayé de vous demander de rester tranquille, sage, et tout et tout, ça ne vous intéresse pas… Icoute-moi maintenant, ici c'est chez moi, alors chez moi c'est tout droit, par là c'est à gauche c'est la fenêtre du 6ème étage, par là c'est à droite, c'est le vide-ordures… Alors si ti vou, ti manges, ti bois, ti fumes pas, ti sors pas c'est bien, c'est tout droit, oui ou non.

La fille: Oui.

La mère: A droite, c'est comme ça, le zig-zag, c'est pas droit, c'est l'accident, li tremblement de terre, alors moi ji t'envoie en ALGERIE, ji ti marie, ti fais des enfants… Alors moi ta mère, ji ti conseille tout droit, ti manges, ti sors pas, ti parles pas, c'est tout droit, c'est bien compris?

La fille: Ouais man.

La mère: Parce que moi ji n'aime pas… Jamais ti vas sortir d'ici, jusqu'au mariage, t'as compris, hein, t'as compris?

(La fille, tête baissée, se dirige vers sa chambre, la mère lui emboîte le pas.)

La mère: C'est ça, va dans ta chambre… Ji vais vous montrer le bon chemin moi, vous allez voir… le bon chemin… Avec moi ci toujours le mariage à la mousoulmane.

Texte 5.4 *Extrait de 'Le Mariage d'une adolescente de 14 ans empêché par ses camarades', dans* Le Progrès *(Lyon), 24 juin 1978*

Une adolescente marocaine de 14 ans a été retirée à sa famille par le juge des enfants de Nantes (Loire-Atlantique) parce que sa mère voulait la marier de force. Le magistrat avait été alerté par une pétition des camarades et des enseignants de la jeune fille.

Tout avait commencé quand, il y a quelques semaines, une mère de famille marocaine décida, avec l'appui de son fils aîné, de marier sa fille Naima avec un voisin, cousin éloigné, âgé de 22 ans. L'adolescente, qui tout d'abord «crut à une plaisanterie», se rendit vite compte de la réalité des intentions de sa famille et s'en confia à des amis. C'est très vite la «mobilisation» dans le quartier de Nantes où elle habite. Une pétition circule et rassemble rapidement 140 signatures de jeunes, sensibilisés par le cas de Naima.

Des enseignants du CES que Naima fréquentait prennent fait et cause pour elle,* joignant leurs signatures à la pétition, et faisant parvenir un dossier au juge des enfants. Ce dernier estima que Naima était «en état de danger», ayant eu également connaissance de certificats médicaux attestant que la jeune Marocaine a été frappée.

Pour empêcher qu'on ne l'emmène au Maroc pour être mariée contre son gré, elle fut retirée de son milieu familial et placée dans un premier temps dans un foyer de Nantes. Mais une tentative de «kidnapping» de la famille décida le juge à l'envoyer dans un autre foyer, à Laval, en Mayenne.

Une procédure correctionnelle a été ouverte contre la mère pour mauvais traitements à enfant.

Texte 5.5 *Extrait d'Etienne Bolo, 'Les "Filles", le mariage', dans* Migrants Formation, *octobre 1978*

A tous les adolescents maghrébins, le choix se pose: épouser une Française ou bien épouser une jeune musulmane, une fille de chez eux? Les réponses apportées et les commentaires qui les accompagnent témoignent d'une grande incohérence affective et culturelle: les mêmes font successivement et avec le même emportement passionné l'un et l'autre choix. L'attrait sexuel de la jeune Française est extrême-ment puissant – il n'est pas seulement sexuel, d'ailleurs, la Française représente aussi une promo-tion sociale –, mais c'est ce même attrait sexuel qui la fait condamner. La femme ne devrait exercer un attrait sexuel que sur son mari (cf. le voile et la claustration des femmes musulmanes). C'est égale-ment son instruction, sa liberté de mœurs et d'allures qui la fait apprécier et rejeter. Ce qu'ils sentent confusément parfois et que certains pensent très consciemment, c'est qu'épouser une Française, c'est engager tout son avenir dans la voie d'une rupture avec la communauté musulmane. On ne peut pas amener une Française chez soi, c'est-à-dire dans sa famille pour l'y faire vivre, elle n'accepterait pas de se soumettre aux ordres de sa belle-mère et au contrôle des autres mâles de la famille. Épouser une Française, c'est donc trahir sa mère qui «après toutes ces années de misère a bien besoin qu'on l'aide». On

ne peut pas non plus faire vivre sa femme française en milieu musulman: elle ne serait pas acceptée par les femmes et les autres chefs de famille la verraient d'un mauvais œil. Quand au mari lui-même, il souf-frirait dans sa dignité d'homme de voir sa femme ne pas se comporter comme il faut; un homme qui n'a pas d'autorité sur sa femme et qui la laisse trop libre n'est pas un homme: c'est «achouma», la honte. Autrement dit, on voudrait épouser une Française précisément pour ce en quoi elle diffère des femmes musulmanes, mais ensuite on voudrait l'islamiser en quelque sorte. On désire la Française, mais on est pleinement conscient qu'elle n'est pas intégrable en milieu musulman, ni en tant que femme, ni en tant que mère, ni en tant qu'épouse. Ceux qui déclarent avoir décidé d'épouser une Française (ils sont rares) ont conscience qu'ils devront abandonner la communauté musulmane.

Si une Française est difficilement intégrable en milieu musulman, les rapports interpersonnels qu'elle cherchera tout naturellement à avoir avec son mari seront eux aussi très mal intégrables dans la psychologie d'un jeune époux magrébin. La raison en est qu'au sein d'un couple musulman traditionnel, les rapports entre mari et femme ne sont pas person-nalisés comme ils le sont – du moins au début – dans un couple français. Ce sont bien davantage des rapports entre deux personnages ayant un rôle et une fonction sociale très différents à assumer. L'intimité entre le mari et la femme musulmane est d'ordre sexuel beaucoup plus que psychologique. Le jeune époux maghrébin comprend difficilement que sa femme veuille se mêler de ses affaires: elle doit respecter ses humeurs et ne pas chercher à les comprendre. Un jeune Algérien de Kabylie a déclaré qu'il ne voulait surtout pas d'une Française, parce qu'avec ces filles *«qui vous demandent toujours ce qu'on pense, on n'est même plus le maître dans sa tête».*

Texte 5.6 *Extrait de Martine Charlot, Annie Lauran, et Ahmed Ben Dhiab, 'Mon Avenir? Quel avenir?': témoignage de jeunes immigrés, Paris, Casterman, 1978. Copyright by Éditions Casterman*

Nathalie ajoute, après un moment d'hésitation : «Je

crois que ma mère aurait souhaité autre chose pour moi, mais elle ne dit rien... Je le sens, bien qu'elle ne dise rien. Elle ne s'occupe pas de nos affaires. Je les ai invités au mariage, un mois avant. C'était un mariage laïque, très simple, avec ma famille et quelques amis.»

«Est-ce que ce mariage laïque t'a posé des problèmes?»

«Non, je trouvais que c'était plus simple, puisque Omar est musulman. Moi, je suis catholique. Tantôt je crois ; tantôt je ne crois pas. C'est pour le baptême du petit qu'il y a des problèmes. Pour Omar, il n'est pas question d'une autre religion que la religion musulmane. Moi, je trouve que toutes les religions se valent. Je ne veux pas en imposer une au gosse avant qu'il ait l'âge de comprendre. On a discuté pour son prénom. Je n'ai pas voulu qu'il ait un prénom arabe. Ça suffit déjà de son nom pour le marquer. Je me suis dit : mon enfant est à moitié Français. Il a autant de droits que les autres. Ce n'est pas la peine de lui créer encore plus de difficultés dans la vie. Je voulais l'appeler Pascal. Ça me plaisait. Finalement, on l'a appelé Sami. C'est un peu un prénom universel.»

«Tu crois que les Arabes ont beaucoup de difficultés ici?»

«Ah oui! J'ai connu ça au moment où il a fallu réunir les papiers le mariage. Omar n'avait pas de carte de résident. On a couru partout pour obtenir des autorisations : à la mairie, à la Préfecture, au Consulat, auprès du Procureur de la République. Je ne crois pas que notre mariage soit valable en Algérie.»

«Tu aimerais aller en Algérie?»

«Non (très vite et très fort). Enfin... j'aimerais voir comment c'est, mais d'après ce que disent les copains d'Omar, ce n'est pas une vie là-bas. Les gens vivent par rapport aux voisins. Tout le monde vous observe et vous critique. Je n'ai pas envie d'apprendre l'arabe. Le petit, oui, ce serait mieux qu'il l'apprenne. De toute façon, je n'envisage ma vie qu'en France.»

«Et Omar?»

«Omar? Tantôt il dit oui, tantôt il dit non. Sa nationalité lui crée beaucoup de problèmes avec les employeurs. Il a fait des boulots au noir, et en intérim. Pour le moment, il est au chômage. On ne veut pas des étrangers. Oui, en un sens, c'est injuste.»

«Comment, d'après toi, est-ce que vos copains vous voient?»

«Des copains, on n'en a pas beaucoup. On a honte de les recevoir ici.* Il me semble que, pour les Français, nos difficultés viennent du fait qu'Omar est étranger. Je n'avais qu'à pas épouser un Algérien... Quand j'ai demandé de l'augmentation à l'atelier, on a dit que c'est mon mari qui me montait la tête.* Parce qu'il est Algérien.»

«Omar et toi, est-ce que vous voyez toujours les choses de la même manière?»

«Non. Chez Omar, il y a des choses qui m'énervent. Il est très chauvin. Au marché, on ne peut pas acheter des oranges marocaines, par exemple. Il prend parti pour le Polisario contre les otages français.* Il dit : «Nous, on a du pétrole».* Alors, on discute. Je lui réponds : «Mais votre pétrole, il faut bien qu'on vous l'achète»... Après tout, c'est normal qu'il réagisse comme ça. Quand on se sent humilié, on défend son pays.»

Texte 5.7 *Extrait de Marie-Christine Jeanniot, 'Alger, une autre fois, peut-être', dans* La Vie, *11 juillet 1984*

Marie-Anne est une petite Bretonne montée à Paris comme beaucoup d'autres et qui a épousé Brahim, avec dispense de son évêque, après qu'il l'ait recherchée à travers toute la Bretagne et finalement retrouvée chez des parents: *«Là, ils ont compris que c'était sérieux».* Elle avait quinze ans et demi lors de leur première rencontre, dix-sept ans quand ils se sont mariés. Elle dit encore aujourd'hui, avec émotion: *«C'était mon Dieu».*

Leur amour passionné des premières années s'est terminé par un certificat de maladie. Brahim le Mozabite, (ethnie du Sud où les femmes voilées ne montrent qu'un œil à la fois), qui n'était pas retourné dans son pays depuis plus de vingt ans, y remet les pieds trois ans après son mariage, mais sans sa femme. En 1980, il y emmène ses deux fils – tradition patriarcale «oblige» – sous prétexte de vacances. Ils ont huit et dix ans et ne reverront jamais leur école primaire de banlieue. Deux jours avant la rentrée, Marie-Anne reçoit un télégramme: *«Malade. Stop. Impossible rentrer».*

C'est maintenant l'Institut coranique de Ghardaïa pour l'un, l'apprentissage chez un mécanicien pour l'autre, sous le toit de la deuxième femme de leur père. Marie-Anne, qui s'est résignée à divorcer et a obtenu un droit de garde théorique, arrive à leur rendre visite deux fois par an. Coût: 5.000 F à chaque fois, quand elle en gagne 6.000 chaque mois. Visite toujours sous surveillance, mais c'est mieux que rien. Ses deux fils lui ont toujours dit qu'ils voulaient retourner vivre avec elle. Mais, au fil des mois, ils deviennent plus Mozabites que Français.

Texte 5.8 *Extrait de* Kidnapping légal, *Privas, Association Nationale 'Défense des Enfants Enlevés', 1984*

Après une vie conjugale marquée par de constantes oppressions tant physiques que morales, de menaces d'enlèvement de l'enfant, Françoise s'enfuit du domicile conjugal avec son fils Salim, le 26 mars 1980 et demande le divorce.

Le 30 mars 1980, elle prend contact avec son mari pour une éventuelle entente avant la première audience devant la justice, qui doit avoir lieu le 3 avril 1980.

Un protocole d'accord est établi ce jour-là; Françoise accepte que son mari se rende en Algérie voir sa mère, très gravement malade, accompagné de leur enfant, mais à condition de revenir dans le mois suivant cette décision: il n'est pas revenu depuis.

D'Algérie, le père propose de rendre Salim contre une forte somme d'argent. Devant l'impossibilité par Françoise de réunir ces fonds, il lui propose de venir seule en Algérie chercher l'enfant. Alors qu'elle veut s'y rendre accompagnée de son père, son mari lui interdit catégoriquement de venir.

En juillet 1980, un télégramme envoyé par son mari avertit Françoise que Salim est atteint d'une grave hépatite virale et qu'elle doit envoyer d'urgence des médicaments. Renseignements pris directement à l'hôpital de Tiaret, cela s'avère totalement faux.

Grâce à son beau-frère, François obtient un numéro de téléphone où elle peut prendre des nouvelles de son fils. Elle apprend que celui-ci est confié à une famille algérienne, amie de son mari.

En octobre 1980, le mari téléphone à Françoise: il revient vivre en France, la vie en Algérie ne lui convenant pas, mais il a laissé Salim dans une famille nourricière.

Il peut lui donner l'adresse de l'enfant mais contre de l'argent...

Depuis Salim est toujours en Algérie, seul.

Texte 5.9 *Lettre du Vice-Consul d'Algérie à Lille. Source: Archives de l'Association Nationale 'Défense des Enfants Enlevés'*

CONSULAT GÉNÉRAL DE LA RÉPUBLIQUE ALGÉRIENNE DÉMOCRATIQUE ET POPULAIRE À LILLE

Lille, le 4 avril 1984.

Madame LENOIR Cathy
4/7 rue Stephenson
59100 ROUBAIX

Objet: V/L du 23.03.84

Madame,

Par lettre ci-dessus référencée, vous m'avez demandé de ne délivrer aucun document d'identité ou de voyage à vos enfants qui étant nés de père algérien sont de nationalité algérienne.

J'ai le regret, à ce sujet, de vous informer que les modalités de délivrance de passeports nationaux sont fixées exclusivement par la réglementation algérienne. Aucune des conventions en vigueur entre l'Algérie et la France ne limite le droit souverain de chacun des deux Etats de définir les conditions nécessaires à l'établissement d'un document de voyage ou l'inscription d'enfants algériens sur le passeport de leur père également algérien.

Dans ces conditions, je ne puis réserver de suite favorable à votre requête.

Veuillez agréer, Madame, l'expression de mes salutations distinguées.

P/LE CONSUL GÉNÉRAL
LE VICE-CONSUL
L. BENMOUHOUB

Texte 5.10 *Extraits d'un jugement prononcé par le tribunal de Sétif. Source: Archives de l'Association Nationale 'Défense des Enfants Enlevés'*

RÉPUBLIQUE ALGÉRIENNE
DÉMOCRATIQUE ET POPULAIRE
MINISTÈRE DE LA JUSTICE
CONSEIL DE LA MAGISTRATURE
TRIBUNAL DE SÉTIF – SECTION DU
STATUT PERSONNEL

En date du 25 mai 1985, à huit heurs trente du matin, le tribunal de Sétif, section du statut personnel,* a tenu son audience publique, composé de:

TANIOU ABDELMAJID: Juge

MARJI: Greffier

pour décider du litige opposant:

(1) d'une part la Dame NICOLE YVETTE, domiciliée rue Robin No 35 à Bourg-en-Bresse, France, en qualité de demanderesse, représentée par Maître Koussim Massac, avocat à Sétif

(2) et d'autre part Monsieur BELMATRAQ ZAIDI, domicilié à Bazer Soukra, willaya* de Sétif, en qualité de défendeur, représenté par Maître Oulmi El-Ouardi, avocat à Sétif.

[...]

LE TRIBUNAL [...] CONSIDÈRE QUE

la requête présentée par la demanderesse nous demandant de donner force exécutoire au jugement étranger prononcé par le tribunal de Bourg-en-Bresse en date du 27 février 1978 qui ordonnait le divorce entre les époux, attribuait la garde des deux enfants, Nadia et Karima, à leur mère et ordonnait que le père devait leur verser une pension n'est pas fondée aux motifs que* le jugement susvisé est contraire à l'ordre public algérien,* aux dispositions de la législation islamique en matière de garde d'enfants, et au code algérien de la famille en raison que le jugement étranger a méconnu une règle juridique essentielle en accordant la garde des enfants à une mère chrétienne vivant dans un pays chrétien qui pour ces raisons ne peut élever les enfants conformément à la religion du père et que cette situation est contraire à la jurisprudence islamique qui n'autorise pas l'attribution de la garde d'un enfant musulman à une mère non-musulmane du fait que la garde est une tutelle: argument sous la forme d'une sourate* du Coran: «Dieu n'acceptera jaimais la tutelle des athées sur les musulmans», que le défendeur craint pour sa croyance religieuse car son épouse tient à élever ses enfants selon sa religion, ce qui perturbera l'éducation des deux enfants et qu'ainsi il sera porté préjudice aux deux filles dont la mère a la garde, que citant les paroles du prophète Mohamed, l'enfant naît sans croyances, et ce sont ses parents qui feront de lui un juif, un chrétien ou un païen, que le jugement est contraire à l'article 62 du code algérien de la famille qui dispose que les enfants doivent être élevés selon la religion de leur père [...]

PAR CES MOTIFS,

le tribunal, statuant en matière de statut personnel, a décidé en premier ressort, publiquement et contradictoirement de rejeter la requête comme étant non fondée, et d'ordonner que les dépens estimés à 100 dinars algériens soient mis à la charge de la demanderesse.

Jugement prononcé le 25 mai 1985.

Texte 5.11 *Extraits de Marianne Loupac, 'Un Bateau pour Alger', dans* Réforme, *14 juillet 1984*

Marseille, vendredi 6 juillet: Margaret descend du train, sa valise bourrée de jouets à la main, le visage anxieux elle scrute la foule cosmopolite: la jeune femme avec laquelle elle a rendez-vous sur la quai de la gare St Charles* sera-t-elle là? Sauront-elles se reconnaître, se comprendre? Voilà cinq ans que Margaret se bat, cinq ans qu'elle a perdu ses deux petites filles de 6 et 2 ans, enlevées en Algérie par leur père, cinq ans qu'elle multiplie lettres, démarches, voyages de Glasgow en Écosse où elle habite à Constantine (Algérie) où sont maintenant ses deux petites filles, tout cela en vain.

Mais aujourd'hui, Margaret est remplie d'un espoir fou: elle a entendu parler de cette action collective organisée par des femmes françaises:

Un groupe de cinquante femmes: 25 mères comme elle, d'enfants enlevés en Algérie, soutenues par 25 responsables d'associations féministes vont toutes ensemble demander au président Chadli* que leur soit fait justice.

Margaret espère aujourd'hui: si je me joins à ce

groupe, on n'osera pas me renvoyer comme les autres fois. Toutes ensembles, nous serons plus fortes pour nous faire entendre, les journalistes parleront de nous, et qui sait, nous pourrons peut-être avoir l'autorisation de voir nos enfants, peut-être même de les ramener dans leur pays?

D'Angleterre, de Suisse, d'Allemagne, ou de Belgique, d'autres jeunes femmes vont se joindre au groupe en ce vendredi 6 juillet. Depuis des mois, elles suivent avec espoir et anxiété les progrès et les difficultés de l'élaboration de cette action collective. Lors de la venue en France du président Chadli,* des femmes de l'ANDEE qui avaient tenté d'obtenir une audience et de l'approcher, s'étaient vues repousser avec une certaine brutalité par la police française, mais le fait ayant été relaté par les médias leur avait attiré le soutien des féministes et de la Cimade.* L'opération «Un bateau pour Alger» va être organisée conjointement par l'ANDEE et la Ligue du Droit International des Femmes avec le soutien du Mouvement Jeunes Femmes, du Planning Familial, du collectif féministe Ruptures, SOS Femmes Alternatives, le Collectif Féministe contre le Racisme et tout un important regroupement d'associations marseillaises.

Deux buts sont assignés à cette opération:

1) obtenir de la part des gouvernements français et algérien, l'ouverture de négociations en vue de la signature d'une convention bilatérale qui règle d'une façon équitable le sort des enfants issus de ménages divorcés ou séparés, de sorte que les décisions de justice d'un pays soient reconnues par l'autre.

– Que les enfants déjà enlevés illégalement (1.000 par an: 3 par jour!) soient rendus à celui des deux parents auquel ils avaient été confiés par les tribunaux.

– Que ces enfants puissent circuler librement entre deux pays pour que s'exerce le droit de visite accordé à celui des deux parents qui n'en a pas la garde.

2) En signe d'une volonté réelle d'aboutir à cette convention, le groupe demande la solution immédiate des 25 dossiers des 25 mères présentes dans le groupe et dont les enfants sont retenues illégalement en Algérie après enlèvement.

De nombreux obstacles vont se dresser sur la route des femmes: la difficulté d'organiser une action avec de nombreux groupes différents qui se connaissent mal et souvent dans des villes différentes. Le risque de voir cette action détournée de son objectif humanitaire, et récupérée au profit d'un racisme anti-algérien, dont on sent combien tout peut lui servir de prétexte, constamment présent à l'esprit de chacune; celui d'être ignorées à la fois par l'opinion publique et par le gouvernement français, celui de se heurter à une fin de non-recevoir* de la part du gouvernement algérien. Au cours du mois de juin, les réunions se multiplient: le président Chadli n'a toujours pas répondu à la demande d'audience de Simone de Beauvoir,* pourtant, nous espérons: l'Assemblée Algérienne vient de voter le code de la Famille qui en cas de divorce attribue la garde de l'enfant le plus souvent à la mère* (pour les garçons jusqu'à 10 ans, pour les filles, jusqu'au mariage).

Mais, la police algérienne interpelle et retient toute une journée la responsable du collectif, déléguée à Alger, pour organiser le voyage. Le gouvernement français tente de persuader le collectif que l'action est inopportune et risque plutôt de bloquer d'éventuelles négociations. La Cimade, dont le soutien actif et la présence de Mme Edna de Oliviera était si précieuse au groupe, se retire le 21 juin, les pressions se multiplient: la conjoncture politique... la crise économique... les femmes doivent comprendre... des actions illégales* ont été entreprises qu'on ne peut pas cautionner...

Pourtant, la détermination du collectif reste entière, nous devons agir ouvertement, et ensemble, pour que les actions illégales ne soient plus la seule issue possible pour les femmes. Jusqu'ici, nous n'avons rien obtenu de certain, notre seule chance est d'alerter l'opinion publique par le départ du bateau.

Une conférence de presse réunit les journalistes, nombreux et chaleureux, lundi 2 juillet: «Si nous n'avons aucun engagement ferme avant le 4 juillet, nous partirons» (sur les deux points: convention et dossiers).

Mercredi soir 4 juillet: Dernière réunion avant le départ: les journalistes assaillent la porte, le téléphone ne cesse de sonner, à 23 h, une dépêche de l'APS* annonce que le gouvernement algérien s'engage à recevoir une délégation du collectif pour entamer des négociations sur les points à l'ordre du jour: le lendemain matin les responsables des ministères des droits de la femme et de la justice, avec lesquels nous étions restées en contact constant tout au long, confirment, avec le ministère des relations extérieures que le gouvernement français s'engage à entrer dans ces négociations: c'est gagné!

[...]

J'accompagne Margaret au train pour Jersey où elle va «faire la saison»* pour payer le voyage de retour de ses deux petites filles à Glasgow. Son visage taché de son* se tourne vers moi: «May we trust the French and Algerian governments»? me dit-elle dans son anglais rocailleux d'Écossaise: «Crois-tu que nous puissions faire confiance aux gouvernements français et algérien»? «Il faut faire vite, ma fille aînée a 12 ans, elle ne parle presque plus anglais, ils les marient tôt là-bas»...

Texte 5.12 *'La "Belle"'* dans les Aurès',* dans* Le Monde, 27 décembre 1985*

En 1975, deux sœurs, Catherine, seize ans, et Myriam, dix-neuf ans, aujourd'hui, avaient été emmenées en vacances par leur père (qui venait de divorcer) dans sa famille, à Kenchela, un petit village niché dans les Aurès. Elles devaient y rester dix ans. Dix années pendant lesquelles leur mère, Mme Guichard, est restée dans sa maison de Lyon, sans nouvelles jusqu'à ce jour d'octobre dernier où Myriam adressa une lettre au lycée de Vaulx-en-Velin (Rhône), *«une bouteille à la mer».* Elle vient d'apprendre que son père à décidé de la marier avec un de ses cousins, un homme de quarante ans. Elle est au bord du désespoir. Aussitôt Mme Guichard se rend en Tunisie pour tenter de faire passer clandestinement la frontière à ses deux filles. Sans succès. Début décembre, n'y tenant plus, Catherine et Myriam décident donc de s'enfuir du village par leurs propres moyens. Un taxi les mène à Constantine, où elles sont recueillies par le consulat de France. Après de longues et difficiles négociations, elles embarquent le 8 décembre, avec l'accord de leur père, à bord d'un avion pour Lyon. A l'aéroport de Satolas,* Mme Guichard les attendait pour fêter *«le plus beau Noël de [sa] vie».*

6
Employment

During the post-war period, the French economy came to rely increasingly on immigrant workers to do the dirtiest, most dangerous, and lowest paid jobs in the country. These were often in major industries such as mining (text 6.1), building (text 6.2), and car production (texts 6.4–6.8), as well as many other fields from railway maintenance to street sweeping.

Many migrants travelled to France on their own. But labour shortages in the 1950s and 1960s were such that, instead of waiting for migrants to travel under their own steam, large companies and state-owned concerns sometimes recruited foreign workers directly themselves (texts 6.1 and 6.4). They commonly operated on the rotation system, based on short-term contracts with 'single' males who, on their return home, were replaced by further batches of young men, often from the same areas as their predecessors. In North Africa, company-run recruitment systems became particularly well developed in Morocco, where the government was a willing collaborator in arrangements designed to maintain discipline among migrant workers.

If text 6.1, which originally appeared in a business newspaper, leaves no doubt as to the advantages of a company-run rotation system from the point of view of management, text 6.4, taken from an immigrant publication, makes equally clear some of the disadvantages which this system could have for foreign workers. It is true that they were spared the difficulties involved in seeking employment for themselves, which many building workers, for example, were obliged to do as each construction project was completed. Nevertheless, text 6.3 undoubtedly captures the spirit of the wearying experiences which were the daily lot of immigrant workers in many, if not most, of the fields in which they were employed.

Working conditions are typified by text 6.5, taken from Claire Etcherelli's novel *Élise ou la vraie vie*. In this extract, the French heroïne, Élise Letellier, has recently started work in a car factory with a large number of immigrant employees. Her job is to check that parts have been correctly fitted by assembly line workers. Among her workmates are her brother Lucien, two Algerians, Mustapha and Arezki, and a Hungarian known as 'le Magyar'. The exclusively French chain of command under which they work stretches down via Bernier, a senior supervisor, to Gilles, a foreman. The management aims to maximize efficiency on the basis of relentless time and motion studies showing how the distribution of tasks among the labour force can be most profitably organized. The resulting working conditions, which have only recently been modified by robotization in parts of the French car industry, were extremely repetitive and stressful, damaging not only the body but also the spirit, as can be seen from text 6.6, describing the first-aid post at a Renault factory in Flins.

By the end of the 1970s, a series of take-overs had concentrated most of the French car industry apart from Renault under the control of the PSA group, comprising Peugeot, Citroën, and Talbot. Unlike Renault, where France's largest trade union grouping, the Communist-led Confédération Générale du Travail (CGT), had a powerful influence among immigrant workers, these companies had largely succeeded in excluding their foreign labour force from membership of France's leading trade unions. Instead, most immigrants had been encouraged – many in fact complained of being pressurized – to join the Confédération des Syndicats Libres (CSL), formerly known as the Confédération Française du Travail (CFT), an organization vigorously opposed to Marxist ideas of class warfare, and committed to a policy of co-operation with management. In practice, the CSL was regarded by its critics as a bosses' union designed to assist the management in its control of the labour force, instead of genuinely advancing the interests of the latter. The validity of these criticisms was implicitly acknowledged by journalists writing not only in left-wing newspapers such as *Libération* (text 6.8), but also in publications basically sympathetic to management, such as the business magazine *L'Expansion* (text 6.7).

Immigrant workers had traditionally been handicapped in pursuing improved conditions, not only by their inexperience and insecurity, which were built-in features of the rotation system, but also by legal constraints. Although they had always been entitled to belong to French trade unions, until 1975 they were forbidden by law from participating either as voters or candidates in elections for union officers. Similarly, while they had been allowed throughout the post-war period to vote in factory elections for 'comités d'entreprise' ('works committees') and 'délégués du personnel' ('workers' representatives'), it was only from 1975 onwards that immigrants were permitted to stand as candidates themselves. These legal changes coincided with the end of the rotation system following the cessation of immigration in 1973–4. As their length of service grew, so did the social awareness and aspirations of foreign workers. With the advent in 1981 of a Socialist government committed to a better deal for working people, immigrants became less willing to acquiesce in unsatisfactory conditions. In PSA factories, this meant challenging the predominance of the CSL. One of the most dramatic episodes in this change of mood took place in 1982 at Aulnay-sous-Bois, on the north-eastern outskirts of Paris, in what became known as 'le printemps de la dignité'. The Citroën car plant at Aulnay was nicknamed 'l'usine de la peur' by immigrants who worked in it because of the pressures to which they were subjected by the CSL. With the approach of elections for workers' representatives in June 1982, the mainly North African workforce staged a month-long strike, the first such stoppage seen at Aulnay since the opening of the plant in 1974. They wanted the elections to be held fairly, instead of being dominated, as they had been in the past, by CSL

directives. With the backing of government inspectors, the strike succeeded in its objectives, and labour relations at Aulnay and other PSA plants underwent major changes (text 6.7).

During the winter of 1982–3, strikes by immigrants in many parts of the car industry became a dominant theme in media coverage of labour relations in France. The publicity given to these disputes during the run-up to the municipal elections held in March 1983 undoubtedly helped to create feelings of apprehension among French voters with regard to the immigrant community. The subsequent degradation in the political climate (see chapter 8) came as a cruel blow to the foreign community after the high hopes of 1981. It helps to explain the exasperation with which North African employees of Talbot reacted in December 1983 when the company announced plans for massive redundancies at its plant in Poissy, a suburb to the west of Paris. Against the advice of their unions, a significant number of workers whose jobs were under threat demanded and eventually obtained pay-offs designed to facilitate their repatriation to their countries of origin (text 6.8). Similar payments subsequently led to the repatriation of thousands of North Africans employed in other parts of the car industry (see texts 2.9 and 7.10).

The shake-out of immigrant labour was a consequence of several factors. The general rise in unemployment resulting from the economic recession which had begun during the 1970s was of course a prime element. At the same time, foreign competition was threatening the domestic market of the French car industry, which responded by investing in new technology. With the introduction of robots in place of unskilled workers, immigrants were particularly vulnerable to resulting job losses. These trends are discussed in text 6.9, which also focuses on the growing importance of second and third generation 'immigrants' in the French labour market.

Until fairly recently, first generation immigrants have naturally been dominant among the foreign labour force. But, with the end of further immigration in 1973–4, the maturing to adulthood of families raised by foreign workers now settled in France has taken on increasing significance. Youngsters brought up from their earliest years in a society which encourages the pursuit of occupational status and consumer values have been far less willing than their fathers to settle for low-paid, menial jobs. But the acceleration of youth unemployment, combined with widespread prejudice against North Africans, has put the 'Beurs' at a great disadvantage in the job market: see text 6.10, taken from a play featuring teenage girls in a suburb of Marseille. In the 1980s, it was a deeply ironic fact that, in place of the labour shortages which had originally brought their fathers to France, the central problem facing growing numbers of youngsters from North African backgrounds was a chronic lack of jobs.

DOCUMENTS

Texte 6.1 *Extraits de Pierre Garcette, 'Immigration: l'exemple des houillères', dans* Le Nouveau Journal, *23 et 26 avril 1983*

Nous sommes en 1956. Les HBNPC* produisent 28,6 millions de tonnes de charbon, la moitié du charbon français. Elles emploient encore 136.000 agents,* dont 81.500 mineurs de fond.

A cette époque, il n'y a pratiquement pas de chômage en France. Dans le Nord-Pas-de-Calais, le nombre des chômeurs secourus est de 14.000, soit 1 % de la population active. Un pourcentage quasiment incompressible.

Les objectifs de production des Houillères ne sont pas atteints... faute de main-d'œuvre. Les jeunes se détournent de la mine. Ceux qui ont été, ou qui sont, mineurs de fond, sont touchés ou menacés par la silicose. Ils ne poussent pas leurs enfants à s'engager dans ce métier difficile et dangereux. «Si tu ne travailles pas, t'iras à la fosse!», dit-on, dans les corons, aux mauvais élèves.

Les Houillères ont donc besoin de main-d'œuvre, en particulier pour le fond. Ceux qui travaillent au jour, dans les installations de surface, dans les lavoirs, les centrales et les cokeries, sont en vérité des agents de production et des ouvriers comme les autres, et non pas à proprement parler des mineurs, au sens strict du terme.

Mais une bonne partie des ouvriers du jour sont d'anciens ouvriers du fond – de vrais mineurs, ceux-là qui, pour des raisons diverses, ont été mutés et qu'il faut remplacer. Le bassin du Nord-Pas-de-Calais compte plusieurs groupes d'exploitation. Celui de Douai, de Lens, d'Hénin-Liétard, de Valenciennes, etc. Ces groupes sont relativement autonomes et s'occupent en particulier, seuls, de leur recrutement.

Une idée vient à l'esprit de Maurice Mangez, alors directeur général des HBNPC: il faut embaucher des ouvriers à l'extérieur du pays, et, pour cela, créer un service unique. Réaction normale: de tout temps la mine a fait travailler de la main-œuvre étrangère, notamment des Polonais, après la Première Guerre Mondiale, dans les années 1922–1923. On en est satisfait.

Maurice Mangez pense à l'Algérie. A cette époque, «l'Algérie c'est la France».* Il lui semble indispensable d'envoyer sur place un cadre des Houillères, connaissant les Nord-Africains, leurs mœurs et leurs coutumes, parlant couramment l'arabe. Il lui semble qu'un officier des Affaires indigènes* pourrait faire l'affaire. Cette mission est confiée à Félix Mora, qui, d'officier, devient ingénieur.

Les premières démarches, entreprises en Algérie, approuvées cependant par les autorités, sont décevantes. Après plusieurs mois de démarches, Félix Mora n'a recruté que 144 personnes. Les Algériens ne sont pas motivés.

Cet échec ne change rien au problème... de fond. Les Houillères ont besoin de main-d'œuvre. Félix Mora pense alors qu'il ne pourra recruter que des hommes «vraiment motivés» attirés par les perspectives d'un travail rémunérateur, susceptible de modifier profondément, et durablement, leurs conditions d'existence et celles de leurs familles.

La motivation des candidats, pense-t-il, sera d'autant plus forte que la région dans laquelle ils vivent sera plus démunie. Félix Mora choisit alors de recruter dans le Sud marocain, et, dans un premier temps, dans la province d'Agadir.

Félix Mora négocie, et obtient, au nom des HBNPC, l'accord du ministre du Travail marocain pour la délivrance des passeports des futurs sélectionnés, de l'ambassadeur de France à Rabat pour la délivrance des visas, de l'Office National d'Immigration pour l'obtention des contrats. Vient ensuite la négociation – pas toujours facile – au niveau des gouverneurs de province (préfet de région), pour la délimitation des zones de recrutement. Idem auprès des super-caïds (préfets), des caïds (sous-préfets) des douars ou ksars* concernés. En août 1956, les HBNPC recrutent au Maroc.

Première originalité, capitale, de la politique suivie: il ne s'agit, en aucun cas, d'immigration définitive, mais exclusivement, et dans tous les cas, d'immigration temporaire. Les Houillères proposent, certes, des contrats.

Mais il s'agit de contrats temporaires – dix-huit mois – et renouvelables. Une formule qui s'est révélée, à l'usage, excellente, jusqu'en 1980, puisque 90 % environ des Marocains retournaient chez eux.

Voilà donc l'ingénieur-officier Mora transformé en sélectionneur.

Au fil des années, et dans tout le Maroc, son prestige personnel ne fera que grandir. Il est aidé d'une équipe. Le médecin-chef des Houillères a établi des normes médicales: âgé entre vingt et trente ans – poids supérieur à 55 kilos – acuité visuelle égale ou supérieure à 5/10 pour chaque œil – n'être atteint ni de teigne, ni de trachomes,* ni d'autres maladies contagieuses, ni de malformations congénitales ou accidentelles. Inutile en effet de faire venir en France des postulants inaptes au travail de la mine, qui seraient refusés par les médecins du travail.

[…]

Ceux qui ont eu affaire à la police nationale marocaine n'ont aucune chance de venir en France. Et pour ne pas avoir à céder, éventuellement, à la pression de telle ou telle autorité de la province d'Agadir, M. Mora a décidé de recruter, aussi, dans la province de Ouarza-Zate, de l'autre côté du Haut-Atlas.*

Seconde originalité: dès l'instant où ils ont été recrutés, les intéressés sont pris en charge par les Houillères: transports terrestres ou aériens, à partir d'Agadir, de Marrakech ou de Casablanca à destination de Paris-Orly ou de Lille-Lesquin,* en vue de leur acheminement au centre d'accueil de Noyelles-sous-Lens: vastes bâtiments nets et propres, quasiment dans la campagne.

Que se passe-t-il à l'arrivée au Centre d'accueil?

Les intéressés percevront, d'entrée en jeu, un trousseau neuf comprenant: sous-vêtements, chemises, pyjama, chandails, chaussettes, deux bleus de travail, serviette-éponge, savon, chaussures, musette, ainsi que l'équipement de sécurité.

De 1956 à 1966, ils ont été logés dans leur groupe d'affectation.* Pour certains, il s'agissait de logements en dur, appelés «Cité des travailleurs étrangers». Pour d'autres, des baraquements, aménagés pour accueillir six célibataires, dans trois chambres plus cuisine. […]

Nous avons visité six cités de bâtiments en dur, et nous avons rencontré une quinzaine de Marocains. Il s'agit de bâtiments de plain-pied, comportant une cuisine – avec cuisinière à charbon – une salle d'eau, et deux ou trois chambres suivant les cas. Le mobilier, la literie, simples, sont fournis par les Houillères. Dans deux ou trois cités, un garage est attenant à chaque logement. Il y a d'ailleurs beaucoup de voitures autour de ces logements, généralement des voitures puissantes, probablement achetées d'occasion.

Toutes les cités que nous avons visitées étaient entourées de pelouses, tondues régulièrement par les services des Houillères. Le chef de cité veille à la propreté. Tous les Marocains que nous avons rencontrés – l'après-midi – travaillaient de nuit, à l'abattage.

[…]

N'entrons pas dans le détail de la vie des Marocains du sud qui habitent dans les logements des Houillères du Bassin du Nord-Pas-de-Calais. Si ce n'est pour dire qu'ils sont acceptés, et non pas rejetés. Sinon pour souligner que les agents des Houillères savent que les Marocains sont indispensables. Sur les six mille ouvriers de l'abattage, c'est-à-dire au poste de production proprement dit, trois mille sont des Marocains.

Autant dire qu'ils assurent 50 % de la production. Sans Marocains, le Bassin pourrait fermer ses portes dans les quinze jours. Le climat dans lequel ils vivent n'est donc pas un climat de «rejet». De surcroît, la vie qu'ils mènent est tout à fait normale. Aucun incident sérieux ne s'est produit depuis vingt ans. Les autorités marocaines sont au courant, d'ailleurs, des conditions de leur installation et de leur travail.

Un chantier à Paris

Texte 6.2 *Andrée Mazzolini, 'Les Oubliés des grands chantiers', dans* Le Matin, *2 mai 1977*

Une délégation de la CGT conduite par Georges Séguy* a visité le chantier de la centrale nucléaire de Dampierre-en-Burly (Loiret). Parmi les 2.500 travailleurs, les trois quarts sont des immigrés. Georges Séguy a donc saisi l'occasion pour condamner les récentes mesures gouvernementales concernant le rapatriement des travailleurs étrangers.* Il a également pris position en faveur du développement de l'électro-nucléaire et a mis en garde contre les «campagnes utopistes» des écologistes. Mais, à propos de Dampierre, c'est tout le problème des grands chantiers qui se trouve, une fois de plus, posé.

«J'en connais qui ont vécu trente-cinq ans dans des baraquements. Ils vont de chantier en chantier et ils n'ont vu que ça.» Le vieil ouvrier cégétiste montre du doigt le cantonnement d'Ouzouer-sur-Loire, situé à quelques kilomètres du chantier de Dampierre. «Ça», ce sont des dizaines de petites cages, perdues en pleine nature. Elles sont sagement alignées, toutes semblables avec leurs murs de fibrociment et leur toiture ondulée. Sur un bâtiment, une affiche déjà ancienne annonce que la campagne de dératisation va commencer. Le bureau du «concierge» est juste à l'entrée du cantonnement. A Dampierre, dans le Loiret, on appelle «ça» une cité ouvrière. On vit à deux par chambre et, si l'on veut éviter la cantine, on doit attendre des heures le moment de faire son repas. *«Une cuisine pour vingt»*, dit un ouvrier algérien.

L'hébergement des travailleurs, c'est le premier problème du chantier de Dampierre. Ce n'est pas le seul. On y compte les morts: quatre déjà pour réaliser la tour réfrigérante de la centrale. On n'y compte plus les blessés. *«Je suis grutier,* explique Ali, *et, presque tous les jours, je vois arriver l'ambulance».*

Les loisirs, les possibilités d'occupation après le temps de travail? *«Il n'y a même pas un cinéma»*, dit un Portugais. On a jeté en pleine campagne deux mille cinq cents ouvriers sans se préoccuper de ce qu'ils allaient devenir. Les trois quarts sont des immigrés: Nord-Africains et Portugais, Espagnols et Turcs. Les jours de repos, on les voit balader leur ennui par groupes de dix ou quinze sur les chemins de campagne et dans les rues du petit village. Alors, l'accident arrive: la bagarre qui tourne mal et, immédiatement, la réaction de rejet de la population villageoise. La flambée raciste. C'est ce qui s'est passé à Dampierre voici moins d'un an.

Il existe un «dossier grands chantiers». Il faut l'ouvrir. Depuis quelques années, ils se sont multipliés: Dunkerque, Fos, Bugey, Le Tricastin, les villes nouvelles, les ensembles touristiques. Ils vont se poursuivre longtemps encore. La mise en œuvre systématique du programme nucléaire ne fait que commencer. Mais, des grands chantiers, on ne voit trop souvent que les prestigieuses opérations technologiques, l'aventure industrielle et le pari économique. Les conditions de vie et de travail de leurs réalisateurs? *«Connais pas».** Le bouleversement que ces chantiers provoquent dans une région, les tensions qui naissent entre la population autochtone et les immigrés qui y travaillent? *«On ignore».*

Il a fallu attendre les accidents de Fos-sur-Mer et surtout la grève de de l'été 1974* pour que la délégation à l'Aménagement du territoire* se préoccupe du problème et tente d'y apporter des solutions. Ainsi fut créé, en juillet 1975, une sorte de «label» grand chantier. Son attribution entraîne la mise en place d'un coordonnateur, la prévision des effectifs, la programmation et le financement d'équipements et de logements décents. Pour Dampierre, il était trop tard, l'opération était lancée. Le problème des grands chantiers, de toute façon, se réglera moins par des mesures techniques que par un changement radical d'attitude. Il faudrait cesser de considérer la main-d'œuvre comme un simple instrument de travail: on n'en est pas encore là.

Texte 6.3 *Hamid Guenriche, 'Je vous dédie mes faims de mois', dans* Strasbourg, ville en couleurs, *Strasbourg, CLAPEST, 1985.*

Je vous dédie mes faims de mois*
Et mes longues attentes dans les bureaux
    d'embauche
Ma détresse, mes larmes, mes angoisses
Le réquiem de mes boyaux contractés
Mon regard avide, mon ventre vide

Je vous dédie les «on vous écrira»
Et les «rentrez chez vous»
Je vous dédie mes longues marches
Et mes cloques et mes claques
Ma peau de melon
Et ma gueule de bougnoul
Ma démarche de raton
Et mon accent de bicot*
Je vous dédie mes tarifs horreur
Mon caveau, mon ghetto
Ma solitude, mes vaines sollicitudes, mes
   turpitudes
Je vous dédie mes tuberculoses
Et mes trous et mes crachats
Et mes salaires, bacilles de Koch*
Je vous dédie mon permis de séjour
Sauf-conduit qui ne conduit nulle part
Sauf aux sales besognes
Je vous dédie mon contrat de travail
Passeport pour la survie
Je vous dédie le pain
Que je vole à vos citoyens
Et mes fortunes accumulées sur leur dos
Le paradis où je me délecte
Grâce à leur bonté
Je vous dédie tout et n'importe quoi
Mais foutez-moi la paix

Texte 6.4 *Extraits d'*Ils ont écrit... dignité, *Gennevilliers, Association des Travailleurs Marocains en France, 1984*

On appelle couramment le pays de Montbéliard: l'«Empire Peugeot». Peugeot y dispose des usines, contrôle des boîtes de sous-traitance, dispose de son propre service logement, d'une chaîne de super-marchés (les RAVI). Enfin, elle a des foyers pour célibataires.

La plupart des travailleurs immigrés sont arrivés après les grèves de 1968 et de 1969* [...]

En réalité, l'immigration marocaine a commencé depuis très longtemps [...], mais c'était une immigra-tion isolée et individuelle. Ce n'est qu'au début des années soixante-dix que, à travers la convention franco-marocaine,* l'immigration du Maroc a pris un aspect massif et organisé. C'était alors l'époque des contrats: contrats à durée déterminée et

renouvelable. Cette situation représentait une arme fantastique aux mains de la direction Peugeot pour interdire toute vie associative qu'elle ne contrôle pas, toute syndicalisation, et pour faire accepter aux Marocains, comme aux autres immigrés, des condi-tions de travail non humaines et indignes, sans avenir professionnel.

[...]

La direction Peugeot ne comptait pas uniquement sur l'exploitation des travailleurs immigrés à l'usine. Elle organisait et s'occupait même de la vie privée de ces travailleurs [...]: elle organisait le logement dans les foyers, tel le célèbre foyer appelé «Fort la Chaux» et surnommé «Fort-Apache».

Dans ces foyers, les travailleurs ont connu les conditions d'autres foyers en France: interdiction du droit de visite, interdiction absolue de toute vie associative, syndicale ou autres. Peugeot s'occupait elle-même des «activités distractives» sous la respon-sabilité de gardiens qui souvent étaient d'anciens colons.

Aussi la direction s'occupait-elle tellement de la vie privée de «ses» travailleurs qu'elle faisait elle-même les démarches pour l'octroi des papiers administratifs (sous-préfecture, commissariat, sécurité sociale, logement...). Elle s'occupait aussi de l'envoi des mandats aux familles de «ses» travailleurs restées au pays.

Ainsi, en cas de licenciement, c'est le purgatoire. D'un coup le travailleur perd son travail, son loge-ment. Et comme l'ensemble des boîtes de la région font de la sous-traitance, il ne reste plus qu'un nouvel exil vers une autre région.

Texte 6.5 *Extraits de Claire Etcherelli,* Élise ou la vraie vie, *Paris, Denoël, 1967*

La chaîne est un grand boa qui se déroule le long des murs. Une immense bouche vomit les carrosseries de l'atelier de peinture, étuve située à l'étage au-dessus qui, par un ascensur, déverse sept voitures à l'heure. A sa descente, la voiture est habillée de tissu plasti-que, et, sur le parcours de son lent voyage, successivement parée des phares d'abord, des snapons, du rétroviseur, pare-soleil, tableau de bord, glaces, sièges, portières, serrures.

Gilles me vit quand je passai devant le bureau des

chefs. Je le vis aussi, nos regards se croisèrent. Mon retard devait le mécontenter. Et je repris ma plaque, mon crayon et mon contrôle.*

Un accord de Mozart surgit de ma mémoire. Lucien l'avait tant rabâché quand il revenait du collège que je l'avais retenu. Mon fredonnement se perdait dans le bruit de la chaîne. J'aurais voulu connaître la symphonie entière pour la soupirer comme une flûte dans le grondement des machines.

Mustapha passa la tête dans l'ouverture arrière.

— Le chrono,* le chrono, attention!

Le chrono était là. C'était un homme en blouse grise auprès duquel se tenait le chef d'atelier, chapeau sur la tête selon son habitude. Le chrono avait un gros cahier, deux crayons dans la main et, bien entendu, un énorme chronomètre qu'il tenait dans sa paume ouverte.

Il se planta à mon côté et m'observa. Je m'efforçai de travailler lentement, mais malgré moi, certains de mes gestes étaient vifs, mes doigts bien dressés allaient droit au but. Je traînai en vérifiant le tableau de bord. J'essayai de perdre des secondes. Mais c'était pure naïveté. Le chrono devinait et le chrono ne regardait pas combien de minutes demandait un travail, mais déterminait lui-même un temps à chacun des gestes de l'ouvrier. Son passage était le signal d'un proche changement. Il rangeait son horloge quand Mustapha s'approcha.

— Monseir, lui cria-t-il, s'il vous plaît, vous avez l'heure? L'autre pinça les lèvres et s'éloigna sans répondre.

Le lendemain, Gilles vint nous annoncer les nouvelles decisions. M'était ajouté le contrôle des phares à l'avant et des feux de position à l'arrière. Le Magyar les visserait, Arezki poserait sur le tableau de bord les tirettes du chauffage.

— C'est trop, dit Gilles. Je le leur ai fait observer. Mais je suis le seul à le dire.

[...]

Souvent le matin, saisie par le bruit, reprise par la fatigue, j'avais de violents maux de tête. J'achetai de l'aspirine et je pris l'habitude, vers neuf heures, quand la nuque devenait lourde, d'avaler un cachet. J'achetai aussi un petit flacon de lavande que je respirais de temps en temps. J'avais mis le tout dans un petit carton sur lequel j'avais écrit : É. Letellier, et que j'avais placé à l'écart, dans une encoignure.

Un matin, Arezki posa ses outils et s'en fut au pupitre de Bernier. Il revint peu après et se remit à visser, mais je remarquai son visage contracté. Nous ne parlions jamais ensemble. Mustapha vint me dire :

— Il est malade, il peut pas travailler.*

— Qu'il demande à sortir, qu'il aille à l'infirmerie.*

— Le chef a dit non.

— Où avez-vous mal? lui demandai-je directement.

— J'ai mal à la tête. Je ne vois plus les rétros.

Je quittai la voiture et cherchai Bernier. Il venait justement vers nous.

— Monsieur, dis-je, il y a un ouvrier qui est malade. Il ne peut pas travailler.

— Qui? demanda-t-il avec un joyeux sourire.

— Celui que pose les rétros. Arezki.

— Ah, et alors? dit-il amusé.

— Il devrait aller à l'infirmerie.

— Eh oui, ils veulent tous aller à l'infirmerie. Avant, c'était les waters. Ne vous en faites pas pour lui,* mademoiselle.

Il tapota ma main.

— Je ne donne plus de bon de sortie.* J'ai des ordres. Sauf pour un accident ou si le type tombe par terre. Les autres sont des simulateurs, des tricheurs. Je les connais.

— Mais c'est inhumain.

— Eh doucement, mademoiselle Letellier, dit-il, perdant son bon sourire. Retournez à votre place et ne vous occupez pas de ça.

Texte 6.6 *Extraits de Frédéric Pages, 'Une Journée à l'infirmerie de Flins', dans* Libération, *12 janvier 1983 (copyright* Libération)

A Flins, les trois-quarts des ouvriers sont immigrés, Marocains en majorité. Au poste de secours,* ils arrivent surtout pour leurs doigts, éraflés, pincés, taillladés. En seconde position viennent les yeux, victimes de poussières, ou des arcs électriques. Il est même arrivé qu'une chaîne entière soit atteinte de conjonctivite. Muriel, une infirmière, peste contre un quinquagénaire atteint de douleurs au ventre. Elle l'a massé avec de la pommade, puis le bonhomme s'est relaxé deux heures et vingt minutes à l'infirmerie. *«Tu parles, il venait pour se faire*

Les usines Renault à Flins

cajoler et avoir des papouilles!» me dit Muriel.

[...]

Muriel s'en va car il est 14H et la seconde équipe des infirmières prend le relais. L'infirmerie ne désemplit pas. «Docteur, j'ai trop mal». C'est la phrase rituelle de l'immigré arrivant à l'infirmerie. «Où as-tu mal?» Les Maghrébins ont tendance à raconter d'abord comment ça s'est passé avant d'indiquer l'endroit de la douleur. S'ils se sentent très malades, ils se couchent en chien de fusil,* tête tournée contre le mur, la couverture sur le visage. «J'ai l'impression d'avoir un bout de fer dans la poitrine». Ce Marocain sort d'un congé maladie mais il ne va pas bien. Diagnostic: sinistrose.* C'est une sorte de dépression: bien que guéri, l'individu se sent toujours malade et n'arrive pas à se réadapter. «Des cas comme ça, j'en vois à longueur de journée»,* m'explique Maurice, médecin du travail permanent à l'usine. C'est la mal-foutose de l'immigré,* surtout du Maghrébin. «J'en vois craquer tous les jours dans mon bureau. Pas étonnant: après dix ou douze ans de travail en usine, ces immigrés s'aperçoivent qu'ils sont coincés. Ils ne reviendront jamais au pays avec le petit magot espéré. Ils ne voient pas leurs enfants grandir. C'est dramatique. C'est un problème de société, pas seulement un problème de gouvernement. On va vers des emmerdements majeurs».

J'en discute autour de moi à l'infirmerie. Tout le monde est bien d'accord. Les récentes grèves dures chez Citroën, Talbot, Renault ne sont que des prémices. Même si les immigrés suivent les mots d'ordre syndicaux, leur malaise dépasse de beaucoup les revendications professionnelles et les slogans. Vous les imaginez crier: «On a le cafard! On veut rentrer au pays!»

Texte 6.7 *Extraits de Vincent Beaufils, 'L'Automobile otage de ses immigrés', dans* L'Expansion, *24 décembre 1982*

Le changement survenu avec le 10-Mai* a été profondément ressenti dans les rangs des immigrés : on ne menace plus d'expulsion, on ne parle plus de retour. «Quand on branche la télévision, on n'entend plus parler des immigrés qui amènent le chômage et les maladies», témoigne un Algérien à Flins. Il a pu constater aussi que le comité de grève, qui, cette année, a négocié avec la direction, n'a pas été décimé par les licenciements quelques mois plus tard, comme cela s'était produit en 1978.

A Aulnay, le changement s'est traduit au printemps dernier par la visite, six mercredis de suite, d'un groupe d'inspecteurs du travail. «Pour faire craquer la maîtrise», selon la direction. «Pour montrer que l'administration veillait à ce qu'il n'y ait pas de pressions avant les élections», précise un inspecteur du travail. «La première fois que nous sommes venus, raconte-t-il, personne n'osait nous parler. La deuxième fois, certains ouvriers nous arrêtaient quand nous passions le long de chaînes. Et la troisième fois, nous avons vu, médusés, un ouvrier proprement engueuler son agent de maîtrise qui lui refilait un tract CSL. Là, nous avons compris que quelque chose se passait.»

En juin, aux élections des délégués du personnel, la CGT passait de 8 à 57 % des suffrages à Aulnay. Le changement politique, l'activité des syndicats, la sortie du conflit la tête haute ne peuvent masquer la véritable signification de cette lame de fond : la condamnation du «système Citroën» et de son corollaire, l'omniprésence, l'omnipotence de la CSL. Si les immigrés l'ont rejetée aussi brutalement, s'ils ne se lassent jamais de scander «CSL à la poubelle», c'est qu'ils étaient les moins bien placés pour se soustraire à son influence. Carte forcée, votes contraints,* refus des congés sans solde au pays pour les éléments peu dociles reviennent tout au long des conversations avec les immigrés. Et pèsent lourd en comparaison des «services» rendus par cette organisation aux OS d'Aulnay.

Le cheminement d'Akka Ghazi, un Marocain chaleureux et rigolard de 36 ans, maintenant secrétaire de la section CGT d'Aulnay, illustre parfaitement les dégâts de la stratégie «tout CSL». Cariste* depuis huit ans chez Citroën, il avait sa carte CSL, «la carte de la tranquillité», comme les autres. «Et puis, simplement parce que j'avais eu dans l'usine des contacts amicaux avec Oufkir, un délégué CGT marocain de ma région, j'ai été muté comme manœuvre. Je suis allé me plaindre auprès de l'interprète de la direction, qui m'a répondu: ''Si tu n'es pas content, la porte est ouverte.'' Alors, cette fois, oui, j'ai contacté la CGT. Et tous mes copains caristes qui avaient vu qu'en huit ans je n'avais

jamais eu un problème, jamais un retard et que j'étais quand même puni, se sont sentis menacés. Du coup, sur la première liste de la CGT largement ouverte aux immigrés,* nous étions six caristes.» Mais pourquoi choisir justement la CGT? «Essentiellement pour une question d'hommes.» La réponse est la même pour tous. La grande force de la CGT est d'avoir misé sur d'authentiques leaders au sein de leur communauté, Oufkir d'abord, Ghazi ensuite. La CFDT* a eu un recrutement moins heureux.

Tant chez Citroën que chez Talbot, les directions minimisent le travail de fourmi des délégués et n'expliquent que par la violence l'attraction de la CGT. «Les immigrés sont une population très sensible à qui détient le pouvoir. L'emprise de la CGT passe par ses coups de force sur les chaînes ou sur les parkings, par l'impunité qu'on lui accorde et par le soutien dont elle bénéficie de la part des municipalités»,* estime François Cusey.* Il est vrai que la détermination dont ont fait preuve les occupants des chaînes chez Talbot, ou le piquet de grève à Aulnay, a de quoi faire réfléchir, que les décisions de débrayage ne sont pas un modèle de démocratie, et que le départ d'une manifestation à Aulnay tient plus de la marche forcée que du mouvement spontané. Faut-il pour autant parler, avec Pascal Barthélemy,* «de quadrillage des cités, de terreur dans les foyers»? A Saint-Ouen-l'Aumône, à Aulnay, à La Verrière, les directeurs de foyers Sonacotra démentent, l'un d'eux ajoutant cependant : «On sent très bien que la CGT, face à des gens qui n'ont dans leur pays aucune tradition démocratique, et à l'usine aucune expérience du pluralisme syndical, ne fait rien pour développer ces deux valeurs.»

De fait, des militants CFDT du piquet de grève d'Aulnay, cherchant à profiter de la sono mise à la disposition de la municipalité, s'étaient entendu répondre: «Vous, vous n'avez rien à faire ici.» Aujourd'hui, les délégués CGT échangent de larges sourires lorsqu'ils sortent de leur poche, comme autant de scalps, les cartes de la CFDT arrachées aux nouveaux adhérents.

[...]

Des leaders marocains de valeur, une légitimité acquise à travers les brimades de la CSL, l'attraction que confère toute prise de pouvoir: la synthèse des raisons du succès de la CGT chez les immigrés ne serait pas complète si l'on ne mentionnnait les moyens dont dispose l'organisation, surtout dans un environnement comme celui de la Seine-Saint-Denis ou de la municipalité de Poissy. Face à une population très sensible aux attributs de la puissance et au «service rendu», la CFDT, avec ses mégaphones essoufflés et ses tracts mal imprimés, fait vraiment pâle figure. Surtout quand la CGT dispose des camionnettes de la municipalité, installe une cantine près du piquet de grève, distribue des tracts sur papier glacé et offre le méchoui la veille des élections!

Et ce n'est pas un hasard si la CSL de Poissy a beaucoup moin reculé que celle d'Aulnay: «Grâce à de fortes dotations au comité d'entreprise, à des prêts sociaux,* à des billets d'avion groupés pour l'Afrique du Nord, aux autocars affrétés pour se rendre aux aéroports, nous avons délibérément orienté notre action syndicale sur le service rendu», détaille le responsable CSL de Poissy. Son homologue d'Aulnay s'en est souvenu trop tard; et ce n'est pas le repas gratuit et le bon d'achat de 120 francs au BHV,* remis l'avant-veille des élections, qui auraient pu lui permettre de sauver la mise lors du scrutin du 1er décembre, désignant les représentants au comité d'entreprise: dans le collège ouvrier, la CSL continue de reculer, de 33 à 31 % des suffrages, la CGT consolide sa majorité, passant de 57 à 60 %, la CFDT (5 %) et FO* (3 %) restant parfaitement marginalisées.

Texte 6.8 *Extrait de François Came et Olivier Biffaud, 'Les Arabes de Talbot ne sont pas des Beurs', dans* Libération, *22 décembre 1983 (copyright* Libération)

«La question n'a rien à voir avec un problème syndical. La CGT, la CFDT se battent contre les licenciements. Mais il faut aller plus loin. Il faut aller au fond.» Ahmed apostrophe le délégué cédétiste,* (il est 10 h 20, la première lettre de licenciement vient de tomber). Les immigrés ne se battent pas avant tout contre les licenciements, l'emploi n'est pas le mot d'ordre. Ils sont en lutte, avec une volonté que la nouvelle a exaspérée, afin d'obtenir, d'imposer à la direction – et aux syndicats? – leurs

conditions pour pouvoir «faire leur valise». Le retour au pays, pour la première fois dans l'histoire centenaire de l'immigration française, apparaît comme une volonté individuelle indépendante de toute politique d'incitation en provenance du gouvernement.

Le système d'aides Stoléru, le «million aux immigrés»,* institué en 1977 par un pouvoir de droite, avait échoué. Trente-cinq mille bénéficiaires seulement. Aujourd'hui, le mouvement qui va s'amplifiant* sous les poutrelles de Talbot, s'il s'étendait, signerait clairement l'acte de naissance d'une situation sociale nouvelle. Paradoxe: le 10 mai 1981 et la gauche, facteurs d'espoirs à l'origine même de la révolte immigrée dans l'automobile, pourraient bien demain constituer le prélude de ce que la droite souhaitait sans avoir su le réaliser. Danger du paradoxe. Car la première motivation que les OS de Talbot avancent pour expliquer leur volonté de fuite est la montée du racisme. *«Quand tu vois Dreux, le meurtre de l'Arabe du Bordeaux-Vintimille, la grève CGT au Val-d'Ajol contre l'embauche d'un Marocain,* tu as peur.»* Les rues de Poissy sont recouvertes d'affiches du Front National: *«Deux millions d'immigrés = deux millions de chômeurs.»* Par contrecoup, la campagne de l'extrême-droite et les succès qu'elle remporte sur le thème de l'expulsion des immigrés finit, à Talbot, par atteindre les immigrés eux-mêmes. La question essentielle est de savoir si le phénomène dépasse largement les grillages de l'usine des Yvelines. Il y a certes réuni à Talbot un faisceau spécifique de crises qui explique clairement que le clignotant s'allume d'abord ici. L'humiliation de l'embauche et la déception de l'arrivée dans l'usine. *«Vous êtes venus nous chercher dans nos bleds, Peugeot, il m'a transporté en camion jusqu'ici»,* disent les OS la rage au cœur. *«Même la culotte, il fallait l'enlever à la visite médicale.»* Quand ils arrivaient: la CSL. Prise de carte obligatoire, cadeaux au contremaître. Tous les immigrés racontent la même histoire. La bouteille de Ricard, le tapis au retour des vacances au pays, gages de l'augmentation, sinon de la garantie d'emploi. Et la chaîne. *«Soixante voitures à l'heure pendant quinze ans, tu es mort.»*

La flambée de juin 1982 portait sur la dignité. Elle a réussi. Pendant quelques mois, les braises sont restées. Jusqu'à ce que la crise de l'automobile, la chute des ventes, le chômage technique, ne les transforment en cendres. *«Depuis le début de l'année, on aura chômé 57 jours. Ce mois-ci on aura travaillé deux jours. Qu'est-ce que tu crois qu'on a comme salaires avec ça?»* La passion a brûlé trop vite, la crise est venue trop rapidement. Le résultat, un ras-le-bol majoritaire, et la volonté de retourner au pays. Talbot, avec son histoire, est le cas extrême. Tous pourtant ne veulent pas partir. Les jeunes notamment, les plus qualifiés, parlant mieux le français, moins marqués par le travail. Surtout, leurs enfants ne parlent que très mal l'arabe. La volonté de retour au pays, si elle se généralise, ne touchera que la première génération. Les Arabes. Pas les Beurs. Le racisme, les accusations de délinquance visent d'abord les jeunes, ceux qui précisément souhaitent à toute force s'insérer dans le tissu social. Les vieux, à Talbot, veulent partir. Inversion, sur l'inversion du verlan.

Texte 6.9 *Extrait de Jean Benoit, 'Les Nouveaux Immigrés', dans* Le Monde, *5–6 décembre 1982*

Il se trouve aussi que les secteurs les plus touchés par la crise depuis 1973 furent ceux où les immigrés étaient les plus nombreux. En 1979, sur 113.000 emplois perdus dans la bâtiment, 99.700 étaient occupés par des immigrés. Même processus dans les chantiers navals du Midi, le textile des Vosges, les hauts-fourneaux de Lorraine et, bien sûr, l'automobile. Dans ce dernier secteur, ce n'est pas la chute d'activité, mais la modernisation du travail et l'introduction de l'automation qui, dans un premier temps, suppriment 210.000 emplois, souvent répétitifs – ceux qu'occupaient précisément les immigrés. D'où l'inquiétude, la nervosité de ces derniers dans les usines telles que celles d'Aulnay-sous-Bois ou de Poissy qui s'ouvrent de plus en plus à cette automatisation.

Est-ce *«la fin des O.S.»*? Certains sociologues la prédisent depuis des années. D'autres se montrent plus nuancés. *«Notre entreprise ne produit pas plus de voitures qu'il y a trois ou quatre ans*, nous dit M. Michel Louis (C.F.D.T. Renault), *mais il y a toujours autant de salariés. Rien ne prouve qu'il y a, ou qu'il y aura dans ce secteur une chute de*

l'emploi.» En fait, on assiste à une francisation* délibérée des salariés. Dans le même temps que 22.000 immigrés sont licenciés dans l'automobile, 19.300 emplois sont créés dans des unités nouvelles. *«L'amélioration des conditions de travail se retourne ainsi contre les immigrés. Ce n'est pas une fatalité: les patrons ne font rien pour les préparer aux bouleversements technologiques,»* nous déclare M. Jean Laulhere, membre du secrétariat confédéral de la C.G.T., chargé des questions de formation professionnelle des immigrés. Un exemple: les conditions de scolarisation des immigrés de la deuxième génération font que 20 % d'entre eux quittent l'école analphabètes.

La robotisation des usines apportera-t-elle une réponse au problème des O.S.? Les experts constatent de plus en plus chez les jeunes travailleurs de l'automobile une tendance à l'absentéisme, à la fuite devant la tâche quotidienne. On fait *«la route».* On décroche du boulot-métro-dodo* (autre référence à mai 68), on part trois ou quatre mois au soleil, on revient quand on n'a plus d'argent. Même pour les âgés – et singulièrement pour les immigrés, qui redoutent une plus grande déqualification encore – l'introduction des automatismes dans la production est loin d'entraîner l'adhésion des salariés.

«Restructurations, fermetures d'usines, licenciements, modernisation du travail, francisation du personnel. Pendant ce temps, dit Hamid Aouameur, ancien O.S. chez Renault-Flins et membre de la commission nationale du P.S. pour les immigrés avant le 10 mai,* des ouvriers étrangers qui ont acquis de l'expérience, qui connaissent leur métier mais ne sont pas reconnus comme tels même lorsqu'ils disposent des qualifications nécessaires, se voient menacés de perdre leur emploi. Les nouvelles technologies? Parlons-en. Même si la besogne est moins pénible physiquement, elles accroissent les contraintes individuelles du salarié, brusquement responsabilisé. L'assujettissement à la chaîne, à la machine est plus grand qu'avant.»*

Cette conversation sa déroule à Marseille, vers 1 h 30 du matin, dans les studios de Radio-Gazelle, une radio libre* immigrée, la deuxième en importance dans l'agglomération après Radio-Forum 92, qui est proche des mutualités C.G.T. Djamal, jeune Tunisien, passe un disque *«funky»*, un rock de l'année

1979. «*C'est pour les jeunes Maghrébines qui s'ennuient le samedi soir,* explique-t-il. *Leur père les empêche de sortir, et d'ailleurs elles n'ont pas d'argent.*»

En deux mots, Djamal vient de résumer le conflit de la deuxième génération – plus d'un million et demi de jeunes étrangers de moins de vingt-six ans, la plupart nés en France. Dans toutes les conversations, un leit-motiv: «*Ne plus faire le boulot de papa*». Mais aussi lutter pour des droits égaux, pour une formation réelle à un métier. C'est ce que nous confie Khira Aït Abbas, vingt-huit ans, chômeuse, ancienne délégué C.F.D.T. dans un atelier de confection, une P.M.E.* fermée il y a un an. Khira est l'une des animatrices de Radio-Gazelle. La plupart de ses collègues sont des ouvriers, des ouvrières que se transforment le soir en présentateurs de disques, en journalistes bénévoles. Comme à Radio-Trait d'union (Lyon) ou comme à Radio-Soleil (Paris), ils veulent «*rétablir le contact entre les Français et les immigrés, entre les cultures, entre les générations*». C'est aussi ce que nous déclaraient, à Paris, Saïd Bouziri et Mohamed Nemmiche, collaborateurs de *Sans Frontière*, un journal d'immigrés: «*Prendre en compte les cultures non-européennes, l'interculturalité, c'est casser la baraque Citroën.*» En d'autres termes: casser le taylorisme* et participer aux décisions, à l'élaboration de la politique qui concerne les travailleurs, qu'ils soient français ou immigrés.

Texte 6.10 *Extraits de* Binet el youm, *pièce de la Troupe de Théâtre de l'Étang de Berre de Port de Bouc. Source: Chérif Chikh et Ahsène Zehraoui,* Le Théâtre beur, *Paris, Éditions de l'Arcantère, 1984*

SCÈNE 3

(*Halima se dirige vers les bancs de la cité. Rachida se trouve au balcon, elle étend le linge. Elle appelle Halima.*)

Rachida: Halima, oh Halima!
Halima: (*se retournant et l'apercevant*) Oh, salut Rachida, ça va?
Rachida: Ouais, ça peut aller.*

Halima: Descends qu'on discute.*
Rachida: Je termine la bassine et j'arrive.

(*Halima s'installe sur un banc, elle feuillette un journal, [...] s'arrête aux offres d'emploi et monologue.*)

Halima: On va voir ce qu'ils proposent aujourd'hui. Mécano, technicien, cuisinier C.A.P., chauffeur poids lourds – ah, je fais pas le poids – trois heures de ménage à Marseille, ça vaut pas le déplacement... Ah! enfin! Infirmière, niveau bac, secrétaire... Ouais, avec la tête que j'ai, c'est même pas la peine que je me présente!

(*D'un air dégoûté, elle repose le journal, lance un regard autour d'elle, repère un mégot, le ramasse.*)

Halima: Oh zut! encore une Gauloise, une cigarette de pauvre (*essayant de la rallumer*). Et en plus, elle est fumée jusqu'au filtre!

SCÈNE 4

(*Elle reprend son journal et Khadidja arrive. Elle a l'air de comploter quelque chose.*)

Halima: Oh Kadi! Oh, oh t'as pas une clope?*

Khadidja: (*dans les nuages*) Une clope? Moi je cherche une solution pour me barrer et toi tu fais la mendiante!

Halima: Ça va, allez ah, va prendre le T.G.V.!*

(*Khadidja indifférente s'en va.*)

[...]

SCÈNE 6

(*Rachida rejoint Halima sur le banc, elles se font la bise et s'asseoient.*)

Rachida: Ça va Halima?

Halima: Bof... comme d'habitude... et ta mère?

Rachida: Oh, ma mère... tu sais, elle se fait vieille... avec les sept bambinos... alors maintenant hein... et toi, t'as trouvé du boulot?

Halima: Non, je cherche toujours. Aujourd'hui c'est dur d'en trouver. Je pointe toujours* et en plus avec la nouvelle réforme, on pointe plus qu'une fois par mois!

Halima (*suite*): Qu'est-ce que ça va changer?

Rachida: Et ouais... je sais. On a mille cinq cents diplômes... Et bien, pour quoi faire? Pointer!... Et des stages... Toujours des stages... Des stages d'infirmière, des stages de dactylo (*elle mime les stages*), des stages, en veux-tu, en voilà... Jusqu'à la retraite j'en aurai des stages!

7

Housing

If most North African immigrants came to France in search of jobs, their most pressing need, once in the country, was a place to live. With the growth of family immigration, housing was also to become the most important field of contact – and, often, of conflict – between the French and North African communities. Only very rarely have concentrations of immigrants reached the levels of intensity seen in the Goutte d'or district, not far from the Gare du Nord in Paris (text 7.1), but areas like this have been widely publicized and have become closely associated with public anxieties about the size of the immigrant population in France. Far more typical of the experiences of immigrants in the French housing market is text 7.2, which illustrates the economic and political pressures to which they have frequently fallen victim.

Some first generation immigrants were provided with accommodation by their employers (see, for example, texts 6.1 and 6.2), but most had to fend for themselves. Their low incomes inevitably condemned them to the cheapest and least attractive parts of the housing stock. In many cases, this involved living in what are formally known as 'hôtels', a term which in the present context has very different connotations from its literal counterpart in the English language. The establishments in question do not provide normal hotel services, and are excluded from official tourist guides. They are in effect lodging-houses where those unable to afford fully-fledged apartments of their own rent rooms, generally known as 'meublés' and 'garnis', or in some cases beds in shared dormitories. At their worst, these establishments have been situated in slum properties owned by men known as 'marchands de sommeil' who have rented beds to immigrant workers on a shift basis.

Such practices became rife in inner-city areas with the growth of immigration during the 1950s. At the same time, another form of slum housing was springing up largely in response to immigration in the suburbs around Paris and other French cities. These were 'bidonvilles' ('shantytowns'), collections of makeshift shelters erected on stretches of spare land with no planning permission or property rights. These ramshackle buildings had none of the facilities found in normal housing. They had no mains supplies of gas, electricity, or water, except for an occasional standpipe shared by hundreds and sometimes thousands of residents, no proper roads or pavements, and no sewerage system. In winter the 'bidonvilles' became a sea of mud, and with lighting and heating often involving the use of naked flames, living conditions were at best unhealthy and at worst lethally dangerous.

The late 1950s brought the first important government moves towards improving the housing conditions of the immigrant population. These concerned mainly 'single' males. In 1956, the SONACOTRAL organization was set up to build hostel accommodation for Algerian workers in France; it was renamed SONACOTRA in 1963, when its remit was extended to include immigrants of all nationalities. Much of the organization's finance came from the Fonds d'Action Sociale (FAS), which in turn drew most of its income from the social security contributions of immigrant workers. Families remaining in their countries of origin received social security benefits at much lower rates than those applicable in France, despite the fact that the breadwinners there were paying contributions at the full rate. The extra funds accruing to the French treasury were channelled into the FAS when this was set up in 1958 to finance projects benefiting the immigrant population;

initially confined to Algerians, it was extended to cover all nationalities in 1964.

The hostels run by SONACOTRA and other organizations are known officially as 'foyers-hôtels' and more commonly as 'foyers'. Their physical structures were a great improvement on the 'bidonvilles' and other slum accommodation which their inhabitants had previously occupied. But building materials and living spaces still left a lot to be desired, as did the rigid discipline imposed on residents and the insecurity of tenure to which they were subject. During the 1970s, steep rent increases combined with these grievances to spark widespread rent strikes which eventually resulted in a number of reforms. But as text 7.3 shows, loneliness and irritations of many kinds remained the daily lot of many hostel residents.

The SONACOTRA hostels were designed primarily to alleviate the problems of 'single' male immigrants. It was not until the 1970s that government efforts gave significantly increased attention to the housing needs of immigrant families. The main long-term effect of these measures was to move a substantial number of immigrant families from 'bidonvilles' and rented accommodation in run-down inner-city areas to the suburban equivalents of British council estates.

As an intermediary stage in this process, many families living in 'bidonvilles' were temporarily rehoused in specially constructed groups of buildings known as 'cités de transit', which, after being introduced during the 1960s, mushroomed during the early 1970s. Text 7.4 is a personal account of living conditions during the late 1960s in a 'bidonville' called la Folie, in the western Paris suburb of Nanterre. It is taken from an interview with an Algerian who had lived there with his family for almost a decade. Text 7.5 is an extract from a semi-fictional narrative closely based on real-life people and situations. In it the central character, whose parents are Algerian, describes how, in 1971, during his early teens, his family were moved from the 'bidonville' at la Folie to the Gutenberg 'cité de transit', which had just been built in Nanterre. While residents did at least have the benefit of basic facilities such as electricity and running water, the low quality of the building materials used and the

locations in which they were placed meant that many 'cités de transit' rapidly turned into slums which in some cases were difficult to distinguish from the 'bidonvilles' which they had replaced. The promised rehousing of residents in permanent buildings, mainly family apartments, took far longer than originally projected. It was not until 1985, for example, that the Gutenberg estate was finally demolished.

The promised land to which many immigrant families dreamed of moving – an HLM apartment – often had cruel disappointments in store for them. An HLM (Habitation à Loyer Modéré) is the most common form of 'logement social', the French equivalent of council housing, i.e. publicly funded housing made available to the less affluent members of society. HLM tower blocks grew rapidly during the 1960s and 1970s, notably in areas designated as Zones à Urbaniser en Priorité (ZUPs). These areas, initially created in 1958, were officially superseded in 1967 by Zones d'Aménagement Concerté (ZACs), but the term ZUP has remained in popular usage as a label for modern housing estates. The word 'cité' often carries a similar sense, though it may in fact be applied to any concentration of immigrant or working class housing, be it a 'bidonville', a 'cité de transit', or an HLM tower block estate. During the early 1970s, as part of the government's programme for 'la résorption de l'habitat insalubre' ('slum clearance'), set proportions of HLM estates were reserved for families from slum areas, which often contained high concentrations of immigrants. This trend was accelerated in 1975, when a huge increase in the funding of HLM apartments for immigrant families took place. This arose from a new government policy concerning the allocation of company housing funds. These had originally been established in 1953 to help ease the general housing shortage in France, based on compulsory contributions to the tune of 1% of their total salary bill by all firms which had more than ten employees on their payroll. In 1975, the government stipulated that in future one fifth of these funds was to be earmarked for the housing needs of immigrant workers, and most of it was invested in HLMs for family occupation. The sums involved were larger than those being spent at that time on housing for 'single' immigrants by the FAS, which in fact ceased to finance any new constructions after 1975. Although the immigrants' share of company funding was halved in 1978, when the overall level of housing finance derived from this source suffered a more modest reduction (it went down from 1 per cent to 0.9 per cent of total company wage bills), the net effect of these cash flows was to substantially increase the proportion of immigrants living in HLMs.

HLM tower block estates were often constructed at great speed, with inadequate facilities (shops, recreation areas, public transport, etc.) to meet the needs of their inhabitants. When these estates were first built during the 1960s and 1970s, many upwardly mobile French families benefited from the low rents obtaining in them thanks to state subsidies and saved enough money to move out into private homes of their own. Poor design features in many estates entailed a rapid deterioration in living conditions, which often occurred simultaneously with an increase in immigrant occupation. This led many French residents who lacked the means to buy a home of their own to feel trapped in an increasingly alien environment. Immigrant families, too, often became deeply disillusioned with life in HLM tower blocks. The resulting tensions erupted in disturbances such as those seen in the ZUP at Vénissieux, a suburb of Lyon, during the summer of 1981 (text 7.6) and in shooting incidents like the one at the 'cité des 4.000' in La Courneuve two years later (text 7.7). The Frenchman whose trial is described in text 7.7 was convicted of murder and sentenced to five years' imprisonment, two of which were suspended.

The growth of family immigration had brought the foreign population, previously confined in large measure to the workplace and narrowly localized parts of the housing market, into much fuller public view. Many French men and women now found themselves rubbing shoulders with neighbours of different colours and cultural backgrounds, whose children were often large in number and conspicuous in their behaviour. Nowhere did the resulting tensions make themselves more violently felt than in Marseille, with its heavy concentration of North Africans (texts 7.8 and 7.9).

In an inner-city area known as la Cage, Marseille had its own equivalent of the Goutte d'or district in

Paris. It must be emphasized, however, that thoroughgoing immigrant 'take-overs' of this kind were extremely rare in the urban landscape of France. Far from dominating urban developments, most North African families have consistently found themselves relegated to the left-overs in the nation's housing stock. With the virtual elimination of 'bidonvilles' by the end of the 1970s and the run-down of 'cités de transit' during the 1980s, these left-overs now amount, in the main, firstly to dilapidated inner-city areas from which immigrant families are forced to move when property developers decide the time is ripe for lucrative up-market projects, and secondly to the cheapest, most inconveniently situated HLMs, often those furthest from the city centre. Text 7.2 illustrates this pattern, from which the Goutte d'or itself could not escape. As is noted at the end of text 7.1, an extensive programme of redevelopment was due to begin there in the late 1980s which was designed to transform the area by the middle of the following decade, forcing many of its residents to leave the district for good.

While free market forces have dictated these trends to a considerable extent, political factors have also been important. The allocation of HLMs to individual tenants is, by French standards, an unusually decentralized process in which various bodies – notably town councils, the 'préfecture' of the department concerned, HLM administrators, and financial contributors such as companies associated with particular projects through their housing funds – all have a say in varying degrees. This makes the allocation of tenancies complicated and difficult for immigrants to manipulate to their advantage. By contrast, the mayors of many towns have used their powers in order to minimize as far as possible the number of immigrants living in their areas. By refusing planning permission, they have also been able to block the construction of new buildings such as SONACOTRA 'foyers' specifically designed to cater for immigrants. These tactics have often been justified by reference to what has been called 'le seuil de tolérance', a concentration of foreign inhabitants (sometimes put at around 10–15 per cent of the local population) beyond which it is said to be unwise to go. In practice, right-wing councils have tended to limit as far as possible the size of the immigrant population in their areas (text 7.2 offers a recent illustration of this), and new housing developments with high rates of immigrant occupation have generally been concentrated in districts with left-of-centre, particularly Communist, mayors. By the late 1970s, evidence of growing friction between the French and foreign communities living in their areas produced vigorous calls from Communist mayors for right-wing councils to house a fairer share of the immigrant population. Despite denials by Communist Party officials, these calls were often regarded by immigrants as betokening an attitude of hostility towards them on the part of Communist councils. By the mid-1980s, with the emergence of the immigrant community into the forefront of public debate, virtually no town council in France, regardless of its party colours, felt that it could afford to run the political risk of striking an openly enthusiastic stance towards the housing of immigrants.

Amid all this evidence of distrust and hostility towards the immigrant population, it is worth examining what the material consequences were for the town of Montbéliard, in eastern France, when, in 1985, a large number of car workers employed at the Peugeot factory in the suburb of Sochaux took advantage of a voluntary repatriation scheme and returned to their countries of origin. The Peugeot plant and its North African employees were central to the local economy (see text 6.4), which was severely shaken by this sudden exodus (text 7.10). There could be no clearer demonstration than this of how deeply the presence of immigrants had penetrated into the fabric of French society.

DOCUMENTS

Texte 7.1 *Extraits de Marc Ambroise-Rendu, 'Goutte-d'Or: le village à la rue', dans* Le Monde, 27–28 mai 1984

L'ethnologue, de son côté, se débat avec les chiffres du recensement qui, là plus qu'ailleurs, sont sujets à caution. Il y a aurait huit mille habitants* dans le quartier, qui compte une proportion record d'étrangers – peut-être 60 % à 70 %, – et celle-ci ne fait que croître. Les Français qui s'accrochent encore

sont des retraités et quelques jeunes ménages récemment arrivés. Il leur faut un certain goût pour l'exotisme lorsqu'on sait qu'ils cohabitent avec plus de quarante nationalités différentes. Les Portugais ont leur bal du samedi soir dans la salle paroissiale, les Yougoslaves et les Sénégalais ont monté des ateliers de confection, les Ghanéennes font commerce de leurs charmes.

La colonie qui tient le haut du pavé est celle des Maghrébins: Tunisiens, Marocains et Algériens confondus. Certains sont là depuis trois générations. D'abord ouvriers et célibataires forcés, ils ont, au fil des années, fait venir leurs épouses, envoyé leurs enfants à l'école, ouvert des boutiques et acheté leur logement. [...]

Ces néo-bourgeois* ont leur association de commerçants, ils écoutent la radio arabe de Paris, dont les studios, situés à la Goutte-d'or, émettent vingt-quatre heures sur vingt-quatre. Leurs enfants lisent *Nous autres*, un bimestriel en français édité dans le quartier et tiré à huit mille exemplaires.

Bref, ils forment une communauté très particulière qui a trouvé son point d'ancrage dans ce coin de Paris et qui redoute à la fois le trouble apporté par d'autres étrangers et les aventures de la rénovation.

Pour les dames du Secours catholique* qui y ont un PC,* la Goutte-d'or offre une autre image: celle de la plus extrême pauvreté, de l'analphabétisme et du taudis. «*Le quart-monde* de Paris, vous le trouvez ici, disent elles, dans ce quartier laissé à l'abandon par les pouvoirs publics, où un ancien appariteur à la préfecture d'Alger vit avec 150 F par mois, où des gens viennent mendier un peu de riz parce que, certains soirs, ils crèvent littéralement de faim.*»

Ici, lorsqu'un célibataire est hospitalisé, il faut murer la porte de son gourbi sinon il le retrouve occupé à son retour. Pourtant, dans cette jungle, l'hospitalité et la tolérance sont la loi. «*En quinze ans je n'ai jamais été agressée ni même inquiétée*, dit une religieuse catholique. *Si j'acceptais les invitations des familles musulmanes que je connais, je ne prendrais plus un seul repas dans ma communauté.*»

Pour les médecins généralistes, la Goutte-d'or est un milieu redoutable et passionnant. L'insalubrité de certains logements dépasse l'imagination, et l'on diagnostique des maladies disparues ailleurs depuis longtemps. Mais voilà que s'ajoute à cette pathologie d'un autre âge celle, très récente, des accidents d'overdose qui frappent les jeunes drogués venus s'approvisionner dans le secteur. *«Pourtant*, dit une jeune femme médecin, *je ne quitterai ce quartier pour rien au monde. Les rapports humains sont tellement chaleureux!»*

«C'est vrai qu'il y a ici une immense majorité de braves gens, dit le commissaire de police, *mais aussi quelques belles crapules.»* Depuis des décennies la Goutte-d'or traîne une exécrable réputation. Elle n'y faillit pas. Le milieu nord-africain y est né à la libération* avec le marché noir. Des entrepôts des grands magasins Dufayel réquisitionnés par les Américains* s'évadaient quantité de marchandises qui trouvaient illico receleurs et revendeurs dans le quartier. Le marché aux voleurs se tient encore ouvertement, chaque jour, boulevard de la Chapelle. Trafics et petites combines fleurissent au coin des rues. Attirés par la foule des badauds, les voleurs à la tire venus d'autres secteurs s'en donnent à cœur joie. On a vue rue de la Goutte-d'or plusieurs automobilistes se faire dévaliser alors qu'ils s'échinaient à changer un pneu qu'un complice venait de crever à dessein.

Naguère on a compté jusqu'à vingt-sept maisons de prostitution devant lesquelles les Maghrébins en longue file prenaient patience le samedi. [...] Ces établissements ont été fermés. D'autres, clandestins, ont rouvert dans une demi-douzaine de bâtisses lépreuses qui ont été purement et simplement squattérisées. Une centaine de Ghanéennes munies d'une carte de réfugiée politique et d'un certificat de travail reçoivent leurs clients avec la complicité de jeunes rabatteurs. [...]

Comment s'étonner, dans ces conditions, que les revendeurs de drogue chassés d'autres quartiers parisiens soient venus installer ici leur marché? C'est le dernier fléau qui frappe la Goutte-d'or, au grand scandale des commerçants.

Car – et c'est ici l'économiste qui observe – le quartier, avec ses trois cent trente maisons de commerce employant quinze cents personnes, déploie une intense activité. Les Maghrébins et les Africains y viennent de 70 kilomètres à la ronde pour acheter, en gros et au détail, les produits du pays: sacs de couscous, tissus dorés, volailles vivantes, viande abbatue selon les rites, livres, cassettes de musique arabe. A toute heure du jour et spécialement durant le week-end, la foule grouille dans ces ruelles. Une boucherie islamique qui emploie treize commis avoue un chiffre d'affaires de 10 millions de francs.

Les gros sous apparemment n'empêchent pas la vie religieuse. L'église catholique Saint-Bernard accueille les Antillais, une mosquée s'est installée il y a dix-huit mois dans une cave, une autre, réservée aux Africains, est en cours d'aménagement, et un ancien cinéma, le Myrha Palace, sert de lieu de pfédication à des évangélistes haïtiens. La rue Polonceau résonne même des discrets coups de gong d'une communauté de Japonais shintoïstes.

Tout cela est décidément trop extravagant pour être supporté plus longtemps par une capitale ultra-bourgeoise. De quelque bord qu'ils soient,* les élus du dix-huitième arrondissement souhaitent une normalisation de la Goutte-d'or. Les habitants eux-mêmes réclament l'ordre dans la rue et un peu plus de confort dans les immeubles. Or le pourrissement du quartier a atteint un tel degré que la police s'avoue débordée et que les urbanistes jugent impossible une simple modernisation du bâti. Aussi, la Ville a-t-elle décidé d'employer les grands moyens. D'abord, en faisant déclarer d'utilité publique l'opération qu'elle projette, elle entend se donner le pouvoir de tout exproprier s'il le faut. Ensuite, elle souhaite que soient déclarés insalubres cent vingt immeubles qu'elle pourra ainsi acquérir à bas prix avant de les démolir. Mille quatre cents logements disparaîtraient. Ils seraient remplacés par six cent vingt appartements convenables. Le quartier serait doté d'un poste de police, d'un gymnase, d'une crèche, de huit classes maternelles et d'un parking pouvant accueillir deux cent soixante-dix voitures. La mosquée vouée à la démolition sera reconstruite.

Aux propriétaires de cent quinze immeubles encore sauvables, on donnerait trois ans pour faire les travaux nécessaires avec, en prime, une aide substantielle. S'ils ne s'exécutent pas, la Ville expropriera, puis exécutera elle-même la réhabilitation. Une trentaine d'immeubles seulement seront conservés en l'état.*

Cette opération, dont la procédure est compliquée, dont le coût est élevé – les 650 millions avancés sont certainement très au-dessous de la réalité, – est l'une des plus difficiles qui aient jamais été lancées à Paris.

La Goutte-d'or

Car elle suppose que plusieurs milliers de personnes devront définitivement quitter la Goutte-d'or, et que plusieurs milliers d'autres seront provisoirement déplacées au cours des travaux.

Texte 7.2 *Annie Fournier, 'Levallois-Perret: Dégage, on aménage!', dans* Libération, *29 mai 1985 (copyright* Libération*)*

Profitant de la destruction d'un quartier insalubre, le maire RPR de Levallois-Perret, Patrick Balkany, entend éloigner de sa ville les immigrés qui y résident. Question de standing. Les travaux ont commencé, mais six familles restent. Question de finances.

Levallois contre Perret sera-t-il un mauvais remake de Boulogne contre Billancourt?* En tête d'affiche, Patrick Balkany, le jeune maire musclé et RPR de cette ville de 55.000 habitants. A ma droite, les quartiers chics, en bordure de Neuilly: immeubles bourgeois du début du siècle, résidences modernes, commerces de luxe. A ma gauche, à la limite de Clichy, le quartier de la rue Victor Hugo: habitations insalubres et ateliers désaffectés. Là s'entassent les 14.000 immigrés de Levallois-Perret, essentiellement des Algériens et des Marocains.

Dès son élection à la mairie, en mars 1983, Patrick Balkany annonçait qu'il entendait faire de la ville un petit Neuilly. L'occasion lui en était offerte avec le programme de rénovation décidé par son prédécesseur, le communiste Parfait Jans: les îlots insalubres de la rue Victor Hugo devaient être détruits et remplacés par des logements sociaux. Cela, Patrick Balkany ne put l'empêcher. Mais pourquoi ne pas profiter de la destruction du quartier pour se débarrasser des immigrés, en les relogeant dans d'autres communes?* Une solution rêvée pour rehausser le standing de sa ville et, peut-être,

95

satisfaire les 14 % d'électeurs du Front national qui estiment qu'avec «*23 % d'immigrés à Levallois, le "seuil de tolérance" est plus que dépassé*».

La destruction a commencé. Bulldozers et grues abattent l'immeuble du 21 rue Victor Hugo. Le fracas des murs qui s'écroulent s'entend dans la petite cour voisine, au No 25. Là, vivent six familles, six couples, algériens, marocains et mauritaniens, avec vingt-six enfants. Tous refusent de partir tant qu'ils ne seront pas relogés sur la commune de Levallois-Perret. «*Pourtant, on ne demande qu'à quitter cet immeuble pourri*», assure Mohamed El Aslaoui. «*Il est en train de s'écrouler. Quand je pars au travail, j'ai peur pour ma famille.*»

Les façades sont lézardées de partout. On peut passer la main dans certaines fissures. Il y a quatre ans, une cage d'escalier a été étayée avec des poutres. Depuis, plus rien. Des fils électriques dénudés traînent dans les couloirs. Des marches d'escalier se sont effondrées. Mohammed El Aslaoui a dû abandonner sa chambre: le sol s'affaisse. Reste une petite pièce de 16 m², à côté du coin cuisine, où il se serre avec sa femme et ses quatre enfants. Le soir, la famille roule le tapis qui cache les trous du plancher et déplie les divans.

Même chose au dernier étage. Les Eyé et leurs trois enfants vivent dans 20 m². Le bébé, six mois, dort dans le fauteuil, les deux filles, tête-bêche dans le lit, et les parents sur le canapé. «*J'ai repeint le plafond il y a un mois*, dit le père, *et les fissures se sont déjà élargies. Quand il pleut, on déplace les lits pour mettre des bassines sous les gouttières.*» Les autres appartements de l'étage ont été abandonnées aux chats du quartier. Car une douzaine de locataires ont quitté l'immeuble, acceptant les propositions de la mairie.

«*Les Français et les Portugais qui habitaient avec nous ont été relogés à Levallois*, dit Khadija Eyé, *comme sept célibataires algériens qui louent pour 1.200 F par mois une pièce avec un coin cuisine. Mais les familles arabes, on n'en veut pas.*» La mairie ne leur a fait qu'une seule proposition: un seul logement à Rueil-Malmaison, à 25 kilomètres au nord-ouest de Paris. Les six familles ont refusé. Elles ne voulaient pas quitter Levallois. Les femmes font des ménages dans le quartier. Les hommes travaillent à l'usine Citroën de la ville ou dans des ateliers de mécanique situés à proximité. Sauf Mohammed El Aslaoui.

OS depuis 17 ans chez Peugeot, une navette prend Mohammed chaque matin au pied de l'immeuble, pour l'emmener à Poissy: «*Je vis ici depuis 16 ans. Mes quatre enfants y sont nés et vont à l'école du quartier. Je suis plus ancien que le maire à Levallois et je resterai. Au début, ils ont proposé de m'acheter une mobylette pour aller à Val d'Argenteuil, puis ils voulaient nous donner 10.000 francs si nous partions sans rien demander. Comme nous refusions, ils ont menacé de nous expulser et de confier nos enfants à la DDASS.*»

Après le refus des six familles, la mairie n'a fait aucune proposition nouvelle. La «Semarelp», la société mixte* qui entreprend les travaux de rénovation, se sent désormais dégagée de l'obligation de les reloger et leur demande de quitter les lieux. «*Ceux qui restent sont de fortes têtes*, dit Mr Melka, de la «Semarelp». *Nous n'avons plus de logements libres à Levallois. De toute façon, ils refusent systématiquement ce qu'on leur propose car ils paient 300 ou 400 francs de loyer par mois rue Victor Hugo et ne veulent pas d'un loyer HLM à 1.500 francs.*»

En mars 1978, Mohammed El Aslaoui a fait une demande de logement HLM. Son dossier a traîné des années avant qu'il n'obtienne, fin 1982, la promesse d'un appartement à deux pas de la rue Victor Hugo. Après le changement de municipalité,* il n'en a plus jamais été question. Pourtant, la commune gère 2.400 logements HLM, et une centaine de plus vont être construits rue Victor Hugo.

La mairie, de son côté, ne souhaite faire aucun commentaire. Les procédures d'expulsion suivent leur cours. Et les six familles se demandent à quelle sauce elles vont être mangées. Si, entre temps, l'immeuble en ruines de la rue Victor Hugo ne leur est pas tombé sur la tête…

Texte 7.3 *Extrait de 'Visite dans un foyer d'immigrés dans la région parisienne', dans* El Bayane, *3 avril 1985*

«Ils veulent vivre leur vie comme ils l'entendent, alors ils sont bien là où ils se trouvent», pense M. André Cadot, maire de la ville du Bourget, pour qui ce foyer d'immigrés situé entre un terrain vague et la

Dans un foyer pour immigrés 'célibataires'

ligne de la SNCF ne pose aucun problème.

Pour ce maire de droite (il faut le dire), ce foyer ne doit poser aucun problème puisque situé loin des quartiers à pavillons tranquilles du centre de la ville du Bourget et que les narines de ses locataires sont constamment «chatouillées» par cette brume de fumée des cheminées d'usines avoisinantes.

Le locataire qui m'a accueilli pense – et à coup sûr – que sa chambre serait une cellule de prison s'il y avait des barreaux.

D'ailleurs, toutes les petites chambres de ce foyer se ressemblent: 3 mètres sur 2, un petit lit monoplace, une petite armoire, une petite table, deux petites chaises et on ne peut y bouger qu'à petits pas. Enfin tout est petit. C'est homogène, non?

Sabil et Chouaib m'ont accueilli dans la chambre de ce dernier. J'ai pu tout de suite me rendre compte – à travers un mur – que le voisin de droite écoutait sa radio, que celui de gauche discutait avec des copains et que celui d'en face – et à travers deux murs cette fois-ci – réglait sa télévision.

Quel comble! me direz-vous, la minceur des cloisons permet à chacun de «bien profiter» des bruits qui jaillisent dans l'ensemble de l'étage... Et bien non. C'est pourtant la solitude qui marque le plus les locataires de ce foyer.

Quel paradoxe! me direz-vous: la solitude au sein d'une ambiance collective aussi bruyante voire même pesante?

Et bien oui; la douleur de ces gens-là est constante, leur blessure est profonde et leur vie est tronquée: ils sont ici par leurs mains, pour le travail, mais, par leurs cœurs, leurs sentiments, ils sont avec leurs familles, loin... là-bas au pays.

Un bidonville à La Courneuve (Seine-Saint-Denis)

Texte 7.4 *Extrait de Monique Hervo et Marie-Ange Charras,* Bidonvilles, *Paris, Maspéro, 1971*

– Même les gars qui auraient des «millions», ici, ils ne pourraient pas devenir propres. Tu vas acheter une paire de souliers, tu marches trois, quatre fois là, dans la flotte, et tu la jettes. Alors c'est toutes les semaines que tu vas amener une paire de chaussures, c'est pas normal; toutes les semaines tu changes un complet? Mais tu n'as pas des millions! Nous sommes des ouvriers, je peux manger la moitié du bifteck et payer mon loyer mieux que si* je mange un bifteck complet et que je reste dans la saleté.

● *Quelle est la chose qui est la plus pénible et la plus difficilement supportable?*

– Pour nous, eh bien, mon vieux, tu sais, le plus dur c'est l'eau et la lumière: comment veux-tu que, là où il n'y a pas d'eau, pas de lumière, le gars soit vivant comme il veut? Si je n'avais pas honte, je prendrais mes cinq enfants, ma femme la sixième et moi le septième et j'irais au commissariat de police: je serais mieux dans le poste de police qu'ici dans la Folie. Pourquoi? Parce qu'ici il n'y a pas de lumière, pas d'eau. Tu vois, j'arrive le soir du travail, je vais faire la queue pour l'eau comme tout le monde et je ne reviens pas avant une heure, une heure et demie, des foix deux heures. La lumière? On met, par exemple, dix bougies pour y voir un peu, mais s'il tombe une goutte, c'est difficile pour la laver sur un pantalon ou une chemise! Même mon fils, je l'ai fait comme un prisonnier: pourquoi je ne veux pas qu'il sorte? Parce que je lui ai acheté un complet et que s'il sort, en même pas quinze jours, je te jure qu'il sera sale. Par exemple, tous les deux ou trois mois, j'amène un pantalon ou quelque chose, surtout pour les petits. Quand ils vont à l'école, c'est propre, mais avec ici, le lendemain, c'est sale. Aussi avec ça, c'est comme si j'étais toujours «malade», tu comprends? malgré que je ne manque pas de santé: je travaille, je manque de rien mais je pense de trop. A quoi? A mes enfants et à ma femme; si j'habitais le bâtiment* je penserais rien qu'à mon travail, je ne penserais pas à autre chose. Ici je m'en vais le matin, et je pense à ce qui peut arriver s'il y a le feu. Il n'y a pas longtemps depuis que trois enfants ont été brûlés, là au bidonville, et puis le quatrième qui est «tombé» de la femme parce qu'elle était enceinte; et quinze ou seize maisons ont brûlé. Même que tout le monde qui est ici est passé dans la télé: alors, au moment où les enfants ont brûlé, qu'est-ce qu'ils ont attendu pour démolir les baraques? Pourquoi ils ne les ont pas rasées?

Texte 7.5 *Extraits de François Lefort,* Du bidonville à l'expulsion: itinéraire d'un jeune Algérien de Nanterre, *Paris, CIEMM, 1980*

C'est vers ce moment-là qu'ils ont cassé le bidonville. [...] Ils nous ont relogés dans des cités de transit où on devait rester un an ou deux avant d'aller en H.L.M. Ça fait neuf ans qu'on est à la cité «Gutenberg», il y a des mecs qui sont à la cité André-Doucet, juste à côté, depuis seize ans. Moi, je crois que s'ils nous ont relogés, c'est pas pour nos beaux yeux,* mais c'est parce qu'on dérangeait. Les flics en avaient marre de se salir les bottes et puis ils avaient peur d'un mauvais coup, ils voyaient bien que nous au bidonville, on en avait de plus en plus ras-le-bol d'être dans la merde et on commençait à devenir nerveux. Si ça avait duré, on aurait massacré un ou deux poulets, et ça, ils le savaient.

Il y avait une autre raison pour nous foutre dehors, c'est qu'on avait construit juste à côté de nous la Préfecture des Hauts-de-Seine, un grand bâtiment de vingt étages du style de la Défense.* Pour nous cacher, ils avaient construit une colline artificielle d'une dizaine de mètres de haut. L'eau pouvait plus partir, la merde non plus. On était à l'abri des regards indiscrets et le préfet pouvait recevoir ses potes en toute tranquillité, mais ce qu'ils avaient pas prévu, c'est les odeurs. Cette Préfecture «grand standing», elle avait les pieds dans la merde, ça pouvait plus durer, ça donnait du goût au whisky. Nous, on allait plus jeter nos ordures devant chez le voisin, on faisait

cinquante mètres de plus et on les balançait dans le parking de la Préfecture, exprès pour montrer qu'on était toujours là.

Alors ils ont décidé de nous reloger dans une cité de transit toute neuve, et ils ont présenté ça comme un cadeau, une fleur, mais c'en était pas une, puisque les syndicats nous ont expliqué que cette cité, elle avait été construite avec l'argent des émigrés, retenue sur les allocations familiales.* Tu donnes tes ronds, on t'en fait cadeau après et encore il faut que tu dises «Merci!»

Un jour qu'on discutait près d'un feu devant la «Folie», on avait passé la nuit dehors parce qu'on était devenu allergique à notre cabane qui s'enfonçait dans la merde depuis dix ans. D'un seul coup, on a vu arriver des tas de cars de flics. Les poulets étaient de sortie. On a eu les jetons, on a pensé à une nouvelle rafle, mais tout de suite on a compris que c'était pas ça, parce que les flics, c'étaient pas des bleus de la «Brigade Z»,* c'étaient des poulets propres avec leurs gants blancs. Je te prie de croire que ça valait le spectacle de voir au bidonville des flics en tenue de soirée et aimables en plus.

On est allé aux nouvelles.* Ils nous ont annoncé qu'on serait relogés et on a appris aussi que Chaban-Delmas, le Premier Ministre, venait nous rendre visite, et pourtant c'était pas le premier avril, c'était pas du bidon. Il s'est radiné deux-trois heures après.* Ils ont frappé chez une famille de Tunisiens qui ont pas voulu le recevoir. Alors il est allé se prendre un thé à la menthe chez des Marocains. On est allé voir, tout le bidonville avec lui, la nouvelle cité de transit de Gutenberg qu'ils avaient construite en quelques mois. On trouvait ça vachement bien, des petites bicoques toutes blanches avec un étage,* des toboggans, des jeux pour les mômes, deux terrains de foot.

Ce qu'on savait pas, c'est que les maisons étaient en carton, que le chauffage marcherait pas, que la boue reviendrait dès l'hiver suivant à cause des travaux, que les terrains de foot seraient pris par la S.N.C.F. pour construire un train vers Cergy-Pontoise, et que les jeux pour les enfants c'était de la camelote, dès qu'on y touchait, ils se bousillaient. Un cadeau bidon, mais nous on le savait pas encore et on était vachement heureux de quitter le bidonville avec tous ses emmerdes.*

[...]

Une cité de transit à Argenteuil (Val d'Oise)

On nous avait bien expliqué que la cité, c'était fait pour nous habituer à vivre dans des conditions normales, pour nous mettre après dans des H.L.M. On a trouvé ça bizarre, comme si on était pas capable de vivre dans des conditions normales. D'ailleurs dans les cités de transit, l'intérieur des maisons est presque toujours impeccable, beaucoup mieux que chez des Français que je connais. Ma mère a joué le jeu et la maison est toujours propre, mais depuis neuf ans et d'autres depuis seize ans, on attend un appartement dans un bâtiment.

Au début, on a été un peu déçu parce que le «Règlement Intérieur» nous interdisait de jouer dehors après sept heures du soir. C'était fini la liberté du bidonville, maintenant on était toujours surveillé par le gérant qui, lui, travaillait pour les flics. Plus besoin pour les poulets de rentrer chez nous puisqu'ils y étaient installés.

On a vite compris qu'on nous avait mis là pour nous séparer des Français. D'un côté on a un terrain vague; de l'autre, une usine de papier; derrière, la Seine et devant, une caserne de C.R.S.* Les Français osent pas venir chez nous, ils ont peur et ils appellent notre cité: «Alger la Blanche». Au port de Gennevilliers en 1976, c'est encore pire. Ils ont inventé une cité de transit qui est entourée par deux autoroutes et la grande route principale du port; la boutique ou le bâtiment le plus proche est à cinq cents mètres. Tous les enfants vont dans une école qui est dans la cité. Puisqu'on peut pas mettre tous les ratons en tôle, on va les loger loin de tout, dans ces centres pour Arabes, une espèce de tôle pour famille. Quand tu veux sortir, il faut vraiment que tu le veuilles, et encore si t'as pas de bagnole, c'est pas la peine d'essayer.

[...]

Autour de notre cité, il y a des barbelés avec une seule entrée, et plein de panneaux : «Défense d'Entrer», «10 à l'heure», «Silence»... On dirait une caserne. La cité Gutenberg est mal construite, ils l'ont foutue sur un ancien lac qu'ils ont bouché. Il y a eu un bâtiment près du gérant, il a failli se démolir tout seul, il y a de l'eau qui est sortie de la terre. Quand il y a de l'orage notre maison tremble. Les murs sont en espèce de plastique ou de carton, ils sont pas solides, quand un môme donne un coup de pied dedans ça laisse un trou. On entend tout ce qui se passe à côté et au-dessus.

La boue, on l'a retrouvée très vite dans les rues comme au bidonville. Ils avaient pas prévu assez de goudron dans les chemins, il y a pas de pente non plus, les flaques d'eau restent là pendant des mois; nous en quittant le bidonville, on avait balancé nos bottes, on pensait qu'on s'en servirait plus jamais, il a fallu en racheter. C'est pire pour les mecs qui habitent au rez-de-chaussée; quand il pleut, l'eau rentre dans la chambre par le bas du mur.

Aujourd'hui, les cités, c'est des ruines. Dès qu'une famille s'en va, ils cassent deux trois murs et les portes pour pas qu'une autre famille prenne l'appartement,* mais ils laissent la baraque comme ça, toute dégueulasse.

Texte 7.6 *Extraits de Christian Delorme,* Par amour et par colère, *Paris, Le Centurion, 1985*

La création de la ZUP date de la fin des années soixante, à l'heure où le centre de Lyon était en pleine rénovation. L'aménagement d'immeubles de grand standing et de bureaux, la créaton de surfaces commerciales* avec des magasins de luxe provoquent un déplacement des populations les plus pauvres vers la périphérie. C'est l'exode des personnes démunies, des ouvriers et des immigrés d'Afrique du Nord. Il faut bien sûr les reloger ailleurs, au plus vite, en engageant le minimum de frais. Les premiers grands ensembles conçus avec des matériaux économiques poussent comme des champignons sur des terrains sans aucune valeur. A Vénissieux, sur le plateau des Minguettes balayé par le vent, on bâtit 9.000 logements, la plupart superposés dans des tours de seize étages aux entrées peu visibles et aux façades aveugles.* Dans certains quartiers, comme celui de Monmousseau, le procédé de construction est le suivant : on fixe une immense grue au centre d'un périmètre délimité, qui érige les immeubles un à un, déposant une tour à chaque rotation. Des économies pour un environnement sacrifié! N'empêche, les nouveaux locataires affluent. Pour la majorité d'entre eux, ce déménagement prend l'allure d'une promotion sociale. Ils quittent leur appartement vétuste, parfois démuni de tout-à-l'égout ou même d'eau courante, pour un trois ou un quatre pièces spacieux, avec balcon et salle de bains. Ce confort matériel direct prend le pas sur d'autres considérations. L'absence de magasins, de crèches, de structures d'accueil ou de loisirs, chacun pense qu'il s'en accommodera... et qu'à long terme il en sera peut-être question. De son côté, la municipalité communiste de Vénissieux se réjouit de cet accroissement démographique et se déclare prête à accueillir tout le monde. Personne ne parle alors des quotas d'immigrés à ne pas dépasser. L'heure est à la croissance tous azimuts, à la gestion débonnaire. Les petites cigales n'arrêtent pas de chanter. Comment faire autrement d'ailleurs, propulsé que l'on est par le rythme ambiant?

Un premier signal d'alarme sonnera pourtant peu avant la crise.* Pour une partie de sa population, notamment les jeunes couples avec deux salaires, Les Minguettes s'apparentent à la cité de transit. Ils y font des économies et s'orientent vers l'achat d'un petit pavillon dans une banlieue plus verte, favorisés par les facilités d'accession à la propriéte.* Mais, dans cet exode assez progressif, le quartier perd nombre de ses éléments moteurs et stabilisateurs, qui impulsaient une vie associative, des actions de solidarité entre habitants jusqu'au milieu des années soixante-dix. Inexorablement, Les Minguettes se vident. Et les premières difficultés économiques emmènent la ZUP à la dérive. Chômage, aides sociales de plus en plus limitées, diminution des départs en vacances, l'ennui, la délinquance augmentent principalement chez les jeunes qui n'avaient guère fait parler d'eux en arrivant puisqu'alors ils étaient enfants. L'insalubrité gagne elle aussi du terrain. Des logements vides sont en effet l'un des facteurs essentiels dans la dégradation d'une cité, où en 1980, on en dénombre 2.500 sur 9.000. Des tours entières sont abandonnées. Un carreau est cassé, puis deux, puis dix, puis des centaines. Les volets claquent au vent, les «cages» d'escaliers s'encrassent. L'herbe folle pousse entre les dalles. Aucun doute, la vie s'en va. C'est la ruine. Et, comme toujours, les plus pauvres, touchés de plein fouet par la crise qui sévit en priorité sur leurs secteurs d'activités, n'ont d'autre solution, eux, que de rester.

Eux, ce sont en partie des immigrés, près de vingt-cinq pour cent de la population des Minguettes. Mais, dans le quartier Monmousseau, ils forment les trois quarts des habitants et donnent à l'endroit des allures de «camp retranché arabe». Soixante-quinze pour cent des Vénissians* sont pourtant des Français qui souffrent autant de l'insuffisance criante des cafés, des foyers de jeunes, des services publics, et qui fournissent comme les autres leur contingent de jeunes laminés par le désœuvrement. Seulement quand, à la faveur d'un début d'été caniculaire, la «zone» explose en guise de désespoir, on ne retient que les «fauteurs de troubles» au teint basané.

[...]

C'est le fameux été chaud de 1981, que certains media vont malencontreusement faire entrer dans la légende des faits divers, jetant en pâture à leurs lecteurs les rodéos de voitures volées* qui s'enflamment en fin de course sur les parkings crasseux. Un mythe grandit, celui de Vénissieux et de ses cités coupe-gorge, à contre-courant de la réalité et, bien sûr, de l'histoire. Car le fait d'incendier des «tires» n'est pas nouveau. Voilà plus de dix ans que des voitures brûlent régulièrement dans les grandes ZUP de notre pays. Avant de prendre feu, bon nombre sont déjà des épaves que leurs propriétaires, parfois étrangers au quartier, ont préféré abandonner sur un parc anonyme de stationnement plutôt que de les déposer à la casse. D'autres, c'est vrai, sont des véhicules de luxe, genre BMW, que les jeunes enivrés par l'exclusion, montant d'un cran dans la délinquance, au mépris du risque et de l'autre, font «cramer» comme un symbole de la richesse inaccessible. La vie ne vaut plus rien. Alors on joue avec le feu, dans les banlieues suffocantes de nos grandes villes à intervalles réguliers! Pas seulement aux Minguettes. Mais cette distinction, les observateurs en quête de sensationnel à l'heure où l'actualité ronronne,* les sécuritaires* atterrés par la victoire de la gauche,* la police craignant d'être discréditée par le nouveau pouvoir n'en ont cure. Les Minguettes deviennent un symbole. Plusieurs journaux, dont *Le Figaro*, qui fait ses premiers pas dans la critique

systématique,* établissent un parallèle entre les villes anglaises de Londres et Liverpool, secouées à cette époque par des émeutes raciales, et Lyon. L'image d'un ghetto maghrébin où le Français – et qui plus est le juge et le policier – ne peut plus pénétrer, se répand sur tous les postes de télévision, sur toutes les ondes.

Il y a déjà longtemps, à cette époque, que le vécu des jeunes Maghrébins de France me fait penser à la situation des Noirs des ghettos nord-américains ou à celle des Antillais des grandes villes britanniques. Et, souvent, je me dis: un jour risque de venir rapidement, où les révoltes violentes que connurent l'Amérique des années soixante et l'Angleterre de ces dernières années se produiront en France. Là-bas et ici, en effet, pour les Arabes de France comme pour les Noirs d'Outre-Manche et d'Outre-Atlantique, ce sont les mêmes humiliations dues à la race et à une histoire coloniale, les emplois mal payés et surtout le chômage, des logements insalubres ou surpeuplés sans possibilité d'en changer, des loisirs et des biens de consommation interdits... Comment alors la révolte ne gronderait-elle pas?

Texte 7.7 *Extraits de Jean-Marc Théolleyre, 'Procès d'un homme tranquille', dans* Le Monde, *23 avril 1986*

La cour d'assises de la Seine-Saint-Denis devrait rendre, dans la soirée du 22 avril, son arrêt au terme du procès de M. René Aigueperse qui, excédé par le bruit, avait tué d'un coup de carabine, le 9 juillet 1983, un enfant âgé de neuf ans, Toufik Ouannès.

«René, il n'y avait rien à en dire. Il était de ceux dont on ne parle pas parce qu'ils n'ont jamais d'histoire avec personne». Il est tout ému, M. Roland Dupeux, agent de la RATP et collègue de René Aigueperse dont voici qu'aujourd'hui on va précisément beaucoup parler. Car le machiniste modèle est bel et bien dans le box de la cour d'assises de la Seine-Saint-Denis, à Bobigny, accusé d'homicide volontaire sur la personne d'un gamin de neuf ans, Toufik Ouannès, tué le 9 juillet 1983 d'un plomb de carabine à air comprimé, à la triste cité des 4.000 logements de La Courneuve.

Il faisait beau et chaud en cette soirée. Il y avait du monde dans les rues, et du bruit. Les jeunes immigrés fêtaient la fin du Ramadan en faisant partir des pétards. Du cinquième étage de son F3 alloué en 1975 par la RATP*, René Aigueperse n'a pas supporté. Mais, il l'assure, il ne voulait pas tuer. La preuve, pense-t-il, n'en est-elle pas apportée par le fait que, propriétaire d'une 22 long rifle, il a volontiers délaissé cette arme pour se servir de la modeste carabine à air comprimé de son fils. Alors il est là, tout simple, avec son visage de quinquagénaire, son regard de presbyte derrière des lunettes cerclées d'acier, appliqué à convaincre.

C'est sûr qu'il a pour lui ce passé exemplaire de fils unique, né dans le Lot en 1934, apprenti mécano venu ensuite à Paris après deux ans de service en Algérie, pour entrer en 1961 à cette RATP qu'il ne devait plus quitter. Il y était l'employé parfait, celui auquel – ils sont rares – on octroie la prime mensuelle de courtoisie de 35 francs tant il se montrait affable envers l'usager. Dans cette cité des 4.000, dans cet immeuble aux mille fenêtres, aux six entrées, il n'avait jamais eu un mot avec quiconque. C'était à qui louerait* son caractère si souple de locataire sérieux, de bon vivant aussi, de sage enfin qui faisait construire au pays natal la maison de sa retraite et qui, à la première occasion de vacances, était si heureux de retourner là-bas.

Pour autant, le trois-pièces de La Courneuve ne lui déplaisait pas. «L'appartement était très agréable. C'est le voisinage qui faisait problème. Tout était dans un état déplorable.» Il n'incrimine personne. Il constate seulement: les boîtes aux lettres détruites, les graffiti dans les escaliers et les ascenseurs, bref ce qu'il appelle «des conditions de vie exaspérantes». Il s'en accommode pourtant. Serait-ce alors un accident coronarien survenu le 11 avril 1983 qui l'aurait soudain changé? Sans doute, il s'en était remis après deux mois de convalescence. Il reste qu'il ressortait de l'épreuve diminué, anxieux, qu'il avait dû quitter son emploi de machiniste pour celui, plus ingrat, de contrôleur et qu'il lui fallait maintenant des tranquillisants, du repos, lui qui, chaque matin, continuait de se lever à 4 heures pour aller prendre son service. Le 9 juillet 1983, tout a donc basculé en quelques instants.

On lui dit: «Mais ce bruit de la cité, il était déjà ancien.

– Oui, mais ça avait empiré et, avant, je n'étais pas malade.»

Peut-on, malgré tout, devenir soudain tireur de la sorte? Sa 22 long rifle, il la possédait depuis treize ans. Elle lui servait uniquement dans le Lot. La carabine à air comprimé, c'était un cadeau fait à son fils de quinze ans, trois ans plus tôt. Le 9 juillet 1983, il était rentré chez lui comme à l'ordinaire, vers 13 heures.

[...]

Vers 20 h 30, il avait regardé la télévision, s'était même assoupi dans son fauteuil. Les pétards le tirèrent de sa somnolence. «Je me suis mis à la fenêtre. Je leur ai crié d'aller faire ça ailleurs. Je ne devais pas avoir l'esprit très clair.

– Quelle a été leur réaction?

– L'un d'eux a levé la tête, mais ne semblait pas avoir compris ce que je disais.

– Alors, qu'est-ce que vous avez fait?

– Je suis allé dans la chambre de mon fils, j'ai pris

103

la carabine à air comprimé et j'ai tiré comme ça, penché au-dessus du poste de télévision qui était placé contre la fenêtre.»

Il a mimé le geste, les deux bras tendus, tenant l'arme parallèlement à son corps et pratiquement à l'horizontale. On lui a fait observer que, dans cette position, il n'aurait pas pu atteindre les enfants.

– *«Mais pourquoi avez-vous tiré?*

– *Pour leur faire peur et rien d'autre. J'ai pensé que le bruit suffirait à les faire partir.»*

En fait, ce bruit, qui n'est pas celui d'une arme à feu, n'est guère autre chose qu'un bref claquement dont il admet aujourd'hui la vanité. Le malheur pour lui, mais plus encore pour Toufik Ouannès, voulut que ce plomb unique de 0,53 gramme atteigne la victime dans la région du cœur et y pénètre alors que, pour les experts, un tel projectile tiré par une telle arme aurait pu être arrêté par n'importe quel vêtement un peu plus épais ou par une musculature un peu plus forte.

Texte 7.8 *Extraits d'Irina de Chikoff, 'A Marseille la haine ouverte', dans* Le Figaro, *28 mars 1983*

Ville-boa, Marseille digère les peuples, malaxe les cultures, brasse les ethnies et remodèle les hommes. La cité phocéenne* ne fait guère la fine bouche, elle se vante même de son appétit cosmopolite et sur le Vieux-Port on ne cesse de vous raconter comment les Grecs, les Italiens, les Arméniens, les Espagnols, voire les Slaves échoués en Méditerranée ont attrapé l'accent.

Mais depuis des années, Marseille rumine les immigrés d'origine maghrébine sans parvenir à les assimiler. C'est un constat gênant. On en bafouille, on en bégaye et Tartuffe se voile la face.* Racisme? Ce serait presque plus simple, sans doute plus facile si les Marseillais se prenaient subitement pour des Aryens mythiques.* Mais ils ne rêvent pas de Walhalla.* Leur refus s'articule autour d'une évidence: la population immigrée gagne sans cesse du terrain sans jamais se fondre dans le paysage urbain. Leur rejet prend appui sur la montée de la délinquance dans laquelle, qu'on le veuille ou non, les Maghrébins jouent un rôle prépondérant.

Marignane,* cinq heures du soir, dans le bureau de poste de l'aéroport, toutes les cabines téléphoniques sont occupées. Passent les secondes, s'éternisent les minutes. L'impatience croît. L'homme est accoudé au guichet. Docker ou ouvrier, il porte une salopette bleue, une chemise à carreau, ses joues sont mal rasées et dans ses doigts jaunis il triture un mégot incandescent. Juste en face de lui, par delà les portes vitrées, deux Maghrébins parlent au téléphone. L'homme tangue d'un pied sur l'autre. Sa bouche se crispe. Il ne se contient plus. L'insulte, grossière, fuse. Haine ouverte. Grimaces et les yeux de l'homme se font plus petits.

Lorsque, enfin, l'un des immigrés libère une cabine, l'homme refuse d'y entrer. *«Ça sent trop mauvais»*, lance-t-il à la cantonade. Le Maghrébin a entendu, il ne dit rien, s'éloigne, épaules voûtées.

Autour de nous j'aperçois des regards qui se détournent, des oreilles qui, soudain, rougissent mais il y a aussi quelques sourires de connivence.

Sans verser dans le rousseauisme,* il est extrêmement difficile d'imaginer que ce «raciste primaire» est né comme ça.

Je l'interroge, il se méfie, me dévisage, puis, jetant toute prudence aux orties de son exaspération,* me prend par le bras, m'entraîne. C'est un torrent.

Il vit dans une cité. 60 % de Maghrébins. Tous les jours des chapardages, toutes les nuits ou presque des rodéos avec des voitures ou des mobylettes volées. Femmes injuriées, filles qu'on coince dans un couloir, gosses rackettés sur le chemin de l'école, vandalisme, arrogance, dégradations, provocations. Plus un arbre debout. La pelouse? De la boue! On a construit un stade. Ils l'ont bousillé. Destruction. Et la musique... Et les moutons qu'on égorge sur le balcon...* Et les salles de bains tranformées en basse-cour... Et... L'homme s'étrangle. Il lui faudrait sans doute une cure de sommeil. *«Un jour...* Il me regarde. *Un jour, j'en tuerai un.»*

Nausée. Mais il est inutile de lui parler des droits de l'homme, inutile de lui rappeler que tous les immigrés ne sont pas délinquants, que les Maghrébins vivent dans des conditions désastreuses. Il est communiste. Il ne croit plus à rien. Ses nerfs depuis longtemps l'ont lâché. Il éructe.

[...]

LA CITÉ PHOCÉENNE EN CHIFFRES

Population

De 150.000 à 180.000 étrangers vivent à Marseille, 80 % de cette population est d'origine maghrébine. Dans les quartiers nord, les taux, selon les cités, varient entre 14 % et 80 % d'immigrés. Environ 8.000 familles habitent dans les ZUP et les HLM des quartiers nord.

Près de 35.000 hommes «célibataires» vivent disséminés en ville.

Près de 15.000 transitaires ou touristes se relaient en permanence autour de la porte d'Aix,* et près de 1.300.000 Maghrébins passent annuellement à Marseille.

Criminalité

Dans l'ensemble des crimes et des délits, la part des immigrés est de 21 %.

Pourcentage des étrangers appréhendés par rapport au nombre total des individus arrêtés en 1982:
– vols avec violence: 56,3 %.
– vols à la roulotte:* 36,6 %.
– coups et blessures: 33,4 %.
– cambriolages: 30,2 %.

Chômage

60 % des jeunes Maghrébins sont sans emploi (15–25 ans). Dans les cités de transit, 30 % des jeunes sont au chômage.

Texte 7.9 *Extraits de 'Marseille: le cru racisme 1983', dans* Sans Frontière, *avril 1984*

Marseille, le 13 mars 1983. Le campagne électorale est close depuis 24 heures et les derniers électeurs se hâtent vers les bureaux de vote. Une bombe éclate dans un terrain vague situé à proximité de la cité de la Cayolle, une cité «immigrée» des quartiers sud de la ville. Un petit enfant d'origine gitane en meurt et son frère est grièvement blessé. Le lendemain, la manifestation appelée par les habitants de la cité et des organisations anti-racistes est interdite par le Ministre de l'Intérieur,* réélu maire la veille, «pour calmer les esprits». Depuis, les esprits sont calmés… et les meurtriers courent toujours.

Marseille, le 19 avril 1983. Dans la matinée, des employés du service de nettoiement de la ville trouvent rue du Baignoir, en pleine quartier «arabe» de la porte d'Aix, une bombe soigneusement empaquetée. La machine à tuer, fabriquée à partir de 500 grammes de dynamite, n'avait heureusement pas fonctionné. On imagine le carnage si la bombe avait sauté en plein jour dans cette rue commerçante et très passagère.

[…]

Marseille, dimanche 3 juillet 1983. C'est le ramadan, et comme d'habitude, les familles maghrébines de la cité Air Bel sortent respirer un peu d'air frais une fois le jeûne rompu. Cela n'est évidemment pas du goût de tout le monde. «L'observant du traditionnel ramadan, note le quotidien communiste la Marseillaise, par une certaine partie de la population n'est pas sans causer des nuisances (animation nocturne) à l'autre partie». Une querelle éclate ce dimanche entre une famille pied-noir, la famille Poitevin, et une famille maghrébine, les Aounallah. M. Poitevin appelle à la rescousse quelques proches qui rappliquent, armés, et tirent dans le tas. Brahim Aounallah, 22 ans, son frère jumeau, Smael, un autre frère, plus jeune, Abdel Saleh, 20 ans, ainsi qu'un de leurs amis restent sur le carreau. Deux d'entre eux sortiront de l'hôpital handicapés pour la vie. Commentaire du Provençal, autre quotidien local: «Il ressort de l'enquête policière, pour résumer les faits, que, excédés par les méchants, les bons se sont rebiffés… tous bien connus des services de police, les Aounallah semaient le terreur dans la cité où ils entendaient imposer leur loi». Bref la population respire puisque «justice» est faite.

Aix-en-Provence, le 11 août 1983. A la ZAC du Jas de Bouffan une bande de gosses maghrébins qui s'emmerdent jettent des pierres sur une voiture de jeunes Français de Marseille qui passait par là. Dans la nuit, ces derniers reviennent avec des renforts et tuent Selim Grine, un jeune Algérien de 18 ans qui fumait une cigarette sur le perron de l'immeuble où il habitait. Selim mourra dans les bras de sa mère, alors qu'il n'avait absolument rien à voir avec la bande de gosses qui avait attaqué les Marseillais. Arrêtés, les meurtriers vont être relâchés l'un après l'autre, suite à une grève de la faim de leurs femmes en mars dernier.

Marseille, le jeudi 13 octobre 1983. Vers 3 heures

du matin, une bombe éclate à la cité de la Bricarde située dans le quinziéme arrondissement. L'engin avait été placé entre deux portes palières d'appartements occupés par des familles maghrébines. Quelques heures plus tard, l'attentat qui n'avait pas fait de victimes est revendiqué par le groupe «les templiers» qui demande «la dératisation» de la ville. Deux jours plus tard, la première marche pour l'égalité et contre le racisme* s'ébranle de Marseille.

[...]

A Marseille, en cette même année 1983, il y a eu par ailleurs, quelques petits attentats contre des foyers, une bombe contre la succursale d'Air Algérie, plein de graffiti racistes sur les murs, des articles mensongers dans la presse régionale, et nombre de phrases «malheureuses» de politiciens de droite et de gauche. Bref, l'année 1983 fut une année ordinaire.

Texte 7.10 *Extrait de Philippe Jechoux, 'Quand le petit commerçant porte le deuil des immigrés, dans* Le Matin, *18 octobre 1985*

«On a trop de chômage chez nous. Les étrangers devront partir un jour ou l'autre. Il faudra bien en passer par là», entendait-on souvent dire dans les rues de Montbéliard. Avec 26.000 immigrés au début de l'année et 12 % de la population active au chômage, le district de Montbéliard, qui est l'une des plus fortes concentrations de travailleurs étrangers, vient presque subitement de perdre 8.000 de ses habitants. Mille huit cents travailleurs turcs, algériens, marocains ou portugais ont en effet opté avec leur famille pour la formule de l'aide au retour. Ils sont partis avec la bénédiction des pouvoirs publics et du groupe Peugeot (qui, à lui seul, a procédé à 1.600 licenciements depuis le mois de janvier). Les choses n'en resteront pas là, car le numéro deux français de l'automobile entend encore supprimer 5.000 emplois supplémentaires dans les

cinq années à venir...

Surprise, ces départs laissent des regrets et, paradoxalement, les commentaires de l'homme de la rue concernant les étrangers à connotation raciste deviennent désormais beaucoup plus nuancés. La raison de ce revirement? Chacun reconnaît dorénavant que c'est là un rude coup porté à l'économie locale! Des directeurs de supermarché déjà en surnombre, en passant par les petits commerçants de quartier, ce sont toujours les mêmes propos inquiets qui ressortent. Chacun comparant avec nostalgie ses chiffres d'affaires actuels avec ceux des années précédentes. Pour les communes et les institutions de gestion des logements sociaux, c'est une véritable douche froide! Premier effet concret de ces 8.000 départs, il y a actuellement à Montbéliard et dans la région plus de 2.500 HLM murées parce qu'elles sont vides. Parmi elles, 1.500 devront être détruites dès que la population restante aura été reconcentrée dans d'autres immeubles. Pour les directeurs d'école, un véritable casse-tête! Alors qu'ils prévoyaient leurs effectifs à la hausse, ils constatent tous que le nombre de leurs élèves a une dangereuse tendance à se réduire et cela au cours même de l'année. A Bethoncourt, le principal du collège explique: *«On prévoyait de passer de 690 à 740 élèves, nous en sommes actuellement à 547. On y verra plus clair au deuxième trimestre.»* Si, pour l'instant, les commerces d'équipement ménager font un véritable tabac, car chaque famille candidate au départ entend s'équiper à neuf avant de retourner au pays, l'embellie subite des affaires* ne fait pas illusion...

Dans le même temps, beaucoup de petits commerçants en alimentation des quartiers populaires envisagent sérieusement de quitter la région. On ne compte plus les pas-de-porte à vendre* ou les liquidations, à Montbéliard. Et les chiffres et les statistiques sur l'emploi et la délinquance ne font rien apparaître de significatif malgré ces 8.000 absents. Bref, la morosité semble s'être installée parmi les habitants.

8
Politics

Until the 1980s, immigration seldom figured as a significant issue in French party politics. Its sudden emergence into the forefront of public debate was due to a combination of long-term developments and more immediate pressures. As ethnic minorities became more visible parts of French society with the growth of family immigration during the 1970s, ordinary citizens grew increasingly conscious of their presence. For a variety of reasons, this awareness of the immigrant community grew apace with anxieties about unemployment and fears for their personal safety among city-dwellers in particular.

The desire to control unemployment had of course been President Valéry Giscard d'Estaing's main concern in halting immigration shortly after taking office in 1974, amid the first oil crisis and the onset of world economic recession. Yet by 1981, when François Mitterrand replaced him as President, unemployment in France had leapt from not much more than half a million at the beginning of Giscard's term of office to three times that number. During Giscard's presidency, immigrants had been made to feel increasingly insecure by government policies designed to encourage their repatriation to their countries of origin. The final stages of the 1981 presidential election campaign had brought a hunger strike in Lyon led by a Protestant clergyman, Christian Delorme, against a wave of expulsions ordered by the outgoing government against law-breakers among the immigrant community. Under Mitterrand, these and other strong-arm tactics adopted during Giscard's presidency were dropped; the new administration granted immigrants the right of free association (previously, they had been obliged to seek the prior approval of the Interior Ministry before setting up any organizations of their own),

and over 130,000 illegal immigrants were allowed to regularize their situation. At the same time, pent-up resentment among the immigrant community burst out forcefully in urban disorders like those seen in Lyon during the summer of 1981 (see text 7.6), and in industrial stoppages which gathered pace rapidly the following year (see chapter 6).

It was against this background that immigration emerged as a major theme during the campaign for the municipal elections held in March 1983 (text 8.1). While it is probably misleading to suggest that the news media deliberately created a menacing picture of the immigrant community, there can be no doubt that many politicians, mainly on the Right, systematically played on these images and fears in order to win votes. The main beneficiary was the extreme right-wing Front National (FN), led by Jean-Marie Le Pen, whose earlier career included a period as a paratrooper in Algeria during the war of independence. Until 1983 this party, founded eleven years earlier, had occupied a completely marginal position in French politics. In the parliamentary elections held in June 1981, for example, the FN had taken less than half of one per cent of the vote. But in certain areas during the 1983 municipal elections, and in a series of by-elections held later that year, the party suddenly began to score double figures. By June 1984, when elections to the European Parliament were held, the FN took 11 per cent of the national vote in France.

More than any other single issue, FN propaganda spotlighted immigration (text 4.2 typifies the views found among party sympathizers), which it linked to fears about unemployment and what the French call 'la sécurité'. This term is usually translated as 'law and order', a phrase which does not fully capture the emotional intensity of its French counterpart. For the

107

French, 'la sécurité' and its opposite, 'l'insécurité', conjure up in particular muggings and other forms of street violence. These fears had become especially pronounced in urban areas, where the foreign population – whose apparently high crime rates were widely publicized – was also concentrated. It was in these same areas that Le Pen's party made its most successful advances.

The rise of the FN forced France's other political parties to reappraise their positions. Until then, the political scene had been dominated by four main groups. From Right to Left, these were the RPR, the UDF, the PS, and the PCF. Under Giscard, France was ruled by centre-right coalition governments linking centrist politicians such as himself with the more right-wing Gaullists. After several changes of name, the Gaullist party, led by Jacques Chirac, became known as the Rassemblement pour la République (RPR) in 1976. Prior to his election as President in 1974, Giscard had made his name as Finance Minister and as leader of the Fédération Nationale des Républicains Indépendants, one of a number of small centrist parties in France. In order to strengthen Giscard's position *vis-à-vis* the RPR, these smaller parties coalesced in 1978 in a federation known as the Union pour la Démocratie Française (UDF); its two principal components were the Parti Républicain (PR), a new name for Giscard's Républicains Indépendants, and the Centre des Démocrates Sociaux (CDS), led by Jean Lecanuet. France's two main parties of the Left were the Parti Socialiste (PS), led by François Mitterrand, and the Parti Communiste Français (PCF), led by Georges Marchais. Mitterrand was elected President in May 1981, and after parliamentary elections the following month the PS formed a government under the premiership of Pierre Mauroy into which the PCF entered as a junior partner.

As unemployment persisted under the new administration, which it was easy to portray as being soft on immigration, the FN began to make electoral inroads. While the national leaders of France's main parties officially frowned on the exploitation of immigration for electoral purposes, their advice was ignored by local candidates in many towns and cities, especially where they were afraid of losing votes to the FN. This was the case in Dreux, fifty miles to the

west of Paris, where many immigrant car workers employed at nearby Flins and Poissy were housed. Here local RPR officials made an agreement with the FN during the March 1983 municipal elections which very nearly resulted in the defeat of the Socialist mayor of the town, Mme Françoise Gaspard (text 8.2). When a court ruling forced a re-run of the elections in Dreux six months later, the Socialists were easily beaten by a joint campaign mounted by the local leaders of the RPR, UDF, and FN in which immigration was again the dominant theme. After toying with the idea of a more systematic pact with Le Pen, the national leaders of the RPR and UDF eventually decided against this, while at the same time hardening their immigration policies in order to retain the allegiance of voters attracted by the FN.

The Socialists, too, became worried about sounding soft on immigration. At the height of the campaign for the 1983 municipal elections, Prime Minister Pierre Mauroy blamed the current unrest among immigrant car workers on alien religious and political fanatics, a charge which was subsequently shown to be without foundation. Meanwhile, Interior Minister Gaston Defferre was securing his re-election as Mayor of Marseille by attempting to present an even tougher image on immigration than his right-wing opponents. At the same time, the government withheld from public release millions of copies of a booklet which it had produced highlighting the benefits which France had derived from immigration. Expulsions under emergency procedures began to increase again under a new law passed in June 1983. A year later, a new system of financial inducements to encourage voluntary repatriation, abolished when the Socialists came to power, was introduced, and in December 1984 a new government directive concerning the rigid enforcement of housing regulations greatly reduced the prospects of wives and children abroad being able to join the head of their family in France.

Simultaneously with this deterioration in the political climate, the immigrant community found itself faced with an upsurge of racist attacks in what became known as 'l'été meurtier' of 1983 (see texts 7.7–7.9). One of the effects of this was to galvanize younger members of the immigrant community into asserting themselves in a more organized way. In Lyon a 'Beur' organization called SOS Avenir Minguettes, headed by Toumi Djaïdja, was set up in April 1983. In a matter of months it became the nucleus of a ten-week march across France culminating in the triumphal arrival in Paris on December 3rd of 100,000 demonstrators (text 8.3). The aims of the March, popularly known as 'la Marche des Beurs', were summed up in its official title, 'la Marche pour l'Égalité et contre le Racisme'.

Despite the introduction the following summer of a ten-year combined residence and work permit providing most immigrants with a much greater degree of security than they had previously enjoyed, the euphoria generated by the 1983 march proved short-lived. There were many disagreements among those who joined in the follow-up demonstration a year later, known as Convergence 84, as well as a good deal of suspicion as to how far the Socialist government could now be trusted. The demonstrators who reached Paris on 1st December 1984 numbered less than half those seen the previous year, and the atmosphere was far less amicable. In the meantime, a new organization of young 'immigrants' was enjoying a meteoric rise. This was SOS Racisme, founded in October 1984 as a reaction against racist attitudes towards the immigrant community. Its initial activity was the selling of badges bearing a brightly coloured hand and a catch-phrase invented by the association, 'Touche pas à mon pote' ('Lay off my mate'). Within six months, half a million badges had been sold, and this figure had trebled by the end of 1985. The organization quickly won many friends among the media, the world of entertainment, and certain political milieux, including the Socialist government. Drawing on these and other sources of support, SOS Racisme continued to generate large amounts of publicity by branching out into new activities, such as a huge rock concert held in the Place de la Concorde in June 1985. But many 'Beur' organizations were reluctant to cooperate with SOS Racisme, whose President, Harlem Désir, was the son of a French West Indian: his willingness to co-operate with Jewish students in campaigns against anti-semitic attacks were viewed with suspicion by many young Arabs who had been brought up to regard the Jewish state of Israel as a major political enemy (text 8.4). These frictions eventually led to two rival marches being held at the end of 1985, one of them organized by 'Beurs' and the other by SOS Racisme; the combined turn-out on the final days of both marches was well down on that mustered by 'Convergence 84'.

While immigrant organizations were proliferating and splintering, it was still possible to find a broad area of consensus on immigration among the main political parties, though significant differences were also developing. Leaving aside the FN, all the main parties were agreed – though with different levels of emphasis – on three points: the undesirability of any further immigration, the utility of offering financial assistance to immigrants willing to return to their countries of origin, and the need to integrate as successfully as possible those who wished to remain in France. Text 8.5, written by a national official of the PS, offers a fairly typical exposition of the first and last of these points. The real interest of the text, however, lies in the final paragraph, where the author rules out any possibility in the foreseeable future of immigrants being allowed to vote in French elections.

The question of voting rights for immigrants raises important issues about the relationship between citizenship, culture, nationality, and economic power. These are examined from a right-wing stance in text 8.6, and from a Marxist viewpoint in text 8.7. The manifesto on which Mitterrand campaigned in 1981 had in fact promised to allow immigrants the vote in local elections. But this promise was shelved soon after the Socialists took office on the grounds that public opinion was against it (opinion polls regularly showed that around 60 per cent of the French public were opposed to immigrants being given the vote). Less than a month after text 8.5 was published, Mitterrand suddenly resurrected the issue by declaring in a speech to the Ligue des Droits de l'Homme that he personally was still in favour of allowing the immigrant population to vote in local elections. His speech was the target of great hostility from politicians in most parties (text 8.6 is a fairly typical example), and the PS itself failed to incorporate Mitterrand's proposal into its manifesto for the 1986 parliamentary elections. But amid the furore over Mitterrand's speech Georges Marchais took the opportunity to announce that the PCF was now in favour of immigrants having the vote. This was a new policy position on the part of the PCF, which had left the government a year earlier, breaking its partnership with the PS when Laurent Fabius replaced Pierre Mauroy as Prime Minister. The PCF was now seeking to re-establish a clear identity of its own, and in fact entered the 1986 elections as the only major party committed to allowing immigrants the vote. This constituted a major reversal of the image which the party had acquired during the campaign for the 1981 presidential elections. On Christmas Eve 1980, a hostel housing black African workers in Vitry-sur-Seine was flattened by a bulldozer on the orders of the town's Communist mayor. The PCF was accused of stirring up racial animosity for electoral purposes, though the party claimed that what had happened at Vitry was an unfortunate consequence of unreasonable concentrations of immigrants in Communist-controlled towns resulting from the refusal of right-wing councils to house a fair share of the immigrant population.

While the PCF was striking a more radical stance, the UDF and RPR were moving more clearly to the right in their immigration policies. In a parliamentary debate in June 1985, they announced that they were in favour of changing France's nationality laws so as to prevent the children of immigrants from automatically becoming French. Changes of this kind had already been proposed by the FN, which promptly attempted to reaffirm its ultra-tough image by suggesting that these amendments should be made retroactive, which would strip many existing French citizens from foreign backgrounds of their nationality. The RPR also proposed discriminatory measures to alter demographic trends in favour of the French. As Mayor of Paris, Chirac had already introduced in the city a special family allowance restricted to French and EEC nationals designed to encourage a higher birth rate, and his party wanted to extend this to the whole of France as a counterweight to large immigrant families from Third World countries. But, when RPR and UDF leaders met to agree a joint manifesto for the 1986 parliamentary elections, the UDF refused to support this proposal. As in most political parties, there is within the component elements of the UDF a wide range of views on many policy matters. Thus on immigration, opinion within just one of the UDF's member parties, the CDS, stretches from the right-wing Alain Griotteray (see text 8.6) to the liberal Bernard Stasi (see texts 4.4 and 8.9), the son of an Italian-born immigrant of Spanish nationality and a Cuban mother. It was the liberal wing of the CDS, led by Pierre Méhaignerie, which was mainly responsible for blocking the RPR proposals on family allowances.

Nevertheless, the RPR and the UDF entered the 1986 elections with a joint platform embracing at any rate in principle the three central points of consensus mentioned earlier, together with a series of proposals which, despite their claims to the contrary, were bound in practice to have a destabilizing effect on immigrants wishing to remain in France. These included the reform of French nationality laws and an increase in the summary expulsion of immigrants in trouble with the law. When the RPR–UDF alliance won the elections held on 16 March 1986 and began to implement these measures under the premiership of Chirac (Mitterrand remained for the time being as head of state), many immigrants feared that their position would soon be back to that obtaining prior to 1981, and might actually become worse. Expulsions went up sharply, and only when the new government ran into difficulties on other fronts did it draw back on its plans to block the automatic acquisition of French nationality by younger members of the immigrant community.

The acrimonious atmosphere in which immigration was handled during the 1986 election campaign is typified by texts 8.8 and 8.9. (Part of the local background to text 8.8 is dealt with in text 7.10.) The FN won almost 10 per cent of the vote, enabling it to enter the National Assembly for the first time in its history with a group of 35 'députés'. Over half of these were elected in just three of France's twenty-two administrative regions. These same regions – Île-de-France, Provence-Alpes-Côte d'Azur, and Rhône-Alpes – also contained more than half of France's immigrant population (see figure 1.4). Significantly, the FN's highest voting figures were scored in southern France (figure 8.1). Although North Africans were more numerous in absolute figures in the Paris region, when considered as a proportion of the foreign population they attained their highest regional concentrations in Marseille and the surrounding area (see text 7.8). French anxieties about the North African population in particular (see text 4.1) were clearly a key factor in the electoral successes of the FN, which also benefited in southern France from the presence of many 'pieds-noirs', French settlers who had fled Algeria when the country gained its independence in 1962, carrying with them a special element of resentment.

While the main political role of immigrants has been that of a 'problem' over which the rival parties have argued, some, particularly among the younger generation, have also been attempting to become political actors in their own right. These attempts began to show through in non-party pressure groups such as the 'Marche des Beurs' and SOS Racisme, but also in more formal engagements in the electoral process. Without the vote, first generation immigrants were unable to intervene directly in the political arena. They did sometimes set up organized campaigns to improve their living and working conditions – the SONACOTRA rent strike was the best example of this during the 1970s – but there was little spill-over into party politics. Indeed the governments in their countries of origin generally discouraged migrants from getting involved at all in French politics. This was partly to avoid their picking up political ideas which might prove unwelcome if transferred back across the Mediterranean. It was also inspired by fears that the migrant population might cease to identify altogether with the mother state in North Africa. To avoid this, Morocco decided in 1983 to allow emigrants in Europe to elect 'députés' to the Parliament in Rabat; Akka Ghazi was among those elected the following year (see text 2.5).

However, under French nationality laws, most of the sons and daughters of immigrants in France automatically acquire French citizenship – and with it full voting rights – by the time they reach the age of majority. By 1986 it was estimated that about 800,000 citizens from North African backgrounds were eligible to vote. Roughly half of them were 'Beurs'; most of the others were 'harkis' and their descendants. (The 'harkis' were Muslim soldiers who fought on the side of the French during the Algerian war, at the end of which they were 'repatriated' to France.) Campaigns to persuade young men and women from ethnic minority backgrounds to officially register as electors (a necessary preliminary if they wished to actually vote) have generally proved unsuccessful. It is estimated that only about 10–20 per cent of 'Beurs' eligible to vote bothered to register prior to the 1986 elections, compared with a 90 per cent registration rate among the population as a whole. A handful of 'Beur' candidates were included in the lists fielded by the main parties under the system of proportional representation used in the parliamentary and regional elections held simultaneously in March 1986, but none were placed in winnable positions. In several departments, there were attempts at organizing lists of candidates drawn solely from the immigrant community. Starved of support, only one of these lists survived as far as polling day (text 8.10), when it scored less than half of one per cent of the departmental vote.

The political potential of the immigrant community was clearly very underdeveloped in the mid-1980s. But the FN's successes showed that, as a national issue in French politics, the country's immigrants had acquired major importance. This was the outcome of a long process in which, especially as a consequence of family immigration, ethnic minorities had become steadily more prominent in French society. At a political level, the question now facing France was how to properly manage economic and cultural differences which, with the migratory process, had ceased to fit neat state boundaries.

DOCUMENTS

Texte 8.1 *Extrait de Karim Amirouche, 'L'Extrême Droite et les autres', dans* La Semaine de l'émigration, *10 mars 1983*

Au fur et à mesure que la campagne électorale s'étend et que la mobilisation des électorats devient plus pressante, l'immigration — et l'insécurité ou la crise économique, ou le chômage, c'est là que réside l'inacceptable amalgame, — est portée devant les feux de la rampe. Il ne se passe pas de jour sans que la télévision n'évoque la crise de l'automobile et ne montre, gros plans à l'appui, les visages des immigrés. La couverture de l'événement est, chose rare, excellente : ni les chaînes de montage, ni les meetings, ni les banderoles, ni les débrayages, ne sont négligés. C'est que l'on veut à tout prix faire accréditer la thèse selon laquelle la crise de l'automobile, est de la faute des immigrés. De mémoire de téléspectateur, je n'ai pas vu, en dix ans, autant d'images d'immigrés à la télévision que depuis un mois ! Pour faire bonne mesure, la manifestation des trois mille personnes contre le crime commis par un brigadier de police de Chatenay-Malabry contre un jeune adolescent tunisien,* n'a été montrée à la télévision que pendant... 7 à 8 secondes !

Pour donner plus d'ampleur à la campagne anti-immigrés, les journaux ne sont pas restés inactifs, loin de là. Le chantage des immigrés, les immigrés troublent la paix sociale,* le problème de l'immigration, intégrisme* chez les immigrés, etc. constituent quelques-uns des titres les plus frappants.

Les candidats aux élections municipales n'hésitent pas non plus à enfourcher le cheval de la campagne anti-immigrés. Certains, comme Jean-Marie Le Pen, ruent dans les brancards. Ainsi, au soir du premier tour,* le nouveau maire élu de Levallois-Perret* ne trouve rien d'autre à faire, à minuit sur France-Inter,* que de tomber à bras raccourcis sur les immigrés. Selon cet élu, il y aurait trop d'immigrés à Levallois-Perret, trop d'immigrés dans les écoles et donc trop de problèmes, de graves problèmes, pour les Français. Le raisonnement est limpide, non ? A peu de choses près, le même son de cloche a été entendu* à Marseille, à Poissy, dans les banlieues de Lyon, à Lille... Seul le style du discours change avec l'introduction de quelques nuances.

Texte 8.2 *Extraits de Michel Bole-Richard, 'Dreux: ville-symbole d'une campagne raciste', dans Le Monde, 15 mars 1983*

Mme Françoise Gaspard, élue facilement en 1977 (54,77 %), n'a été réélue à la tête de la liste d'union de la gauche* qu'avec seulement huit voix d'avance sur son concurrent R.P.R. M. René-Jean Fontanille (49,97 %). [...] La présence sur la liste de M. Fontanille de neuf membres du Front national au premier tour avait provoqué de sérieux remous au sein de l'opposition. Une alliance que M. Yves Cauchon, fils de l'ancien maire, M. Jean Cauchon, sénateur, tous deux U.D.F.-C.D.S., avait refusée, car il y a des rapprochements inacceptables. D'ailleurs, M. Jacques Chirac lui-même avait déclaré: «*Je n'ai aucune espèce de rapports ou de contacts avec un mouvement qui se réfère à des principes que je condamne.*»

Ce mouvement, le Front national, avait en bonne place sur la liste de M. Fontanille son secrétaire général, M. Jean-Pierre Stirbois, qui, en octobre 1982, lançait: «*Immigrés d'au-delà de la Méditerranée, retournez à vos gourbis!*» La campagne à Dreux a pris un tour ouvertement raciste, à tel point que Mme Gaspard a pu parler de véritable «*incitation à la haine raciale*».

Cette ville de 35.000 habitants compte en effet entre 22 et 24 % d'immigrés et est l'une des agglomérations de la région Centre les plus touchées par le chômage. Une situation idéale pour les thèmes du Front national, qui avait placardé des affiches indiquant: «*Deux millions de chômeurs, deux millions d'immigrés! La France aux Français!*» Dreux faisait donc, en quelque sorte, figure de ville-symbole dans une campagne nationale où l'immigration a été au cœur des préoccupations de l'opposition.

En cas de victoire de la liste de M. Fontanille, qui avait adopté comme slogan «*Inverser le flux de l'immigration*», son colistier* M. Stirbois aurait tout particulièrement été chargé des problèmes de sécurité. Il avait des idées là-dessus: «*Les mesures prises*, disait-il, *mettront la population immigrée, celle qui ne veut pas s'adapter à notre façon de vivre, en position qu'étant rejetée par la population drouaise* il lui deviendra impossible d'imposer sa façon de vivre et de montrer qu'elle est maître chez nous.*»

[...] Neuf membres de l'opposition figureront dans le nouveau conseil municipal, dont deux militants du Front national, M. Stirbois et une juriste, Mme Mireille Brion. Nul doute que dans les années à venir le problème de l'immigration sera de plus en plus aigu. En effet, en 1982, 41 % des naissances ont eu lieu dans des foyers immigrés. La population drouaise est en proie au classique phénomène de rejet. Elle n'est pas restée insensible à la campagne nationaliste du Front national.

Texte 8.3 *Extraits de Christian Delorme, Par amour et par colère, Paris, Le Centurion, 1985*

Les élections municipales de mars 1983 ont, en de nombreuses villes, été l'occasion de défoulements xénophobes. Les mois qui suivent voient s'additionner les meurtres de jeunes Maghrébins appelés facilement gestes d'«autodéfense» ou d'«énervement», et dont les auteurs bénéficient de la mansuétude scandaleuse de certains magistrats. Début juin, un groupe de jeunes, lié à SOS Avenir Minguettes, est violemment agressé par des policiers. Et, le 20 juin au soir, c'est le drame aux Minguettes. Des policiers poursuivent un jeune automobiliste qui n'a pas les papiers de sa voiture. Soudain, quand il descend du véhicule qui lui appartient, on lance sur lui un chien policier. Alerté par des cris et des aboiements, Toumi dévale l'escalier de sa tour et fonce sur le chien pour l'empêcher de mordre à nouveau. A cet instant précis, dans des circonstances qui ne seront jamais élucidées, un policier tire à bout portant sur Toumi, qui reçoit la balle en plein ventre. On me téléphone dans la nuit, presque certain que Toumi va mourir. Mais il en réchappera! Presque par miracle. Car la balle est passée entre l'intestin et la colonne vertébrale. A l'horizontale. Ce qui viendra discréditer la thèse de la police. Selon elle, le policier, jeté à terre par des jeunes qui l'avaient frappé à coups de barre de fer, aurait tiré de bas en haut pour se défendre. Seulement, la trajectoire du projectile dément formellement cette hypothèse. Et Toumi devient un symbole. Celui de tous les jeunes Maghrébins tirés comme des lapins les années précédentes. En passe d'être une victime de plus, la vie ne l'abandonne cependant pas. Contre toute attente, il se relève sur son lit d'hôpital. Et les événements qui suivent entrent dans la légende…

Toumi est vivant. Et le drame qu'il vient de vivre deviendra le «mythe fondateur de la marche pour l'égalité». Réunis un jour, à quelques amis, autour de son lit d'hôpital, nous formulons soudain ce souhait: «Il faudrait maintenant que l'on fasse une grande marche à travers la France, comme les Indiens ont fait avec Gandhi et les Noirs américains avec Martin Luther King.»

En fait, l'idée nous avait déjà effleurés. A l'automne 1981, une réunion avait eu lieu à Vénissieux autour d'un film consacré à l'action de Martin Luther King. Les jeunes présents s'étaient déjà quelque peu identifiés à ces Noirs américains en lutte pour leur dignité. Ils avaient été frappés par les méthodes que ceux-ci avaient employées. Enfin, au printemps 1983, le film *Gandhi* de Richard Attenborough était sorti sur les écrans et nous étions allés le voir avec le groupe des grévistes de la faim.* Ces derniers, qui venaient de pratiquer avec efficacité l'arme du jeûne volontaire, ont senti davantage que la non-violence stratégique ouvrait des perspectives aux jeunes Maghrébins de France. Nous étions sortis du film en nous disant: «Un jour, il faudra que les jeunes Maghrébins parviennent à organiser des démonstrations semblables, par exemple en marchant à travers la France.» Mais nous racontions cela comme on se raconte un rêve, et nous ne pensions pas, à ce moment-là, que nous serions les instruments de cette évolution fantastique.

Fin juin, autour de Toumi, nous commençons donc à nous mettre dans la tête l'idée d'organiser cette marche pour l'égalité des droits et des chances et contre le racisme. Mais l'accumulation des problèmes sur le quartier et la mise en place de camps ne nous laissent guère le temps de nous consacrer à la concrétisation de ce projet. Début août, cependant, profitant du rassemblement pour la Paix qui se tient sur le plateau du Larzac* avec plusieurs milliers de participants *a priori* favorables à notre combat, nous diffusons en ce haut lieu de la résistance non violente un premier tract. L'accueil, globalement, est enthousiaste, avec plusieurs promesses: «Si vous passez par chez nous, nous organiserons un comité d'accueil!»

Progressivement, nous prenons conscience que nous sommes en train de voir juste. Dans tout le pays, des hommes, des femmes, des jeunes, de toutes origines, sentent en effet la nécessité de réagir de manière imposante aux glissements xénophobes de notre société. Ces personnes attendent une initiative capable de rassembler le plus grand nombre

Texte de Smaïn Mebarki. Dessin de Rachid N'haoua

et dans un esprit qui soit le contraire de la haine. Et ce peut être la nôtre. Allons-nous hésiter? Perdre notre temps? Mais voilà qu'un événement précipite les choses : la venue, aux Minguettes, le 10 août, de François Mitterrand. Ce dernier, voulant se rendre compte par lui-même des réalités sans être guidé par les responsables officiels locaux, fait en effet une visite surprise au quartier Monmousseau. Djamel, Farouk* et moi sommes présents, pas tout à fait par hasard. Ce jour-là, grâce à l'appui de Georgina Dufoix que le projet de marche séduisait beaucoup, même s'il l'inquiétait quant aux risques possibles, François Mitterrand est informé de notre décision de marcher et sait que nous attendons de lui qu'il nous accueille à notre arrivée à Paris. La plus haute autorité de l'État saisie, il est dès lors impossible de reculer. Les semaines suivantes, nous préparons avec acharnement l'organisation de la marche.

Celle-ci démarre modestement mais cependant très honorablement, avec déjà l'appui de quelques organes de presse. Les foules ne se bousculent certes pas à nos premiers rendez-vous, mais chacune de nos étapes dans la vallée du Rhône fait s'accroître le nombre des sympathisants. Petit à petit, les radios et les journaux locaux signalent notre passage. Les jours avançant, nous mesurons de plus en plus que l'information «passe».

[…]

Les derniers jours de la marche sont épuisants, à cause de la fatigue accumulée et des nombreux détours que nous avons dû faire dans les banlieues de Paris, pour aller à la rencontre du plus grand nombre : dépôt d'une gerbe à la mémoire du jeune Toufik,* dix ans, tué à La Courneuve; débat avec les ouvriers et les organisations syndicales à la cantine de l'usine de Renault-Flins; forum sur la justice à Levallois, etc. Mais si nous sommes partis de Marseille un peu dans l'indifférence, nous arrivons à Paris entourés de l'intérêt de tous, ou de presque tous. De l'archevêque de Paris au Parti communiste français, en

114

passant par le Conseil représentatif des Institutions juives; c'est presque à qui nous montrerait le plus de sollicitude…* Le 2 décembre, plusieurs quotidiens titrent: «100.000 personnes contre le racisme attendues demain à Paris». Le samedi 3 décembre, en effet, ce nombre est largement réuni. Et moi, toujours un peu angoissé, ayant un mal fou à me ménager des plages de détente totalement heureuses, je nage cette fois dans le bonheur. Je m'y abandonne même en songeant à notre pari lancé auprès du lit d'hôpital de Toumi. Nous avons gagné!

Avec la marche, en une période où le racisme et la xénophobie semblaient monopoliser irrémédiablement le devant de l'actualité, une formidable force s'est manifestée dans le pays : la fraternité. Et l'espoir est revenu, dynamiseur, chez beaucoup qui commençaient à désespérer de nos comportements collectifs, des Français comme d'autres habitants issus de l'immigration.

Oui! la marche c'était et cela reste la fraternité inter-ethnique vécue, la France pluri-culturelle harmonieusement réalisée. Ce fut et cela reste l'entrée des jeunes Maghrébins dans l'histoire de France, la manifestation et la prise de conscience de l'appartenance à une même communauté nationale. Les visages beaux et souriants, les paroles non moins belles et non moins souriantes de Djamel, de Toumi ou de Malika,* n'ont pas seulement «fait choc», en effet, chez les militants traditionnels des Droits de l'Homme,* mais ils ont pénétré dans tous les foyers de France par l'intermédiaire des postes de télévision qui, cette fois, ne donnaient pas des jeunes Maghrébins des images de délinquants ou de «marginaux». Consécration: François Mitterrand, qui a le sens de l'histoire, nous a reçus trois quarts d'heure à l'Élysée le 3 décembre, aussi content que nous de la réussite de notre entreprise… et nous promettant l'institution de la carte unique de dix ans pour tous les immigrés… Ce qui fut fait un peu plus tard.

Texte 8.4 *Extraits de 'Du rififi chez les Beurs', dans* Tiddukla, *octobre 1985–janvier 1986*

SOS Racisme! de quoi s'agit-il au juste? D'une entreprise qui vend de l'antiracisme comme les

jeunes entrepreneurs fraîchement sortis des grandes écoles vendent de l'électronique, de l'informatique ou des conseils en gestion… Une bonne connaissance du marché, des conseils en marketing «en béton», une campagne de pub* digne des plus grandes «boîtes», le tout animé par une équipe de jeunes entrepreneurs «made in France» et voilà montée, en l'espace de quelques mois, une entreprise dynamique, qui marche! Une bouffée d'oxygène sur ce marché de l'antiracisme monopolisé jusqu'à présent par quelques vieilles dames poussiéreuses incapables de saisir l'air du temps. Une audience et une respectabilité à faire pâlir de rage nombre d'obscurs animateurs d'association toujours en quête de reconnaissance publique.

Comme tout succès, surtout lorsqu'il survient avec une telle soudaineté, SOS Racisme suscite jalousies et convoitises. Ainsi cette jeune association «copinerait»* avec le gouvernement et le PS. Nul doute que l'association n'ait pu connaître un tel essor, et prolonger l'élan initial sans les subsides de l'État et de quelques entreprises nationales dont la Thompson et la Société Générale. Et après, l'antiracisme new look d'SOS Racisme dépasse les clivages droite-gauche: en rassemblant au-delà du clientèlisme politique traditionnel elle a su distancer – pour un temps du moins – toute tentative de chapeautage* et acquérir les moyens de son autonomie. A ses animateurs* de ne pas décevoir cette force mise en mouvement en préservant son indépendance. Ils seront sans doute mis à rude épreuve en cette période préélectorale...

Autre critique: SOS Racisme aurait été détourné de ses objectifs par de jeunes juifs organisés notamment au sein de l'Union des étudiants juifs de France. [...] Selon la célèbre formule l'antiracisme est indivisible et il ne semble pas qu'SOS Racisme emprunte ce chemin. Si tel était le cas, logiquement, son audience s'écroulerait; tout le monde y perdrait. [...]

Reste qu'en France le débat entre Juifs et Maghrébins a toujours été difficile. Il faut tout de même saluer cette première tentative et ne pas s'étonner des difficultés qui assombrissent son devenir: espérons qu'au-delà des non-dits, des luttes pour le pouvoir et des inévitables hypocrisies, s'installe enfin un vrai dialogue.

Dernière critique: SOS Racisme ferait de l'ombre au jeune mouvement beur! Son «*hégémonisme*»* serait tel que nos chères petites associations tapent du pied, trépignent parce que, finalement, leur échappe ce qu'ils pensaient être leur propriété: le leadership de la lutte antiraciste. Sans entrer dans le débat – pourtant si important sur le strict plan communautaire – de savoir si ces jeunes «Beurs» n'ont pas d'autres tâches à accomplir, il est tout de même surprenant de voir certains dirigeants d'associations, qui le plus souvent ne représentent qu'eux-mêmes, venir reprocher à d'autres dirigeants d'associations de réussir là où ils ont échoué. Heureusement que le ridicule ne tue pas! Le combat contre le racisme n'appartient à personne. En France, peut-être moins aux «Beurs» qu'à d'autres! Libre à eux de renforcer le camp des antiracistes qui se doit, par définition, d'être le plus large possible.

Texte 8.5 *Extraits de F. Seligmann, 'Un Complexe d'infériorité', dans* Le Monde, *29 mars 1985*

Le gouvernement a mis en œuvre une politique réaliste: l'insertion des travailleurs immigrés qui ont choisi de rester en France. La plupart d'entre eux sont arrivés depuis plus (ou beaucoup plus) de dix ans. Leurs enfants, instruits dans nos écoles, sont devenus «les potes» de leurs camarades de classe d'origine française. Cette politique est la seule possible. Elle peut et elle doit réussir. Sans abuser des grands mots, on peut dire qu'il y va de la paix civile,

de l'honneur, du rayonnement et de l'avenir de notre pays.

Il ne s'agit pas, bien entendu, d'ignorer le contexte économique et social dans lequel se situe, aujourd'hui, le problème des travailleurs immigrés. Les difficultés sont réelles. Elles appellent des réponses rationnelles. Et il serait aussi vain de vouloir les vaincre par les bons sentiments que par les invectives.

Il y a d'abord la crise: au moment où des millions de travailleurs, en France, sont frappés ou menacés par le chômage, il n'est plus possible de distribuer des cartes de travail à de nouveaux arrivants, hormis, naturellement, dans les cas de regroupements familiaux, aussi indispensables pour la santé physique et morale du travailleur que pour la réussite de son insertion. Ceux qui ne veulent pas le comprendre et qui continuent de faciliter les entrées clandestines (y compris certains employeurs pour des motifs bassement intéressés) sont les alliés objectifs des organisateurs de la campagne anti-immigrés.

[...]

La volonté du gouvernement ne fait aucun doute. Mais il faudra transformer les mentalités, et ce ne sera pas une mince affaire. Ainsi, personne n'ose plus évoquer l'éventualité, même lointaine, du droit de vote pour les élections locales à des catégories limitées de travailleurs immigrés, tant cette mesure effarouche l'opinion publique, alors qu'elle existe depuis longtemps et sans difficulté dans un pays comme la Suède.

Texte 8.6 *Extraits d'Alain Griotteray, 'Le Vote des immigrés: oui, s'ils deviennent français', dans* Le Figaro Magazine, *27 avril 1985*

Pour ma part, je comprends que le président de la République ait parlé des droits de l'homme – il est si bon de vivre dans un pays où on peut le faire. Qu'il ait posé la question du vote des travailleurs immigrés aux élections municipales est loyal puisqu'une telle disposition fait partie de son programme et de ses convictions. Les droits de l'homme? Contrairement à ce qu'elle croit, c'est un des domaines où la droite peut se sentir le plus à l'aise. François Mitterrand en a parlé en l'accusant de racisme, eh bien, parlons-en! Et surtout, ne nous laissons pas entraîner sur un plan strictement juridique. [...]

Les droits de l'homme? C'est entendu. Mais comment qualifier les ghettos qui se créent et perdurent,* aujourd'hui, en France, et que l'exaltation des sacro-saintes «différences» ne fait qu'exacerber? Les quartiers d'immigrés où les valeurs qui fondent le pacte de la nation française ne sont pas de mise, ces quartiers existent, aujourd'hui, dans notre pays. Qu'est-ce qui est le plus urgent? Les faire disparaître ou instituer un vote ethnique contraire à notre droit et à nos traditions?

Les droits de l'homme? Mais c'est aussi le droit des Français qui, minoritaires, vivent – et vivent mal – dans ces quartiers. Les enfants dont la scolarité est freinée parce qu'ils se retrouvent dans des classes où l'immense majorité des écoliers ne sont pas francophones, c'est aussi un droit de l'homme qui est bafoué. Susciter ainsi des révoltes futures, c'est le chaudron libanais que recréent, au travers de la *France multiculturelle*» ceux qui poursuivent leur dogme sans tenir compte des résultats et des expériences étrangères.

Les droits de l'homme? Bien sûr. Mais ce sont aussi les droits de la femme, n'est-ce pas? Et de la femme musulmane, en particulier. Il y a aujourd'hui des femmes qui vivent sur notre sol et qui n'ont pas le droit de sortir de chez elles, pas le droit de suivre des cours d'alphabétisation, pas le droit d'apprendre la langue française.

Nous sommes loin, ici, des harems enchanteurs aux jardins bruissant de fontaines et d'espèces rares, auxquels la littérature, que l'on qualifiait d«indigène» jadis, nous avait habitués. Les enfants kidnappés par les pères et retenus en Algérie. Les mariages arrangés avec «l'importation» de très jeunes filles maghrébines ignorant le français, serait-ce là le regroupement familial tant vanté? Toute cette détresse, toute cette vie de soumission et de réclusion, c'est cela les droits de l'homme? C'est pourtant ce dont le pouvoir socialiste s'accommode si bien, au nom du respect dû à l'islam et en oubliant les droits de l'homme.

Du reste, si les immigrés veulent voter, c'est fort simple. Il suffit de devenir français. Et pour cela, il faut en revenir à la nationalité voulue.

Aujourd'hui, par le jeu automatique du code de la nationalité, il y a près d'un million de nouveaux électeurs qui sont des fils d'immigrés. Ce devrait être la logique de l'assimilation. Mais le regret que l'ont peut avoir, c'est que cela se soit fait sans adhésion et même, souvent, contre le souhait de ceux qui en bénéficient. Les droits de l'homme et, finalement, le premier d'entre eux, c'est de vivre dans le pays que l'on a choisi, en osmose avec les valeurs culturelles de la nation qui vous accueille, Ce n'est pas en démembrant la nationalité française et les droits qui y affèrent qu'un quelconque progrès sera réalisé.

C'est en redonnant son plein sens à la citoyenneté française.

Texte 8.7 *Extraits d'Yves Benot, 'Les Droits politiques aux immigrés', dans* Les Temps modernes, *mars–mai, 1984*

[...] C'est une des fonctions de l'immigration telle qu'elle a été encouragée, pour ne pas dire organisée, dans les années 60, sous le règne de De Gaulle que d'introduire des divisions profondes dans la base sociale de la gauche. Certes, l'existence de nouveaux courants migratoires, du Sud dépendant vers le Nord industrialisé, est un fait général commun à tous les grands pays industrialisés, que le mouvement ouvrier y soit fort ou non. Il n'en a pas moins des caractères propres dans le contexte de la politique française. La moindre liberté d'action politique et syndicale de la main-d'œuvre immigrée a sans nul doute été considérée par la droite au pouvoir et par le patronat comme un facteur de «paix sociale». Il est probablement significatif qu'au début des années soixante, dans le secteur du bâtiment, on ait de plus en plus fait appel aux ouvriers portugais en lieu et place des Italiens, ces derniers étant jugés trop «politisés», et les premiers étant jugés satisfaisants à cet égard. Non moins significatif qu'après la grève des mineurs de 1963,* seule alerte grave à cet égard entre 1958 et 1968 — les Houillères aient très officiellement organisé le recrutement de travailleurs marocains. Ou encore, le cas d'Oyonnax où les ouvriers des entreprises de matières plastiques décrits par Roger Vailland en 1955* étaient quelque quinze ans plus tard tous remplacés par des immigrés d'origines diverses. Il est vrai que depuis la décennie gaulliste, cet état de choses a notablement évolué, surtout à partir de la grève de 1968,* des réactions aux poussées racistes de 70-71* aussi. Peu à peu, des grèves longues ont été menées avec succès dans des entreprises à majorité à main-d'œuvre immigrée (chez Chausson par exemple, puis les O.S. de Flins, les nettoyeurs du métro, etc.*). Tout à la fois, le climat social et au sens large, culturel des années 68-74, et ce fait que la majorité des ouvriers immigrés était maintenant en France depuis un certain nombre d'années ont produit ce résultat que les ouvriers étrangers ont cessé d'être un facteur de paix sociale. Mais dès lors, et puisque le refoulement massif s'avère impossible, la présence des immigrés est utilisée pour alimenter une campagne raciste qui entraîne non seulement l'encadrement, ingénieurs, techniciens, contremaîtres, mais aussi une fraction des ouvriers français. La division qui sévit ainsi dans les entreprises affaiblit toute la lutte ouvrière, tant politique que syndicale, du moins à la prendre dans son effet global, et non pour telle ou telle grève. Mais c'est essentiellement au niveau politique que les effets sont désastreux : en quelque sorte, le sol se dérobe pour la gauche.

[…] Il faut innover.

L'innovation, donc la pleine reconnaissance des droits politiques, donc celui de voter à *toutes* les élections, municipales, départementales, régionales, nationales, sans que pour autant les travailleurs immigrés aient à renoncer à leur nationalité. Vivant et produisant en France, ils sont directement concernés par les orientations politiques qui y sont adoptées : il est nécessaire qu'ils puissent s'exprimer à leur sujet. Contraints à émigrer par le chômage structurel des économies périphériques, il est non moins normal qu'ils gardent leurs liens avec ces pays qu'ils n'ont aucunement reniés.

[…] Mais surtout, en tant que travailleurs, les immigrés participent, bon gré mal gré, du même mode de vie et de pensée que les autres travailleurs, spécialement en usine. Ce qui est amplement suffisant pour que l'on ne fasse pas de la coexistence de religions ou de traditions diverses un épouvantail à moineaux. Reste l'argument, rarement énoncé mais largement présent, du danger qu'il y aurait à heurter de front les sentiments des Français, y compris des milieux populaires. Espérer modifier ces sentiments par une simple action de persuasion serait vain ; seule l'expérience du fait accompli pourrait obtenir

ce résultat. Lors d'un meeting à la Bourse du Travail en avril 1983, Akka Ghazi, secrétaire (marocain) de la section C.G.T. de Citroën-Aulnay, déclarait avec raison : «Si nous avions le droit de vote, ceux qui sont racistes aujourd'hui viendraient nous voir pour obtenir nos voix.» Telle est en effet la réalité. Face à l'égalité de droits enfin décidée, l'opinion publique ne cesserait sans doute pas de sécréter des tendances racistes du jour au lendemain, mais d'abord, celles-ci seraient contenues par une action gouvernementale qui les nierait résolument, et celle-là serait obligée de faire ses comptes avec les nouveaux électeurs.

Texte 8.8 *Extraits d'un tract diffusé à Montbéliard en novembre 1985 par le Mouvement de la Jeunesse Communiste de France*

Le Pen t'es un menteur!

Un fait: Chez Peugeot… 1.600 salariés immigrés sont repartis dans leur pays.
Au total, c'est 8.000 personnes en moins dans le pays de Montbéliard.

Résultat: Aucune embauche de jeunes!
Des profs en moins!
Moins de clients dans les commerces (alimentation, pharmacies, cafés, cinémas, etc…).

Une évidence: Nous déclarons: le départ des immigrés n'est pas la solution au chômage.

Le Pen t'es un menteur:
la J.C. l'a toujours dit

Rappelle-toi! En R.F.A en 2 ans 1 million d'immigrés de «virés».

Résultat: Le chômage a doublé!

*Basta:** Pas de ça en France!

Au fait, c'est quoi un immigré? Une personne d'un pays qui vit dans un autre pays. Mais alors, le fric dans les banques suisses?… c'est du fric immigré!…

CHIRAC dit: «fermer les frontières aux immigrés».

FABIUS dit: «augmenter le départ des immigrés», sans parler de l'emploi.

La Jeunesse Communiste dit: «DU TRAVAIL, IL Y EN A POUR TOUT LE MONDE».

[…]

TOI QUI ES JEUNE, FILLE OU GARÇON, CHOMEUR, ÉCOLIER, SALARIÉ, FRANÇAIS OU IMMIGRÉ.

toi qui veux que ça change, parce que tu as compris que faire autrement c'est possible,

viens discuter avec un jeune communiste. Si tu es témoin d'un acte raciste, d'une atteinte à la liberté par ton patron, ne la banalise pas, dénonce-le, viens au rendez-vous des jeunes communistes

5, rue de la Paix à Sochaux – tél 81.94.10.16 nous t'aiderons à faire éclater la vérité.

Tu as plus de 18 ans ou tu vas les avoir avant le 16 mars prochain – alors pense à t'inscrire pour les prochaines élections.

Demande-le à ta mairie, il te faut une pièce d'identité, une attestation de domicile, rien de plus simple. Le droit de voter à 18 ans fut gagné par les jeunes, autant ne pas le laisser à ceux qui mènent une politique anti-jeunes.

Mouvement de la Jeunesse Communiste de France Montbéliard, le 8 novembre 1985.

Texte 8.9 *Extraits de Jean-Michel Thenarc, 'Le Pen s'appesantit sur le i de Stasi', dans* Libération, *7 février 1986 (copyright* Libération)

Pour un peu il faudrait créer une association de sauvegarde de l'homme politique façon Bernard Stasi. Le député CDS de la Marne est, en effet, d'une espèce rare dans le *«microcosme»*. D'abord il a des principes et il s'y tient. Sur l'immigration, en particulier, son discours – à l'inverse de nombre de ses collègues de l'opposition – n'a pas varié d'un iota en fonction de la proximité des échéances électorales et de l'attente supposée des électeurs. Ensuite, il a du courage. Non qu'il en faille pour oser débattre, hier soir sur France-Inter, de l'immigration avec Jean-Marie Le Pen. Celui-ci a beau être un superbe et redoutable orateur, il n'a jamais mangé personne.

En acceptant de porter, comme il l'a fait, la contradiction au président du Front national, Stasi prenait le risque de passer pour un homme de gauche, ce qui n'est jamais bon pour un homme de droite surtout à la veille d'un scrutin. Enfin, le maire d'Epernay* a une âme d'enfant, autrement dit, il pèche par excès d'optimisme. Ainsi, il parie – hors

micro – une caisse de champagne avec Le Pen que celui-ci ne dépassera pas la barre des 10 % le 16 mars prochain.

Stasi s'est posé dans ce débat comme *«le porte-parole de l'opposition»*: une opposition qui après quelques errements s'est, selon lui, *«reassaisie»*. Il en veut pour preuve la plateforme UDF–RPR qui n'a pas retenu les mesures discriminatoires contre les immigrés que prônaient le RPR et la fraction léotardienne de l'UDF.* Un argument qui perd de son mordant lorsqu'on sait quelle bataille de chiffoniers a dû se livrer Pierre Méhaignerie pour faire entendre raison sur ce sujet à ses collègues. Mais après tout, il n'est pas que Le Pen qui ait droit de s'inspirer des bonnes méthodes du docteur Coué.* Et c'est bien là, sans doute, l'un des seuls points communs entre les deux hommes.

[...] Le débat démarre enfin lorsqu'il s'agit de déterminer le nombre des étrangers en France.

Figure 8.1 *Le Vote du Front National dans les élections législatives de 1986 par département*

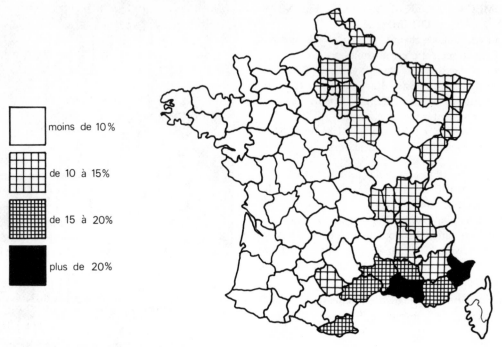

moins de 10%

de 10 à 15%

de 15 à 20%

plus de 20%

Pour le président du FN, le ministère de l'Intérieur est à côté de la plaque* quand il en dénombre quatre millions et demi.* Pour lui, il y en a plus de six, voire sept comme le dit *«un livre d'école»*. Stasi garde son calme: *«Il est évident que dans ce domaine comme en d'autres, Le Pen dit n'importe quoi. Vos chiffres sont absolument fantaisistes (…). Je n'ai pas les mêmes convictions que vous.»* *«C'est un peu normal*, interrompt le député européen,* puisque vous êtes fils d'immigré et n'avez été français qu'à l'âge de 18 ans.»*

Le débat dérape. *«Vous avez eu le culot de me dire qu'en tant que fils d'étranger, je n'aurais pas dû faire de politique…»*, s'emporte Stasi. *«Je crois que c'est une question de bon goût… reprend Le Pen. L'homme qui vous parle est pupille de la nation. Son grand-père a combattu en 14, son arrière-grand-père en 1870. Moi j'ai porté les armes. En avez-vous fait autant?… Vous n'avez pas risqué d'avoir des décorations»*, ajoute-t-il. Une attaque de haute tenue. Stasi va-t-il être cloué au sol? Non. *«J'ai fait 27 mois de service militaire dont une bonne partie en Algérie… J'ai mieux servi la France que vous ne*

l'avez fait vous avec vos discours.» Ainsi se poursuit la discussion. *«Vous êtes un fabricant de racisme»*, relance le député de la Marne. *«Moi j'ai un musulman sur ma liste»*,* reprend Le Pen. *«Donc ce que vous disiez sur moi est stupide»*, rattrape Stasi. *«Pas du tout, parce qu'elle est française depuis longtemps, beaucoup plus longtemps que vous»*, smash misérablement l'ancien para.

Texte 8.10 *Philippe Bernard, 'Mehdi Lallaoui: "Rendre la pêche à tous les Beurs"', dans* Le Monde, *13 mars 1986*

Vendredi soir: bouffe antillaise à Bessancourt; samedi: couscous de soutien à Pontoise; dimanche: choucroute-merguez* à Persan; lundi: thé à la menthe dans une cité d'Argenteuil.

Dans sa partie gastronomique au moins, l'agenda électoral de M. Mehdi Lallaoui ne ressemble à celui d'aucun autre candidat. Plus classiques, les tournées des cités, les collages, les virées sur les marchés et les concerts-débats ont pris place entre les cours d'économie que dispense, dans un lycée industriel,*

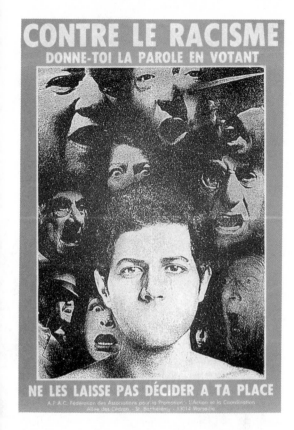

CONTRE LE RACISME
DONNE-TOI LA PAROLE EN VOTANT

NE LES LAISSE PAS DÉCIDER A TA PLACE
A.F.A.C. Fédération des Associations pour la Promotion l'Action et la Coordination
Allée des Cèdres - St. Barthélémy - 13014 Marseille

celui qui conduit la liste Convergence 95* pour les élections régionales dans le Val-d'Oise.

Si Mehdi, vingt-huit ans, fils d'un OS algérien élevé dans les HLM d'Argenteuil, lui-même ouvrier dans le bâtiment avant de décrocher une maîtrise de sciences économiques, affiche une telle santé, c'est qu'il a déjà gagné un premier pari: réunir une liste et la maintenir jusqu'au bout avec un slogan: «*Contre le racisme et pour l'égalité des droits.*» Mehdi Lallaoui apparaît aujourd'hui comme le seul candidat beur en tête d'une liste non officiellement soutenue par un parti politique. Son secret ne réside pourtant pas dans une quelconque virginité politique. Au contraire, son parcours de militant de gauche et d'extrême gauche (PCF et CGT, PSU, puis LCR* et CFDT), typique d'une certaine génération de fils d'immigrés dans les années 70, l'a imprégné de convictions, lui a enseigné l'art de les défendre et l'a doté d'un réseau d'amis de lutte efficace, pour réussir une mobilisation électorale et réunir les 100.000 F nécessaires à la campagne.

Les dix-sept candidats qui figurent à ses côtés sur la liste Convergence 95 ne sortent donc pas du néant politique, mais sont sympathisants des comités de locataires, militants de la LCR, de la CGT ou de la CFDT, des causes antiracistes ou éducatives. La surprise vient du dernier inscrit de la liste: M. Jean-Pierre Le Coadic, député socialiste du Val-d'Oise, démissionnaire du PS après la rencontre Mitterrand-Jaruzelski.*

Leur profession de foi reprend les thèmes de la première marche pour l'égalité (1983), dont Mehdi Lallaoui avait été l'un des organisateurs: contre toutes les discriminations et pour l'égalité des droits, et en particulier celui des immigrés de voter aux élections municipales. Mais elle se situe aussi nettement à l'extrême gauche en s'en prenant à la «*société basée sur le profit*» et à la politique menée depuis 1981. Ayant choisi de limiter leur présence aux seules élections régionales, les amis de Mehdi Lallaoui appellent aux législatives* à voter «*contre la droite*».

Mehdi Lallaoui, crinière bouclée et moustache à la Groucho Marx, s'anime derrière ses lunettes ovales à l'idée qu'il pourrait être le premier enfant d'immigré à gagner un mandat électif régional dans la France de 1986. «*Un symbole qui pourrait redonner la pêche à tous les Beurs*»,* dit-il. Et ses yeux pétillent d'excitation.

Notes to the texts

Notes of a linguistic nature have been kept to a minimum: the reader is referred to the *Collins–Robert French–English English–French Dictionary*. Certain terms in the texts are dealt with in the introductory presentations to particular chapters or in notes to other texts; see the index for page references. The locations of towns referred to in the texts are indicated in the maps which follow the notes. For further information on these and other place names, see *Le Petit Larousse*.

TEXTE 2.1

Page

16 **le 19ème:** i.e. the nineteenth 'arrondissement'.

le même hôtel; c'était un foyer-hôtel: i.e. a building containing rented rooms.

marabout: 'holy man'.

Hadj: 'village elder'.

répudier une femme: i.e. divorce a wife without her consent, a right traditionally enjoyed by men in Islamic countries.

dans le 18ème à côté de Barbès: The boulevard Barbès, in the eighteenth 'arrondissement' of Paris, runs along the edge of the Goutte d'or district.

hammam: a type of public bath found in Islamic countries; several have now been built in Paris.

TEXTE 2.2

18 **la S.N.C.F.:** 'la Société Nationale des Chemins de Fer Français', France's state-owned railway network.

la R.A.T.P.: 'la Régie Autonome des Transports Parisiens', the body responsible for public transport in Paris, including the 'métro' system.

TEXTE 2.3

c'est impossible: M. Sabil's family were refused entry mainly because of his inability to secure housing of the standard required by French immigration regulations.

ma situation était irrégulière: i.e. he did not have the necessary residence and work permits.

TEXTE 2.5

19 **Moyen-Atlas:** a mountainous region in north-eastern Morocco.

l'armée royale: i.e. the Moroccan army, the head of which is the ruling monarch.

djellaba: a long hooded smock traditionally worn by men in Morocco.

La Mecque: Mecca, in Saudi Arabia, is the holiest city in Islam; all Muslims aspire to make at least one pilgrimage there in the course of their lives.

Tout baigne donc dans l'huile: 'So everything is going smoothly'.

l'atelier de ferrage: 'the welding shop'.

20 **le syndicat maison:** 'the bosses' union', i.e. one organized in the interests of the company, rather than of the work-force.

A son corps défendant: 'He can't help it'.

TEXTE 2.6

Page

Tous les arguments ont été bons: 'They used every argument they could'.
une maison des sœurs de Saint Vincent de Paul: a charitable institution run by nuns.
«Mektoub»: '"Destiny"'.
fquih: 'religious teacher'.

22 **Madame:** Aïcha is telling her story to a social worker.
la crise: i.e. the economic recession.
On a fait la guerre avec eux: Many Algerian Muslims fought in the French army during the First and Second World Wars.
le Miséricordieux: i.e. God.

TEXTE 2.7

23 **licencié pour motif économique:** 'made redundant'.

TEXTE 2.8

il a fait une connerie bidon: 'he did something a bit daft'.
en passant par en-dessous: 'by bending the rules'.

TEXTE 2.9

24 **la loi Stoléru:** The system of expelling unemployed immigrants devised by Immigration Minister Lionel Stoléru never officially became law, but the government attempted to implement it by using administrative (as against legislative) procedures.
une Renault 18: i.e. a Renault 18 car.

25 **apprenant notre venue:** The article from which these extracts are taken originally appeared in a magazine published by Renault, whose reporter travelled to Kabylia with a company official. The incident recounted here took place in the village of Bouhookal.

la Régie: i.e. the Renault company, known officially as la Régie Nationale des Usines Renault.

TEXTE 2.10

la «galère»: a word commonly used by young people to denote a dead-end urban environment.

26 **classe de 5ème:** 'the second form'. Moulouk had evidently spent part of his secondary education in special classes, or more than one year in the first or second form, a system known as 'redoublement'.
«shooteuse»: '"hypodermic needle"'.
à la recherche de quelqu'un pour «le faire tourner» en échange de sa «pompe»: i.e. looking for someone to give him a 'shot' in exchange for the use of his hypodermic needle.
CAP: 'Certificat d'Aptitude Professionnelle', a less academically demanding qualification than the 'baccalauréat'. The programme of studies leading up to the CAP, known as the 'second cycle court', is normally taught in a Lycée d'Enseignement Professionnel.
le cycle long: the programme of studies reserved for the most academically able among secondary schoolchildren, who prepare for the 'baccalauréat' examination in 'lycées'.
A la force du poignet: 'By sheer hard work'.

TEXTE 2.11

27 **le 45 tours:** 'the single'.
intégriste: 'fundamentalist', i.e. strictly religious.
«Champs-Elysées»: a popular variety show on French television, presented by Michel Drucker.

TEXTE 2.12

28 **nos instituteurs:** i.e. French schoolteachers

Page

employed in Algeria prior to independence.

cas sociaux: 'children in care'.

J'ai ramé: 'I ground away'. As used by young people, the verb 'ramer' has connotations closely connected with the colloquial use of the word 'galère' (see note to text 2.10).

Henry Miller: The American novelist Henry Miller (1891–1980) is particularly well known for his frank depiction of sexual matters.

pour m'introvertir: 'to go off into a world of my own'.

mon premier roman: An extract from this novel is reproduced in text 5.2 (page 67).

Fleury-Mérogis: a prison housing a high proportion of young inmates from North African backgrounds.

Marmottan: a Paris hospital specializing in the treatment of drug addicts.

TEXTE 2.13

29 **St-Pierre-des-Corps:** a suburb of Tours.
3ème: 'fourth form'.

TEXTE 2.14

Roubaisienne: i.e. a female inhabitant of Roubaix.

foyer d'accueil: a hostel for young people.

la DDASS: 'la Direction de l'Action Sanitaire et Sociale', part of France's state-run social services.

TEXTE 2.15

30 **On m'a placée dans un foyer éducatif et je suis allée au service de la consultation en milieu ouvert:** i.e. Assia was sent to a home with special educational facilities, and attended an advice centre elsewhere.

à cause de ma nationalité: Foreigners are forbidden by law from holding certain jobs in the state sector, including parts of the health service; it appears that Assia would like to have trained for one of these.

TEXTE 3.1

34 **Une sœur jumelle en moins souriante de la grande fille en collant dont elle vante les qualités:** 'A twin sister, minus the smile, of the woman parading her tights'.

ils auraient dû me prévenir: 'they [i.e. inhabitants of the protagonist's native village in Algeria who had been to France before him] should have warned me'.

aouah: 'hey'.

VRAIS DE CHESTERFIELD: 'REAL CHESTERFIELDS'. Chesterfield is the brand name used by a French tights manufacturer.

sur le haut: 'on her top half'.

TEXTE 3.2

35 **seul minaret de la capitale:** While dozens of buildings in the French capital are now used as places of worship for Muslims, only the Great Mosque, in the fifth 'arrondissement', was actually constructed for that purpose, complete with minaret.

le quarantième anniversaire: This is a slip of the pen, since the Great Mosque was in fact founded in 1926, making it almost sixty years old when this article was written.

la «cathédrale» des musulmans va tripler la capacité de ses salles de prière: This work was completed in 1986, by which time further extensions were planned.

les patios: 'the courtyards'.

36 **les Émirats:** 'the Arab Emirates'.

arabophone: 'an Arabic-speaker'.

le mercredi: French schools generally close on Wednesday afternoons.

loin s'en faut: 'far from it'.

TEXTE 3.4

38 **les classes chargées:** 'large classes'.

sixième: the first form in a 'collège', the normal secondary school to which French children, apart from those with special difficulties, transfer after primary school.

à l'issue du cycle primaire: 'at the end of primary school'.

très peu accèdent au lycée: The transfer of the most academically able pupils from a 'collège' to a 'lycée' takes place by the end of the fourth form.

LEP: Pupils of average ability generally move from a 'collège' to a Lycée d'Enseignement Professionnel (LEP) at the end of the second or the fourth form.

CAP... BEP: practical qualifications taken in LEPs, as opposed to the more academically demanding 'baccalauréat', which is taken only by pupils in 'lycées'.

CPA, CPPN: 'Classes Préparatoires à l'Apprentissage, Classes Préprofessionnelles de Niveau', practical courses generally taken in 'collèges' (but sometimes also in LEPs) by pupils not considered sufficiently able to tackle the CAP or the BEP.

39 **14 CEFISEM:** By the end of 1985, the number of CEFISEMs had risen to 23.

cycles d'animation éducative péri-scolaire: 'programmes of supplementary educational activities'.

tiers temps pédagogique: a part of the timetable which individual schools are allowed to use with a wide element of freedom.

langue d'origine: i.e. the language of their parents.

l'AFPA: 'l'Association pour la Formation Professionnelle des Adultes'.

40 **l'OCDE:** The Organization for Economic Cooperation and Development, known in French as the Organisation de Coopération et de Développement Économique, produces annual statistics covering the field of international migrations.

«Travail et Emploi»: A publication of the French Ministry of Labour.

TEXTE 3.5

l'école publique: 'state schools'.

Jacques Berque: a leading academic in the field of Islamic studies.

la langue d'oïl... la langue d'oc: langauges spoken respectively in northern and southern France before the general standardization of modern French.

Michelet: Jules Michelet (1798–1874), a French historian whose works include a multi-volume *Histoire de France*.

Qu'en est-il, notamment, de l'enseignement de l'arabe?: 'In particular, what is the position regarding the teaching of Arabic?'

vont croissant: 'are on the increase'.

41 **Kateb Yacine:** an Algerian writer born in 1929.

de la 6ᵉ à la 3ᵉ: 'between the first and the fourth forms'.

dix doivent être tirées obligatoirement de la liste que j'ai citée: Although schools had to choose ten works from among the hundred or so on the Ministry's list, there was no obligation on them to select non-French authors; the recent extension of the list did, however, give them the option of doing so.

Sembene Ousmane: a black African novelist and film-maker born in 1923.

TEXTE 3.6

les Français musulmans à part entière: i.e. 'harkis', given French nationality as soon as the first generation settled in France.

ancestralité: 'ancestry'.

pour toute certitude: 'as the only certainty'.

langue et culture d'origine: i.e. the language and culture of first generation emigrants.

culture d'accueil: The culture of the 'receiving' country in the migratory process, i.e. France.

42 **suppose une préférence donnée aux cours**

différés de LCO: 'means that lessons in "langues et cultures d'origine" should normally be extra-curricular'.

TEXTE 3.7

le quartier mixte: i.e. an area containing a mixture of French and foreign residents.

menacé d'expulsion: Changes in the rules introduced by the Socialist administration elected in 1981 led to a sharp decrease in expulsions of foreign nationals with court convictions, but five years later the new centre-right government restored much of the previous hard-line policy.

TEXTE 3.8

«irréguliers»: '"illegal immigrants"'.

ils ne peuvent demander par ailleurs le certificat de résidence réservé aux Algériens: A residence permit cannot be obtained without formally renouncing French citizenship and registering as an Algerian national.

TEXTE 3.10

43 **investi:** 'taken up'.

le 10 mai: date of the election of François Mitterrand to the Presidency of France in 1981.

ponctuels: 'held from time to time'.

Yazid à Strasbourg, Kader à Valenton et Kader à Vitry: Yazid Naili, Ghruie Abdelkader and Kader Lareiche were in fact killed during a six-week period early in 1980. The first two were shot by policemen, while the third was killed by a housing estate caretaker.

faut: In informal speech, the subject of this verb, 'il', is sometimes omitted.

lycées techniques: 'lycées' which prepare their pupils for a vocational form of the 'baccalauréat'.

facho: 'fascist'.

ont un trip pro: 'are on a professional kick'.

On a zoné: 'We've hung around'.

le fils à papa comme le zonard: 'little rich boys just as much as street kids'.

Loulou: Singer-composer Lounis Lounès was a founder-member of Rock Against Police. An extract from his song 'On me rayera pas d'ici' ('You won't get me out of here') is reproduced on p. 44.

il les aurait jamais écrites: In informal speech, the 'ne' in a negative construction is sometimes dropped, as is the case both here and in the title of the song referred to in the previous note.

44 **laissent la place à:** 'give way to'.

TEXTE 3.11

berbère: Here, this word is being used as a synonym for 'kabyle', meaning the language used in Kabylia.

Ait Menguellet... Idir... Djamel Allam: Contemporary singers with their roots mainly in traditional Kabyle music.

bylka... kerro: 'verlan' expressions formed by inversion of the syllables in the words 'kabyle' and 'rocker' respectively.

Djurdjura: A chain of mountains in southern Kabylia.

45 **écument:** 'have been roaming around'.

un 45 tours: 'a single'.

TEXTE 3.12

verlan: A form of slang developed by urban youths in which the first and final syllables of terms are inverted. 'Verlan' itself is an inversion of 'à l'envers' ('back to front').

ça fait BEUR: The word 'Beur' is generally used to denote a young person born of North African parents living in France. Many puns

Page

have been constructed around this neologism. These often allude to the word 'beurre' ('butter'). The logo of Radio Beur (see the illustration on p. 46) contains a visual pun on a popular type of biscuit known as the 'petit-beurre'. The etymology proposed in this article, according to which 'Beur' is derived from and broadly synonymous with 'Arabe', is not universally accepted. An alternative view is that it is derived from 'Berbère'. It is true that Berbers (i.e. Kabyles), rather than Arabs, have been dominant among Algerian emigrants.

sans l'assistanat de qui que ce soit: 'without any outside help at all'.

interférence: 'inter-mixing'.

TEXTE 3.13

la parole, le droit au savoir: 'the power of self-expression and access to knowledge'.

47   **occitans:** 'speakers of the "langue d'oc"'.

TEXTE 3.14

'Prends dix mille balles et casse-toi': 'Here's 10,000 francs – now get stuffed'.

avec l'espoir du (maigre) pécule Stoléru: 'with their hopes based on Stoléru's (not very large) pay off'. This is a reference to the system of financial inducements introduced in 1977 by Immigration Minister Lionel Stoléru to encourage the voluntary repatriation of foreign workers.

la 404 rutilante: 'their gleaming Renault 404 car'.

«Fifi rouge à lèvres»: '"Lipstick Lil"'.

baissent les bras: 'give up'.

TEXTE 4.1

53   **Senghor:** Léopold Sédar Senghor, a black African statesman and francophone writer,

born in 1906. He was the first President of the former colony of Senegal when it gained its independence from France in 1960.

"nos ancêtres les Gaulois": the opening line of a history book used for many years in French schools. The Gauls were the dominant people in France prior to the Roman conquest.

réfugiés viêtnamiens: Refugees who fled from South Vietnam following the Communist take-over there in 1975.

54   **renvoyer tous les «melons» dans leurs «gourbis»:** A rough equivalent in French, with reference to North Africa, of 'send all the "wogs" back to their "mud huts"' in English.

Viêt-Minh: guerrilla forces led by the Communist Ho Chi Minh who successfully fought against French rule in Indochina.

l'assimilation classe laborieuse-classe dangereuse: Public perceptions of the working classes as a social threat during the nineteenth century were analysed in a seminal book by Louis Chevalier entitled *Classes laborieuses et classes dangereuses à Paris pendant la première moitié du xixe siècle* (Paris: Plon, 1958).

TEXTE 4.2

55   **Barbès:** A synonym for the Goutte-d'or district in Paris.

l'Assistance publique de Paris: the body responsible for running publicly owned hospitals in the Paris area.

l'aide sociale: public welfare services for those not properly covered by the normal social security system.

centres sociaux: local welfare offices financed mainly from public funds.

les opérations «anti-été chaud»: After serious disturbances in immigrant neighbourhoods of Lyon and other cities during the summer of 1981 (see text 7.6), the government organized special holiday activities for youngsters in these areas the following summer in an attempt to prevent a renewed outbreak of unrest.

une surdélinquance immigrée: 'an abnormally high crime rate among immigrants'.

56 **les «trente glorieuses»:** i.e. the thirty years of rising prosperity which followed the Second World War.

une vague planétaire depuis 1975: A large proportion of the foreigners who have settled in France since this date have been political refugees, particularly from South East Asia. It is misleading to suggest that they have been entering France on a scale comparable to that of immigrant workers in the 1950s and 1960s. The total foreign population in France rose only slightly between 1974, when most immigration was halted, and 1985, when this article appeared in *Le Figaro Magazine*.

les Turcs, les Pakistanais, les Sri-Lankais ou les Zaïrois arrivés depuis 1975: Many of these were political refugees (see previous note); statistically, they account for only a tiny proportion of the foreigners living in France.

Akka Gazzi: see text 2.5 (p. 19); various spellings of his name are found in the French press.

Georgina Dufoix: the Government Minister responsible for immigrant affairs at the time this article was written.

Françoise Gaspard: a Socialist Party 'député' in the National Assembly and former Mayor of Dreux; see text 8.2 (page 112).

TEXTE 4.4

58 **Cela dit:** 'Having said that'.

59 **la surreprésentation des immigrés:** 'the higher rates found among immigrants'.

la grande criminalité: 'major crimes'. The French legal system distinguishes between 'crimes' (major crimes such as murder), which are tried at departmental 'Assises', and 'délits' (lesser offences including violent ones), which are dealt with by courts known as 'tribunaux'.

TEXTE 4.5

Vous dites: This text is couched in the form of a reply to a critic of immigration, addressed here in the second person.

les «Ritals», les «Polacs»: pejorative terms for Italians and Poles.

Encore que: 'But it should be added that'.

les DOM-TOM: 'les Départements et Territoires d'Outre-Mer'. These are the last remnants of her former colonial empire still administered by France.

«véritable colonisation de peuplement par le ventre»: an allusion to the fear that high immigrant birth-rates threaten to swamp France.

TEXTE 5.1

65 **Ce code remanié devrait aboutir prochainement:** This new legislation was finally passed in Algeria in 1984; it still leaves women on a far from equal footing with men.

66 **sans pouvoir faire passer:** 'without being able to get across'.

TEXTE 5.2

67 **Madjid:** the central character in this novel.

T'tà l'heure!: a lazy way of saying 'tout à l'heure' ('in a bit').

à fond les cuivres: 'full belt'.

Ti la entendi ce quou ji di?: 'Tu l'as entendu ce que j'ai dit?'

Fais pas chier le bougnoule!: 'You're getting right up my woggy nose!'

«Finiant, foyou»: ' "Fainéant, voyou" '.

j'ai rien compris: In this quick-fire dialogue, the 'ne' in many negative constructions is omitted.

T'auras: colloquial form of 'tu n'auras'.

Tu serais pas venue en France: 'If you hadn't come to France'.

Ce qu'il y a?: The more correct phrasing here would be 'Qu'est-ce qu'il y a?'

TEXTE 5.3

68 **ti m'icoutes:** Throughout the play, the mother's speeches are transcribed in such a way as to convey her heavy accent. Her lines are not too difficult to follow if the following general rules are borne in mind. The vowel *i* is often used by the mother in place of *e*, *é*, *ê*, or *ai* sounds in standard French, while *ou* commonly replaces *o*. Instead of *u* or *eu* she switches between *i* and *ou*. The consonant *s* sometimes appears in lieu of *x*.

Man: 'Mum'.

commence pas: In spoken French, the 'ne' is often omitted in negative constructions.

c'est tout ce qu'y a: As sometimes happens in colloquial situations, the pronoun 'il' has been omitted here before *y*.

avec qui ti itais: a colloquial form of 'avec qui étais-tu'.

bizef: normally spelt 'bézef' or 'bésef' ('plenty').

KHEDIJA: Aïcha's daughter.

Eh ben: a colloquial form of 'Eh bien'.

OUALLAH: 'GOOD LORD'.

69 **y en a assez de vous:** More correctly, this would be expressed as 'j'en ai assez de vous'.

TEXTE 5.4

70 **prennent fait et cause pour elle:** 'take up the fight on her behalf'.

TEXTE 5.6

71 **On a honte de les recevoir ici:** This interview was conducted in the tiny, windowless apartment where Nathalie and Omar lived.

Quand j'ai demandé l'augmentation à l'atelier, on a dit que c'est mon mari qui me montait la tête: 'When I asked for a rise at the factory, they said it was my husband giving me ideas about myself'. Nathalie worked as a seamstress for a small clothing manufacturer.

Il prend parti pour le Polisario contre les otages français: In 1976, control over an area of the western Sahara previously ruled by Spain was transferred to Morocco and Mauritania. France supported this arrangement, but the Polisario, an Algerian-backed guerrilla organization, began an armed struggle designed to win independence for the region. On several occasions, the Polisario seized French hostages, who in some cases were alleged to have been held on Algerian territory.

«Nous, on a du pétrole»: Algeria's oil and gas reserves gave a major boost to the country's economy and political prestige during the 1970s, following the sharp rise in world oil prices.

TEXTE 5.10

73 **section du statut personnel:** i.e. a court dealing with family matters.

willaya: 'region'.

aux motifs que: 'on the grounds that'.

contraire à l'ordre public algérien: 'contrary to Algerian public policy', and therefore legally invalid in Algeria.

sourate: 'chapter'.

TEXTE 5.11

la gare St Charles: the main railway station in Marseille.

président Chadli: President Benjedid Chadli of Algeria.

74 **Lors de la venue en France du président Chadli:** the Algerian leader made an official visit to France in November 1983.

la Cimade: a social aid organization run by French protestants.

une fin de non-recevoir: 'outright rejection'.

Simone de Beauvoir: The feminist writer

Simone de Beauvoir (1908–1986) was President of the Ligue du Droit International des Femmes.

l'Assemblée Algérienne vient de voter le code de la Famille qui en cas de divorce attribue la garde de l'enfant le plus souvent à la mère: This provision applied only if the mother lived in Algeria; it was inoperative if she lived in France.

des actions illégales: Some mothers, despairing of getting their children back through the courts, attempted to snatch them back themselves, sometimes with the aid of private detectives.

APS: 'Algérie Presse Services', the official Algerian news agency.

75 **«faire la saison»:** '''work the holiday season'''.

Son visage taché de son: 'Her freckled face'.

TEXTE 5.12

La "Belle": a pun meaning both 'girl' and 'escape'.

les Aurès: a mountainous region in eastern Algeria.

Satolas: site of an international airport serving Lyon.

TEXTE 6.1

78 **Les HBNPC:** 'Les Houillères du Bassin du Nord-Pas-de-Calais'.

agents: 'staff'.

A cette époque, «l'Algérie c'est la France»: Prior to independence in 1962, Algeria was officially regarded as an integral part of French territory.

un officier des Affaires indigènes: i.e. a military administrator in colonial North Africa.

79 **douars ou ksars:** 'towns and villages'.

trachomes: 'eye infections'.

Haut-Atlas: a mountainous area in central

Morocco; the administrative regions of Agadir and Ouarza-Zate lie to the west and south-east respectively.

Paris-Orly... Lille-Lesquin: international airports.

logés dans leur groupe d'affectation: 'housed in the groups in which they were recruited'.

TEXTE 6.2

81 **Georges Séguy:** Secretary General of the CGT at the time of these events.

les récentes mesures gouvernementales concernant le rapatriement des travailleurs étrangers: a reference to financial inducements designed to encourage voluntary repatriation; see note to text 3.14.

«Connais pas»: '''Never heard of them'''.

les accidents de Fos-sur-Mer et surtout la grève de l'été 1974: Strike action was taken by building workers at Fos-sur-Mer after dozens of fatal accidents had occurred on the large industrial site being developed there during the early 1970s.

la délégation à l'Aménagement du territoire: an official planning body.

TEXTE 6.3

mes faims de mois: a pun on the phrase 'fins de mois', i.e. the period just before pay-day, when money tends to be short.

82 **melon... bougnoul... raton... bicot:** pejorative terms similar to 'wog', 'coon', etc., in English.

bacilles de Koch: The bacteria which cause tuberculosis are known in France by the name of their discoverer, the German microbiologist Robert Koch (1843–1910).

TEXTE 6.4

les grèves de 1968 et de 1969: The car industry

was among the many areas of the French economy hit by strikes during the events of May and June 1968, and there were further stoppages the following year.

la convention franco-marocaine: This agreement, covering emigration from Morocco to France, had been signed in 1963.

TEXTE 6.5

83 **Et je repris ma plaque, mon crayon et mon contrôle:** 'And I picked up my board, my pencil, and my check-list'.

Le chrono: 'The time and motion man'.

il peut pas travailler: In this colloquial situation, 'ne' has been omitted from the negative construction.

Qu'il demande à sortir, qu'il aille à l'infirmerie: 'He'd better ask to go to the sick bay, then'.

Ne vous en faites par pour lui: 'Don't worry about him'.

Je ne donne plus de bon de sortie: 'I'm not giving any more passes'.

TEXTE 6.6

poste de secours: 'first-aid post'. This is the official name of what Renault workers normally refer to as 'l'infirmerie' ('sick bay').

84 **ils se couchent en chien de fusil:** 'they roll up in a ball on their sides'.

sinistrose: 'sinistrosis'.

à longueur de journée': 'all day long'.

la mal-foutose de l'immigré': 'immigrant blues'.

TEXTE 6.7

le 10-Mai: see note to text 3.10.

85 **Carte forcée, votes contraints:** i.e. compulsory membership of the CSL and pressure to vote for its candidates in factory elections.

Cariste: 'Fork-lift truck driver'.

sur la première liste de la CGT largement ouverte aux immigrés: 'the first time the CGT included a significant number of immigrants in its list of candidates'.

La CFDT: 'La Confédération Française et Démocratique du Travail', France's largest non-Communist trade union grouping.

le soutien dont elle bénéficie de la part des municipalités: Local councils with Communist mayors assisted the CGT by allowing it to use certain facilities.

François Cusey: Personnel Manager at Citroën.

Pascal Barthélemy: Deputy Personnel Manager at Citroën's Aulnay plant.

86 **prêts sociaux:** i.e. loans to immigrant workers.

BHV: '[le] Bazar de l'Hôtel de Ville', a large department store.

FO: 'Force Ouvrière', a smaller trade union grouping than either the CGT or the CFDT, and far less sympathetic to the Left politically.

TEXTE 6.8

cédétiste: i.e. a member of the CFDT.

le «million aux immigrés»: To those who still counted in old francs, the 10,000 franc pay-off instituted by Immigration Minister Lionel Stoléru amounted to 'le million aux immigrés'.

qui va s'amplifiant: 'which is gathering momentum'.

Dreux, le meurtre de l'Arabe du Bordeaux-Vintimille, la grève CGT au Val-d'Ajol contre l'embauche d'un Marocain: references to racist attitudes seen earlier in 1983 at local elections in Dreux (see chapter 8), in the murder of an Algerian passenger on a train between Bordeaux and Ventimiglia in Italy, and in an industrial dispute at Val-d'Ajol, in eastern France.

TEXTE 6.9

87 **francisation:** 'Frenchification', i.e. the

substitution of French nationals for immigrants.

On fait «la route»: 'They go off "on the road"'.

boulot-métro-dodot: literally, 'work-underground-bye-byes'. The phrase has been widely used, particularly since the industrial and political unrest of May and June 1968, to sum up the repetitive, soulless aspects of daily life in industrial society.

le 10 mai: see note to text 3.10.

radio libre: 'independent local radio station'.

88 **une P.M.E.:** 'a small firm'. The initials stand for the phrase 'Petites et Moyennes Entreprises'.

le taylorisme: a reference to the principles pioneered by Frederick Winslow Taylor (1856–1915), an American engineer and economist who used scientific measuring techniques in order to maximize the efficiency of industrial workers.

TEXTE 6.10

Ouais, ça peut aller: 'Yeah, not too bad'.

Descends qu'on discute: 'Come down so we can have a chat'.

t'a pas une clope: 'you haven't got a fag, have you?'. In colloquial situations such as this, the 'ne' is omitted from many negative constructions, and 'tu' is sometimes shortened to 't'' where the next words begins with a vowel.

89 **le T.G.V.:** 'le Train à Grande Vitesse', a high-speed train linking Paris and the South of France.

Je pointe toujours: 'I'm still reporting to the employment office'.

TEXTE 7.1

93 **Il y aurait huit mille habitants:** 'There are thought to be eight thousand inhabitants'.

Ces néo-bourgeois: 'This new middle class'.

Secours catholique: a social aid organization run by French Catholics.

un PC: 'un poste de commandement', i.e. a local headquarters.

Le quart-monde: 'The fourth world', a phrase used to describe areas of poverty within industrialized countries such as France. It alludes to the low living standards prevalent outside Europe in the Third World ('le Tiers Monde').

94 **la libération:** i.e. the Liberation of France in 1944 from occupation by Nazi Germany.

réquisitionnés par les Américains: As the dominant partners on the Allied side during the Second World War, American forces enjoyed a large measure of authority in areas recently liberated from Nazi control.

De quelque bord qu'ils soient: 'Whatever side of the political fence they are on'.

en l'état: 'as they are'.

TEXTE 7.2

95 **Levallois contre Perret sera-t-il un mauvais remake de Boulogne contre Billancourt?:** The inner Paris suburb of Boulogne-Billancourt runs from the edge of the exclusive Bois de Boulogne area to the working-class district of Billancourt. The author is warning against a similar pattern of residential segregation in the Levallois-Perret area, which lies between the inner suburbs of Clichy (a mainly working class district) and Neuilly (heavily middle class).

communes: the smallest units of local government in France. In urban areas, each 'commune' has a town council, headed by a mayor, with extensive powers in housing and other fields.

96 **société mixte:** a company whose structure involves a form of partnership between private enterprise and local councils.

Après le changement de municipalité: i.e. after the Right won control of the council from the Left in the 1983 elections.

TEXTE 7.4

98 **mieux que si:** The Algerian being interviewed here is not a native speaker of French. While the meaning of his statements is generally clear, they diverge in many points of detail from standard French usage. The way in which he uses 'mieux que si' is a case in point.

99 **si j'habitais le bâtiment:** 'if I lived in a proper building'.

TEXTE 7.5

c'est pas pour nos beaux yeux: 'it wasn't because they liked us'. Throughout this very colloquial text, the 'ne' is dropped in many negative constructions.

la Défense: a business district created during the 1970s in a western suburb of Paris.

l'argent des émigrés, retenu sur les allocations familiales: i.e. funds channelled through the FAS.

la «Brigade Z»: a special police squad responsible for the rigid enforcement of official controls in areas of 'bidonville' housing.

On est allé aux nouvelles: 'We went to find out what was happening'.

Il s'est radiné deux-trois heures après: 'He turned up two or three hours later'.

avec un étage: 'two-storeyed'.

emmerdes: an abbreviation for 'emmerdements' ('bloody problems').

100 **C.R.S.:** 'Compagnies Républicaines de Sécurité', the French riot police.

101 **pour pas qu'une autre famille prenne l'appartement:** the more correct phrasing here would be: 'pour qu'une autre famille ne prenne pas l'appartement'.

TEXTE 7.6

surfaces commerciales: 'shopping areas'.

aux façades aveugles: 'that you cannot see properly out of'.

la crise: i.e. the world economic recession which began in the 1970s.

les facilités d'accession à la propriété: i.e. government assistance towards home-ownership; access to these funds normally depends on the applicants having saved enough money for a substantial deposit.

102 **Vénissians:** 'inhabitants of Vénissieux'.

les rodéos de voitures volées: Youths from immigrant backgrounds had taken to deliberately crashing stolen cars in stunts which they described as 'rodéos'.

à l'heure où l'actualité ronronne: 'when there is not a lot happening in the news'.

les sécuritaires: 'law and order fanatics'.

la victoire de la gauche: i.e. the electoral victories of François Mitterrand and the Socialist Party in May and June 1981.

Le Figaro, **qui fait ses premiers pas dans la critique systématique:** The right-wing newspaper *Le Figaro* was a vigorous opponent of the new Socialist administration.

TEXTE 7.7

103 **son F3 alloué en 1975 par la RATP:** M. Aigueperse's two-bedroomed apartment had been built with the aid of RATP housing funds, which gave his employers the right to nominate a certain number of tenants.

C'était à qui louerait: 'People were falling over each other with praise for'.

TEXTE 7.8

104 **La cité phocéenne:** Marseille was founded by Greeks from Phocaea in about 600 BC.

Tartuffe se voile la face: an allusion to Act III, Scene II, of the play *Le Tartuffe* by Molière (1622–1673), meaning here that people pretend not to see the problem.

des Aryens mythiques: The myth of an Aryan race was central to the ideology of Adolf Hitler.

Walhalla: the home of dead heroes in

Scandinavian mythology, from which a number of Hitler's ideas were derived.

Marignane: site of the international airport serving Marseille.

le rousseauisme: Jean-Jacques Rousseau (1712–1778) believed that men were born good and subsequently corrupted by society.

jetant toute prudence aux orties de son exaspération: 'casting off all reserve in the full flood of his exasperation'.

Et les moutons qu'on égorge sur le balcon...: Stories of Muslims slaughtering sheep in their own homes in conformity with Islamic teachings are common in France. The bath, rather than the balcony, is usually the alleged site of such events.

105 **la porte d'Aix:** a district with a high immigrant population close to the port area of Marseille.

vols à la roulotte: 'thefts from parked vehicles'.

TEXTE 7.9

le Ministre de l'Intérieur: Gaston Defferre (1910–1986), besides being Interior Minister in the Socialist government elected in 1981, was also Mayor of Marseille from 1953 until his death.

106 **la première marche pour l'égalité et contre le racisme:** see texte 8.3 (p. 113).

TEXTE 7.10

l'embellie subite des affaires: 'the sudden pick-up in business'.

les pas-de-porte à vendre: 'businesses for sale'.

TEXTE 8.1

112 **le crime commis par un brigadier de police de Chatenay-Malabry contre un jeune**

adolescent tunisien: Nasser M'Raidi, aged seventeen, was shot in the head by a police sergeant in February 1983 while being pursued on suspicion of having committed a traffic offence. After being suspended from duty and charged in connection with the incident, the sergeant was released from prison five months later.

Le chantage des immigrés, les immigrés troublent la paix sociale: Because of their prominence in recent strikes, immigrants were accused by some of holding French industry to ransom.

intégrisme: 'religious fundamentalism'.

au soir du premier tour: During the Fifth Republic, most elections in France have been held on a two-round system. In constituencies where no clear winner emerges after the first round, a run-off ballot among the leading candidates takes place either a week or a fortnight later, depending on the type of elections being held.

le nouveau maire élu de Levallois-Perret: see text 7.2 (p. 95).

France-Inter: France's main state-owned radio station.

le même son de cloche a été entendu: 'it was the same story'.

TEXTE 8.2

la liste d'union de la gauche: In the municipal elections of 1983, the electorate in each town had to vote, not for individual candidates, but for one or other block list of candidates fielded by the rival parties, with the official leader of the winning list becoming mayor. In most constituencies, the PS and the PCF fielded a joint list of candidates, as did the RPR and UDF. In certain towns, however, the parties of either the Left or the Right found it impossible to organize a joint list of candidates – this applied to the RPR and UDF in Dreux, for example – and separate party lists were presented.

colistier: i.e. a candidate on the same list.

la population drouaise: 'the inhabitants of Dreux'.

TEXTE 8.3

113 **le groupe des grévistes de la faim:** A twelve-day hunger strike had been staged in March 1983 by a group of youths at Les Minguettes demanding better housing conditions and employment opportunities.

le plateau du Larzac: Plans to extend the Army firing range here during the 1970s provoked huge demonstrations, and made the area an on-going rallying point for the French peace movement.

114 **Djamel, Farouk:** members of SOS Avenir Minguettes.

Toufik: see text 7.7 (p. 102).

115 **c'est presque à qui nous montrerait le plus de sollicitude:** 'people are practically falling over themselves to help us'.

Malika: another member of SOS Avenir Minguettes.

les militants traditionnels des Droits de l'Homme: The Ligue des Droits de l'Homme was founded by liberals and left-wingers in 1898, at the height of the Dreyfus Affair, in which the conviction of a Jewish army officer wrongly accused of espionage revealed the existence of widespread anti-Semitism among right-wing elements in French society.

TEXTE 8.4

pub: an abbreviation for 'publicité' ('advertising').

«copinerait» avec: 'is alleged to be "matey" with'.

chapeautage: 'take-over'.

A ses animateurs: 'It is up to those in charge'.

116 **«hégémonisme»:** ' "empire-building" '.

TEXTE 8.6

117 **perdurent:** 'perpetuate themselves'.

TEXTE 8.7

la grève des mineurs de 1963: This unusually militant strike lasted over a month and resulted in significant pay rises.

les ouvriers des entreprises de matières plastiques décrits par Roger Vailland en 1955: see Vailland's novel, *325.000 francs* (Paris, Corrêa, 1956), based on visits which he made to Oyannax in 1955.

la grève de 1968: The general strike which took place in May and June of that year involved mainly French workers, but where immigrants were present in affected industries they generally supported the stoppages.

réactions aux poussées racistes de 70-71: The CGT and CFDT organized anti-racist campaigns in the summer of 1971, following a number of attacks on North African immigrants.

118 **chez Chausson par exemple, puis les O.S. de Flins, les nettoyeurs de métro, etc.:** Moroccans employed by the Chausson company, a manufacturer of car components, went on strike in 1971 and again in 1975. During the 1970s there were several strikes at Flins involving immigrant workers employed there by Renault, and a long strike by the mainly immigrant labour force hired to clean the Paris 'métro'.

TEXTE 8.8

Basta: 'That's enough'.

TEXTE 8.9

119 **le maire d'Epernay:** i.e. Stasi.

la fraction léotardienne de l'UDF: i.e. the PR, led in the 1986 elections by François Léotard.

Page

docteur Coué: Emile Coué (1857–1926) proposed to cure patients by getting them to believe that they were better. His name has become a byword for wish fulfilment.

120 à côté de la plaque: 'way off the mark'.

quatre millions et demi: The Interior Ministry calculates the number of foreigners in France on a different basis from that used in official censuses. According to the 1982 census, there were 3,680,000 foreigners in France.

le député européen: i.e. Le Pen, who was elected to the European Parliament in June 1984.

«Moi, j'ai un musulman sur ma liste»: Like the municipal elections of 1983, the 1986 regional and parliamentary elections were held using a system of proportional representation under which voters had to choose one or other list of candidates instead of voting for individuals. The FN list headed by Le Pen in the elections for the Île-de-France Regional Assembly included a woman candidate, Soraya Djebbour, whose Algerian father had sided with the French during the war of independence. She was among the successful FN candidates elected to office in March 1986.

TEXTE 8.10

choucroute-merguez: a choucroute containing sausages of a type usually served in couscous.

lycée industriel: a secondary school offering vocationally-oriented courses.

121 Convergence 95: For administrative purposes, the official number of the Val d'Oise department is 95, hence the title of Lallaoui's list.

PSU, puis LCR: The Parti Socialiste Unifié and the Ligue Communiste Révolutionnaire are small parties on the far left of French politics.

la rencontre Mitterrand–Jaruzelski: President Mitterrand was heavily criticized when he met General Jaruzelski, the Polish head of state, in Paris in December 1985. This was the first time the Polish leader had been received by a head of state in a Western country since the period of martial law imposed on Poland from December 1981 to July 1983.

aux législatives: 'in the parliamentary elections', i.e. those being held on the same date as the Regional Assembly elections.

«Un symbole qui pourrait redonner la pêche à tous les Beurs»: '"a symbol that could give a shot in the arm to the whole Beur community"'.

Maps

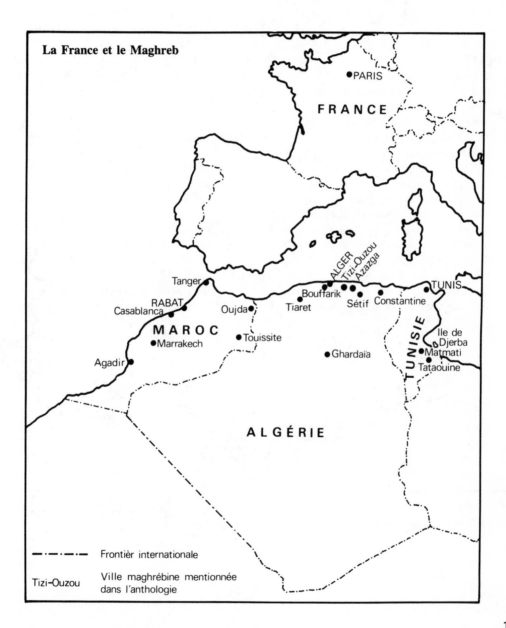

La France et le Maghreb

FRANCE
● PARIS

ALGER
Tizi-Ouzou
Azazga

Tanger
RABAT
Casablanca
Oujda
Bouffarik
Tiaret
Sétif
Constantine
TUNIS

MAROC
Touissite
● Marrakech

Ghardaïa
Ile de
Djerba
Matmati
Tataouine

Agadir

TUNISIE

ALGÉRIE

▬ ▪ ▬ ▪ ▬ Frontièr internationale

Tizi-Ouzou   Ville maghrébine mentionnée
dans l'anthologie

Départements et villes de France

- - - - Limite de departement

NORD   Département

Lille   Ville ou commune mentionnée dans l'anthologie

138

La Région Île-de-France

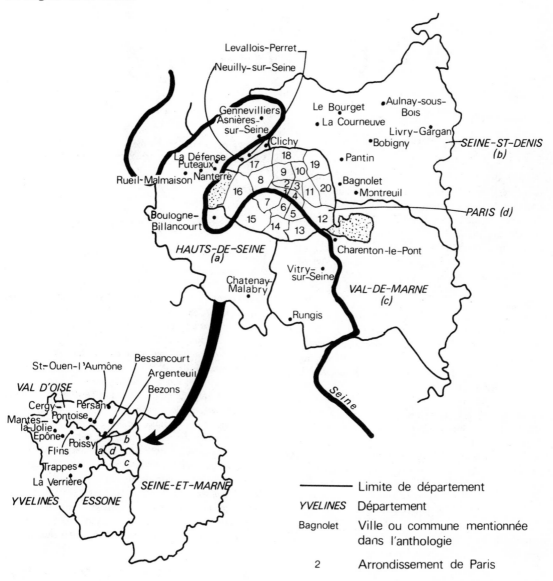

Levallois-Perret

Neuilly-sur-Seine

Le Bourget • Aulnay-sous-Bois

Gennevilliers • La Courneuve

Asnières-sur-Seine • Livry-Gargan

Clichy • Bobigny

SEINE-ST-DENIS (b)

La Défense • Pantin

Puteaux

Rueil-Malmaison Nanterre

18

17

8 9 10 19

16

2 3 11 20 Bagnolet

7 4 • Montreuil

6 5 PARIS (d)

Boulogne-Billancourt 15 14 13 12

Charenton-le-Pont

HAUTS-DE-SEINE (a)

Chatenay-Malabry Vitry-sur-Seine

Rungis VAL-DE-MARNE (c)

Bessancourt

St-Ouen-l'Aumône Argenteuil

VAL D'OISE Bezons

Cergy Persan

Pontoise

Mantes-la-Jolie

Epône Poissy

Flins

Trappes

La Verrière

YVELINES ESSONE SEINE-ET-MARNE

Seine

b

a d

c

———— Limite de département

YVELINES Département

Bagnolet Ville ou commune mentionnée dans l'anthologie

2 Arrondissement de Paris

Further reading

1 INTRODUCTION

Les Étrangers en France, Paris, INSEE (Contours et caractères), 1986. An excellent compilation of statistics.

Le Moigne, Guy, *L'Immigration en France*, Paris, Presses Universitaires de France (Que sais-je?), 1986. A concise introductory study.

Marangé, James, and Lebon, André, *L'Insertion des jeunes d'origine étrangère dans la société française*, 2nd edn, Paris, La Documentation Française, 1982. A major study of the problems of second generation 'immigrants'.

Talha, Larbi, *et al.*, *Maghrébins en France: émigrés ou immigrés?*, Paris, CNRS, 1983. Detailed scholarly studies providing a wealth of information and ideas on many aspects of the migratory process, originally published as part of the *Annuaire de l'Afrique du Nord*, vol. 20, Paris, CNRS, 1982.

Les Temps modernes, vol. 40, nos. 452–4, March–May 1984: 'L'Immigration maghrébine en France: les faits et les mythes'. A lively and informative set of essays and interviews, a large part of which were republished in *L'Immigration maghrébine en France: dossier de la revue Les Temps modernes*, Paris, Denoël, 1985.

2 LIFE HISTORIES

Charef, Mehdi, *Le Thé au harem d'Archi Ahmed*, Paris, Mercure de France, 1983. A much acclaimed semi-autobiographical novel by a second generation writer.

Karlin, Daniel, and Lainé, Tony, *La Mal vie*, Paris, Éditions Sociales, 1978. Based on interviews with first generation immigrant workers.

Lefort, François, *Du bidonville à l'expulsion: itinéraire d'un jeune Algérien de Nanterre*, Paris, CIEMM, 1980. A classic semi-fictional narrative.

Sans Frontière, nos. 85–6, April 1984: 'Alors, tchao l'immigration!?. . .'. Includes a mixture of first and second generation life histories, together with useful background dossiers on the period since 1970.

Sans Frontière, nos. 90–1, February–March 1985: 'Femmes: portraits, enquêtes, guide'. Mainly oriented towards the second generation.

3 CULTURE AND IDENTITY

Clanet, Claude (ed.), *L'Interculturel en éducation et en sciences humaines*, 2 vols., Université de Toulouse–Le Mirail, 1985. The proceedings of a major conference.

Les Enfants de l'immigration, Paris, Centre Georges Pompidou/Centre de Création Industrielle, 1984. The catalogue of a highly successful exhibition. It includes a good selection of creative writings.

Images, spectacles, musiques du monde, no. 6, July–September 1985. A mine of information on artistic activities of all kinds (including television and cinema, but excluding literature) reflecting Third World cultures inside and outside France.

Malewska-Peyre, Hanna, *et al.*, *Crise d'identité et déviance chez les jeunes immigrés*, Paris, La Documentation Française, 1982. An important study relating juvenile delinquency to the cultural tensions experienced by second generation 'immigrants'.

Sans Frontière, nos. 92–3, April–May 1985: 'La "Beur" Génération'. Articles, interviews, and discussions exploring the new sense of identity emerging among younger members of the immigrant community.

4 ATTITUDES AND ASSESSMENTS

Ben Jelloun, Tahar, *Hospitalité française: racisme et immigration maghrébine*, Paris, Seuil, 1984. A critical analysis of French attitudes.

Hannoun, Michel, *Français et immigrés au quotidien*, Paris, Albatros, 1985. A more sympathetic account of French attitudes.

Icart, Fernand, *Rapport d'information sur le coût social*

des travailleurs étrangers en France, Paris, Assemblée Nationale, Commission des Finances, de l'Economie Générale et du Plan, 1976. Argues that the financial balance sheet of immigration is unfavourable to France.

Le Pors, Anicet, *Immigration et développement économique et social*, Paris, La Documentation Française, 1977. Using similar data, reaches exactly the opposite conclusion from Icart.

SOFRES, *Opinion publique*, Paris, Gallimard, 1984– . The annual volumes of this series include the latest findings on attitudes towards immigration.

5 FAMILY LIFE

Barbara, Augustin, *Mariages sans frontières*, Paris, Le Centurion, 1985. A study of mixed marriages.

Mecheri, Hervé-Frédéric, *Les Jeunes Immigrés maghrébins de la deuxième génération*, Paris, CIEM/L'Harmattan, 1984. Focuses on the tensions within immigrant families engendered by conflicting cultural pressures.

Migrants Formation, no. 54, October 1983: 'Les Femmes et les jeunes filles d'origine étrangère'. A collection of articles and interviews centred on the status of immigrant women and girls.

Rude-Antoine, Edwige, 'Le Statut personnel des familles maghrébines en France', *Regards sur l'actualité*, no. 113, July–August 1985, 34–43. A detailed comparison of family law in France and North Africa.

Sebbar, Leïla, *Fatima ou les Algériennes au square*, Paris, Stock, 1981. A novel presenting the everyday experiences of immigrant families, particularly girls.

6 EMPLOYMENT

Benoit, Floriane, *Citroën: le printemps de la dignité*, Paris, Les Éditions Sociales, 1982. An account of the events at Aulnay-sous-Bois in 1982 by a journalist on the Communist Party newspaper *L'Humanité*.

Ewald, *L'École des esclaves: Citroën, la vérité*, Paris, La Table Ronde, 1983. The events at Aulnay-sous-Bois as seen from a management perspective.

Lomet, René, Verhaeren, Raphael-Émile, Bonnechère, Michèle, Trippier, Maryse, and Apostolo, Marius, *Questions de l'immigration et syndicat*, Paris, CGT, 1981. Immigration and labour relations as seen by analysts sympathetic to France's main trade union grouping.

Marie, Claude Valentin, and Jansolin, Xavier, 'Les Conditions de travail des salariés étrangers', *Travail et emploi*, no. 9, July–September 1981, 75–86. Sobering statistical data documenting the poor working conditions of the immigrant population.

Remacle, André, *T'occupe pas, tu creuses: chronique de Fos*, Paris, Les Éditeurs Français Réunis, 1979. The working conditions described here typify those found on large construction sites in France.

7 HOUSING

Abou Sada, G., and Tricart, J.P. (eds), *Le Logement des immigrés en France*, Lille, Observatoire des Migrations dans la Région Nord-Pas-de-Calais, n.d. The proceedings of a conference held in 1982.

Ginesy-Galano, Mireille, *Les Immigrés hors la cité: le système d'encadrement dans les foyers (1973–1982)*, Paris, L'Harmattan/CIEM, 1984. A very thoroughly documented study of hostels for 'single' immigrants.

Grillo, R.D., *Ideologies and Institutions in Urban France: the Representation of Immigrants*, Cambridge University Press, 1985. A study of relations between the French and immigrant communities in Lyon.

Hervo, Monique, and Charras, Marie-Ange, *Bidonvilles*, Paris, Maspéro, 1971. An extensive collection of interviews, together with valuable pieces of analysis.

Des Immigrés et des villes, Paris, Centre Georges Pompidou/Centre de Création Industrielle/Agence de Développement des Relations Interculturelles, 1983. A well-illustrated set of materials.

8 POLITICS

Bouzid, *La Marche*, Paris, Sindbad, 1984. A participant's account of the 1983 'Marche des Beurs'.

Gaspard, Françoise, and Servan-Schreiber, Claude, *La Fin des immigrés*, Paris, Seuil, 1984. An analysis reflecting the ideas of the most liberal elements within the PS.

Hannoun, Michel, *L'Autre Cohabitation: Français et immigrés*, Paris, L'Harmattan, 1986. Immigration as seen by a spokesman for the RPR, the senior partner in the government elected in 1986.

Le Pen, Jean-Marie, *Pour la France*, Paris, Albatros, 1985. A typical exposition of FN policies.

La Ruée vers l'égalité, Paris, Mélanges, 1985. A collection of documents on Convergence 84.

Index

Countries, nationalities, and most regions are listed in English; towns are indexed under their French spellings. Principal explanations of French and North African terms and institutions are indicated by italicized page numbers.